吉林省金融支持新型城镇化研究

主　编　孙杰光
副主编　耿传辉　吕鹰飞

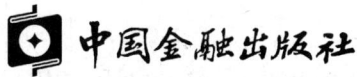
中国金融出版社

责任编辑：方　晓
责任校对：张志文
责任印制：陈晓川

图书在版编目（CIP）数据

吉林省金融支持新型城镇化研究（Jilinsheng Jinrong Zhichi Xinxing Chengzhenhua Yanjiu）/孙杰光主编．—北京：中国金融出版社，2016.11
ISBN 978-7-5049-8725-9

Ⅰ.①吉… Ⅱ.①孙… Ⅲ.①城市化—金融支持—研究—吉林 Ⅳ.①F832.35

中国版本图书馆 CIP 数据核字（2016）第 236605 号

出版
发行　中国金融出版社
社址　北京市丰台区益泽路 2 号
市场开发部　（010）63266347，63805472，63439533（传真）
网上书店　http://www.chinafph.com
　　　　　（010）63286832，63365686（传真）
读者服务部　（010）66070833，62568380
邮编　100071
经销　新华书店
印刷　保利达印务有限公司
尺寸　169 毫米 × 239 毫米
印张　14.5
字数　254 千
版次　2016 年 11 月第 1 版
印次　2016 年 11 月第 1 次印刷
定价　38.00 元
ISBN 978-7-5049-8725-9/F.8285
如出现印装错误本社负责调换　联系电话（010）63263947

编辑委员会

主 编：孙杰光

副主编：耿传辉 吕鹰飞

委 员：（按姓氏笔画为序）

　　　　王　宁　尹海英　张亦潍　柳明花

前　言

新型城镇化是党的十八大确定的重大战略，是全面建设小康社会的重大任务，是实现现代化的必由之路。党的十八大报告提出：促进工业化、信息化、城镇化、农业现代化同步发展，要求"必须以改善需求结构、优化产业结构、促进区域协调发展、推进城镇化为重点，着力解决制约经济持续健康发展的重大结构性问题"，同时还指出确保到 2020 年全面建成小康社会和实现国内生产总值、城乡居民人均收入比 2010 年翻一番，产业迈向中高端水平，消费对经济增长贡献明显加大，户籍人口城镇化率加快提高。在《中共中央关于制定国民经济和社会发展第十三个五年规划的建议》中提出推进以人为核心的新型城镇化。着眼长远，全面推进城镇化建设，是经济结构战略性调整的关键环节之一，也是全面建成小康社会的重要基础。

吉林省省委十届二次全会提出努力走出一条具有吉林特色的城镇化发展道路，强调城镇化是吉林省经济社会发展的持久动力。省委十届四次会议提出要扎实推进新型城镇化，打造振兴发展重要新引擎。坚持大中小城市和小城镇协调发展，坚持城乡统筹、互动发展，坚持用创新办法解决城镇化发展中的问题，努力走出一条具有吉林特色的新型城镇化道路。省委十届六次会议指出，要牢固树立新的发展理念，坚持创新发展、协调发展、绿色发展、开放发展、共享发展理念，指导和推进全省新型城镇化建设。《中共吉林省委关于制定吉林省国民经济和社会发展第十三个五年规划的建议》中提出发挥国家重要商品粮基地优势，推进农业现代化和新型城镇化，加快统筹发展。扎实推进具有吉林特色的新型城镇化建设，对加快产业结构转型升级、解决"三农"问题、加快振兴发展、促进社会全面进步意义重大。吉林省城市工作会议指出，要切实优化城镇体系布局，进一步发挥对经济社会发展的重要支撑和引领作用。贯彻落实大城市要"提质"、中心城市要"扩能"、县城和特色城镇要"加快"的总要求，推动大城市发展由外延扩张型向内涵提升型转变，促进区域中心城市功能性扩容，打造吉林特色城镇品牌，实现大中小城市和小城镇协调发展。《吉林省新型城镇化规划（2014—2020年）》提出到2020年，吉林省城镇化格局更加优化，城镇综合承载能力明显增强，城镇化发展水平和质量稳步提升，阻碍城镇化健康发展的体制机制障碍基本消除。吉林省城镇化健康有序发展，常住人口城镇化率达到60%左右，户籍人口城镇化率达到54%，实现200万左右农业转移人口落户城镇。以人为核心的新型城镇化将成为推动吉林省经济社会健康稳定发展的强大引擎，农民将更加充分地享受到改革发展的成果。

　　目前，吉林省总体上处于工业化中后期和城镇化中期发展阶段，新型城镇化建设急需金融创新发展。金融是现代经济的核心，城镇化的快速发展可以促进经济的增长和发展，也对资本以及金融产生了巨大的需求，然而，金融对于城镇化建设支持不足严重制约了城镇化建设的步伐，从而无法使城镇化促进经济增长的效用达到最大化。目前，探讨金融支持城镇化建设面临的问题，并有针对性地提出一些切实可行的措施建议，对加速推进城镇化建设的节奏，改变农业落后、农村贫穷、农民辛劳的农村面貌有着深远的现实意义。空前的大规模城镇化建设将为金融业的发展提供巨大的成长空间。城镇化建设需要巨大的资金支持，为金融业的发展创造了机遇。城镇化和金融业的同步发展是加快经济增长方式转变，推动二元经济结构向现代经济结构转变，解决"三农"问题，破解经济社会发展难题的重要举措。金融是解决城镇化建设困难的必要手段，探寻适合城镇化发展的金融措施是推进城镇化建设的重中之重。

　　本书是在吉林省发改委2015年度重点课题《吉林省新型城镇化建设进程中的金融支持研究》的基础上完成的，长春金融高等专科学校课题组成员投入了很多精力，付出了很多辛苦，在课题研究过程中，吉林省政府办公厅和省发改委给予了大力支持和指导，书稿的撰写参考引用了学界同仁的学术观点和有关资料，在此一并表示诚挚的谢意！由于作者水平有限，书中尚有不足之处，敬请读者批评指正。

目　录

第一章　金融支持吉林省新型城镇化建设的理论研究 …………………… 1
 一、理论基础 ……………………………………………………………… 1
 二、国内外文献回顾 ……………………………………………………… 29

第二章　吉林省新型城镇化建设基本情况 ……………………………… 46
 一、吉林省城镇化的发展历程 …………………………………………… 46
 二、吉林省新型城镇化的政策和实践背景 ……………………………… 48
 三、吉林省新型城镇化的特点和存在的问题 …………………………… 51
 四、吉林省城镇化工作取得的显著成绩 ………………………………… 52
 五、吉林省城镇化建设的金融支持情况 ………………………………… 61
 六、国家新型城镇化试点城市投融资改革情况 ………………………… 62

第三章　金融支持吉林省新型城镇化的问题及成因 …………………… 74
 一、国内金融环境概况 …………………………………………………… 74
 二、吉林省新型城镇化建设的金融困境 ………………………………… 84
 三、吉林省新型城镇化建设中金融支持不足的原因 …………………… 97

第四章　吉林省城镇化与金融发展的相关性研究 ……………………… 112
 一、数据来源及模型构建 ………………………………………………… 112
 二、吉林省经济运行情况 ………………………………………………… 117
 三、吉林省金融发展力分析 ……………………………………………… 129
 四、吉林省城镇化与金融综合发展力的相关性研究 …………………… 139

第五章　金融支持城镇化建设的中外经验借鉴 ………………………… 147
 一、世界各国金融支持城镇化之日本经验借鉴 ………………………… 147
 二、世界各国金融支持城镇化之韩国经验借鉴 ………………………… 157

三、世界各国金融支持城镇化之德国经验借鉴 …………………… 163
四、中国金融支持城镇化的经验借鉴 ………………………………… 168

第六章　金融支持吉林省新型城镇化建设的对策建议 …………… 183
一、发挥政府在金融支持新型城镇化建设中的引导作用 ………… 183
二、基于经营城市理念的城镇化融资路径选择 …………………… 186
三、提高吉林省金融发展水平与质量 ……………………………… 193
四、促进融资主体及融资渠道的多元化 …………………………… 199
五、完善相关的政策制度 …………………………………………… 212

第一章 金融支持吉林省新型城镇化建设的理论研究

一、理论基础

（一）城镇化的理论基础

城镇化发展理论历来是经济和社会研究的重点，从城市区位理论、城乡结构转换理论、非均衡发展理论到协调发展理论的演进，体现了人们对城市经济和建设发展规律的不断深化。

1. 城市区位理论

区位（Location）是指事物（企业、产业、设施）所处的地理位置，也表示各事物之间的空间联系，区位理论是关于人类活动的空间分布及其空间中的相互关系的学说。城市区位理论认为城市把各种生产要素和生产过程集聚在一定的空间上，所以城市的发展与空间的区位紧密相连，在不同生产方式和生产力水平的作用下，不同时期城镇的区位空间布局呈现出不同的特色。

（1）农业区位论

1826年，德国经济学家杜能（Thünen）在其代表作《孤立国同农业和国民经济的关系》中，首次系统地论述了农业区位理论。杜能的分析建立在一个"孤立国"的假设上：第一，在"孤立国"中除中心区有一个城市外，其他都是农村和农业用地，且该城市是农产品唯一的销售市场；第二，没有可通航的河流和运河，马车是唯一交通工具；第三，各地农业发展的自然条件等都完全相同；第四，农产品的运费和重量与产地到消费市场的距离成正比关系；第五，农业经营者根据市场供求关系调整他们的经营品种。

在该假设下，杜能给出的一般地租收入公式如下：

$$R = P \cdot Q - C \cdot Q - K \cdot t \cdot Q = (P - C - K \cdot t)Q$$

其中，R 代表地租收入；P 代表农产品的市场价格；C 代表农产品的生产成本；Q 代表农产品的生产量；K 代表农村距城市的距离；t 代表农产品的运费率。对于相同的农产品，运输成本随着种植地点距城市距离的增加，地租收入也就相对减少。据此杜能提出以距离城市远近为依据，对农业进行合理布局，并综合地租、位置和资源配置因素提出了著名的"杜能圈"，它是以城市为中心的六层同心圆结构，第一圈为自由农业圈，主要生产易腐难运的产品，如蔬菜、鲜奶；第二圈为林业圈，主要生产木材，以解决城市居民所需薪材以及提供建筑和家具所需的木材；第三圈为谷物轮作圈，主要生产粮食；第四圈为草田轮作圈，提供谷物与牧草；第五圈为三圃农业圈，圈内 1/3 土地用来种黑麦，1/3 种燕麦，其余 1/3 休闲；第六圈为畜牧业圈。

（2）工业区位论

1909 年，德国经济学家韦伯（Weber）发表了《工业区位理论》，书中他在对德国鲁尔区调查的基础上，通过对运输、劳动力及集聚因素相互作用的分析和计算，找出工业产品的生产成本最低点，作为配置工业企业的理想区位。

①运输成本影响

韦伯认为，工厂企业自然应选择在原料和成品两者的总运费为最小的地方。他进一步对工业用原料进行了分类：一是遍布性原料，指到处都有的原料，此类原料对工业区位影响不大；二是限地性原料，也称地方性原料，指只分布在某些固定地点的原料。它对工业区位模式产生重大影响。最后韦伯提出原料指数的概念，以此来论证运输费用对工业区位的影响。所谓原料指数，是指需要运输的限地性原料总重量和制成品总重量之比，即：

$$原料指数 = 限地性原料总重量 / 制成品总重量$$

根据原料指数的不同，又可以着重将限地性原料区分为"纯原料"和"失重原料"。纯原料指其重量全部转移到工业产品中，其原料指数是 1；而失重原料则是指在生产过程中损失部分重量或全部重量，其原料指数大于 1。由此可知，其显然使工业倾向于在原料地附近布局。综合考虑以上因素，限地性原料失重越大，遍布性原料参用量越少，原料指数就越大，区位倾向于限地性原料产地的程度越强，反之，区位倾向于消费地的程度越强。

韦伯依据最小运费原理，认为工业区布局在消费地和限地性原料产地中的选择应遵循以下规律。

A. 原料指数 >1，该产业为原料指向型，工业区位应布局在限地性原料产地；

B. 原料指数 =1，工业区位在限地性原料产地和消费地都可以；

C. 原料指数 <1，该产业为市场指向型，工业区位应布局在消费地。

②劳工成本影响

韦伯认为劳工成本就是指每单位产品中所包含的工人工资额，或称劳动力费用，是影响工业区位的第二因素，它极有可能改变由运输因素确定的区位布局。

韦伯认为，当劳动力费用在特定区位对工厂配置有利时，可能使一个工厂离开或者放弃运输成本最小的区位，而移向廉价劳动力（工资较低）的地区选址建厂。其前提是工厂从旧址迁往新址，所需原料和制成品的追加运费小于节省的劳动力费用。

当然劳动力费用还受人口密度等环境因素的影响。人口密度低的地区劳动力费用相差小，工业区位受运费影响较大，但随着运输条件和运输技术的改善，运费对工业区位的影响会逐渐降低，届时劳动力费用对工业区位的影响会大大增加。

③集聚与分散因素影响

集聚因素是指促使工业向一定地区集中的因素，又可分为一般集聚因素和特殊集聚因素。它们主要通过以下两方面对工业企业的经济效益产生影响。

A. 纯集聚，这种集聚具有很大的技术性和经济性。它对工业效益的影响主要通过两种方式：一是由企业生产规模的扩大而带来的生产集聚，它是因追求规模效应产生的利润而形成的一种集聚；二是产业内部各企业间的分工、协作、共享基础设施加强而产生各企业在生产地域上的集聚，这种集聚对企业生产设备的专业化程度、劳动力分工程度以及基础设施的完善程度要求极高。

B. 社会集聚，又称"偶然集聚"，是由企业外部环境因素引起的。比如大城市发达的交通体系和合理的地理位置可以降低运费，人口密度大、人口素质高使劳动力费用大大降低，这些因素都可形成社会集聚。

韦伯认为，生产集聚是一般集中因素，社会集聚则是特殊集中因素。前者是集聚的固定内在因素，而后者则是偶然的外在因素。所以在讨论工业区位时，主要注意一般集中因素，而不必注意特殊集中因素。

分散因素是指不利于工业企业集中到一定区位或是导致工业企业搬离原集聚地的因素。其作用主要是消除由于集聚带来的地价上升造成的一般间接费、原料保管费和劳动费的上升。但前提条件要看集聚与分散的比较利益大小。

（3）克里斯泰勒的中心区位论

1933年德国地理学家克里斯泰勒（Christaller）在其出版的《德国南部的中心》一书中创立了中心地理论。该理论认为，中心地是指区域内向其周围地域的居民提供各种货物和服务的中心城市或中心居民点，它是一个区域的中心点，而不是一般的城镇或居民聚集点。一个中心地对周围地区的影响程度，可以用"高""低""强""弱"来形容和比较。中心地的主要功能是向所覆盖区域的居民提供各种商业、服务业和文化业性质的商品和劳务。而这些商品和服务的种类也有高低等级之分，根据中心商品服务范围的大小可分为高级中心商品和低级中心商品，商品的服务范围就是指消费者为获取商品和服务所能到达的最远路程。高级中心商品是指服务范围的上限和下限都大的中心商品，如高档消费品、名牌服装、宝石等。而低级中心商品是商品服务范围的上限和下限都小的中心商品，如小百货、副食品、蔬菜等。提供高级中心商品的中心地为高级中心地，反之为低级中心地。低级中心地的特点是：数量多，分布广，服务范围小，提供的商品和服务档次低，种类少，主要满足居民的日常消费需求。高级中心地的特点是：数量少，服务范围广，提供的商品和服务种类多，主要满足居民的高档消费需求。

克里斯泰勒从中心地这一概念出发，在一个理想的误差的假设上，认为每个中心地的市场区都成为圆形，由于新的中心地不断新建并发展，圆形的市场区即被六边形的市场区所替代，最终形成的正六边形市场区会是便于组织中心地相联系的最有效的全覆盖的理论图式。在市场原则、交通原则和行政原则作用下，会导致城市等级体系的形成。在开放、便于通行的地区，市场经济的原则可能是主要的；在山间盆地地区，客观上与外界隔绝，行政管理更为重要；年轻的国家与新开发的地区，交通线对移民来讲是"先锋性"的工作，交通原则占优势。在三个原则共同作用下，一个地区或国家，应当形成如下的城市等级及数量体系：A级城市1个，B级城市2个，C级城市6至12个，D级城市42至54个，E级城市118个。

（4）廖什的市场区位论

1940年德国经济学家廖什（August Jösch）在其出版的《经济空间秩序》一书中，将空间均衡的思想引入区位分析，研究了市场规模和市场需求结构对区位选择和产业配置的影响，形成了市场区位论。该理论的出现解释了区域存在的原因，也开始从研究单个厂商的区位选择扩展到了整个产业的区位选择。

廖什首先认为企业在选择最佳位置时，应该寻求一个能获得最大利益的地点，而不是成本最低的地点。一个企业获得的最大利益受产品的供应和消费量方面影响，因此总收入和总成本之差最大的区位才是最大利益的区位。如图1.1所示，此时假设单一生产者在P点，产品的销售区域是以产地P为圆心且最大销售距离PF为半径的区域，公众对产品需求曲线为QF，表示消费地点

由 P 向 F 外移，运输成本增加导致产品价格和需求量的减少。所以单个企业的产品总销售额是需求曲线在销售圆区旋转形成的圆锥体，它受商品市场价格、地区人口数量和居民收入等因素的影响。因此人口密集和收入水平高的地域是区位选择的最佳候选地。

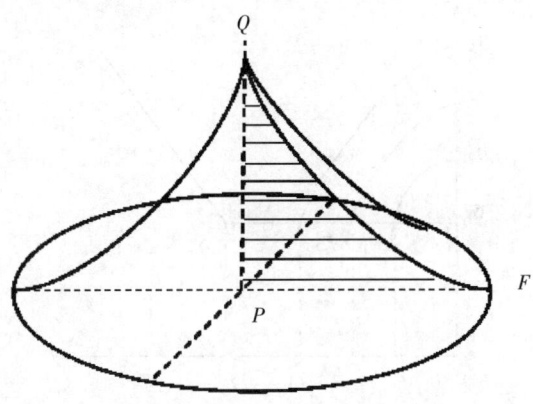

图 1.1　廖什的市场区位论

当单个企业找到利润最大化的区位后，廖什又以一般均衡的角度来考察整个工业的区位问题。随着更多工厂的介入，每个企业都有自己的销售范围，且还不能覆盖所有市场范围。但是这种圆形市场并不是永久的，因为通过自由竞争，每个企业都想扩大自己的市场范围，圆与圆之间的空当不断被新的竞争者所占领，圆形市场也会相互挤压，最后形成了六边形的市场网络。六边形区域既接近圆形又能保证没有空角，还便于向市场供应商品，因此是最有效的市场区形态。

2. 城乡结构转换理论

城乡结构转换理论是从城乡二元结构融合和产业结构调整的角度，探讨城市化发展规律。

（1）刘易斯模型

1954 年美国经济学家刘易斯（Lewis）在其著作《劳动无限供给条件下的经济增长》中系统提出并分析了发展中国家二元经济结构理论模型。刘易斯指出，发展中国家普遍存在二元经济结构，也就是在社会中传统农业部门和现代工业部门共存：①传统农业部门：生产方式落后，劳动生产率很低，劳动收入低仅能维持生计，存在大量剩余劳动力，这部分劳动力虽然形式上在劳动，但实际上边际劳动生产率接近零甚至小于零，处于"伪失业状态"；②现代工业部门：生产方式先进，劳动生产率较高，工资水平比传统农业部门高。刘易斯认为随着传统农业部门的剩余劳动力向现代工业部门转移，传统农业部门和现代工业部门的劳动生产率、工资水平会趋于一致，届时城市和农村的差异也会消失而形成城乡一体化的格局，二元经济也会转化为一元经济，这个过程可以通过图1.2分两个阶段解释清楚。

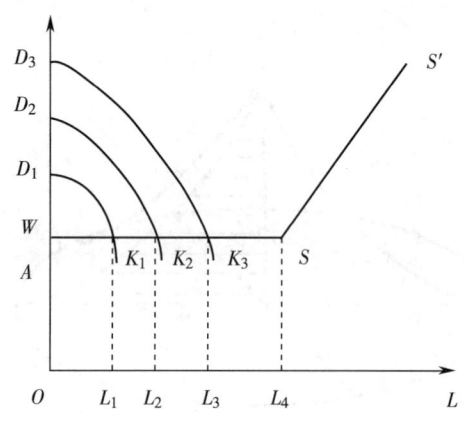

图1.2 刘易斯模型

OA 表示传统农业部门的实际收入；OW 表示现代工业部门的实际工资；WSS' 是现代工业部门的劳动供给曲线，DK_1、DK_2、DK_3 为不同资本量 K_1、K_2、K_3 下的现代工业部门的劳动需求曲线，且 $K_1 < K_2 < K_3$；劳动力供给曲线和需求曲线共同决定现代工业部门的劳动力雇佣数量。现代工业部门的工资水平在 OW 时，来自农村的劳动力供给是充足的，即现代工业部门无须提高工资水平就能获得来自农村的源源不断的劳动力，WS 线是一条完全的水平线。于是在资本量为 K_1 的情况下，雇佣的劳动力数量为 OL_1，随着现代工业部门的资本量逐渐增加，雇佣的劳动力数量也随之增加，因此现代工业部门的利润总额就会不断增加。这是刘易斯模型的第一阶段，这时的劳动力无限供给工资可以维持不变，资本相对稀缺，随着资本不断积累，利润总额不断增加。

随着传统农业部门中所有的剩余劳动力 OL_4 不断转移到现代工业部门中，处于"伪失业状态"的劳动力被消化掉，传统农业部门中劳动的边际生产率开始增加。对于现代工业部门来说，劳动力也不再是无限供给的，为了吸收劳动力只能提高工资，此时的劳动供给曲线变成向右上方倾斜的 SS'。资本和劳动对现代工业企业而言都是稀缺的，此时扩大生产规模并不能带来利润总额的上升，增加劳动力的投入会使现代工业部门的边际生产率下降。最终达到两个部门的边际生产率水平和工资水平一致，劳动力不再在两个部门之间流动，二元经济变为一元经济。

第一章　金融支持吉林省新型城镇化建设的理论研究

该理论虽比较成功地将二元经济转换过程展现出来，但没有对诸如人口增长、技术进步等宏观因素加以考虑。

（2）费景汉—拉尼斯模型

1964年，费景汉（Fei）和拉尼斯（Rains）在《劳动剩余经济的发展》一书中，对刘易斯模型做了一些重要的补充和修正，强调了传统农业部门对现代工业部门发展具有促进作用，开始重视农业生产率的提高和农业生产技术进步，把二元经济的转换拆解为三个阶段，并最终形成了"刘易斯－费景汉－拉尼斯"模型。

模型中，费景汉和拉尼斯将剩余农民分为两类，一类为边际生产率为零的农民，他们不增加农业总产出；另一类为边际生产率不为零但低于平均水平的农民，他们虽能为农业总产出做出贡献，但在传统农业部门他们无法满足自己的消费，进而就不能增加农业剩余。费景汉和拉尼斯还强调，传统农业部门是现代工业部门的重要支撑，前者要为后者劳动力提供必需的粮食来源，没有粮食来源的支撑，就没办法实现农业剩余劳动力的转移。

在模型的第一阶段，边际生产率为零的农民向工业部门转移。这部分农民从传统农业部门转移出来，不仅不会对总产出产生影响，还会增加其余农民人均所得水平。在这阶段剩余劳动力对现代工业部门来说是无限供给的，工业部门依旧使用原有的固定工资水平，就可满足劳动力需求，部门积累和部门扩张得到了保障。在模型的第二阶段，边际产出不为零的农民也开始离开传统农业部门向现代工业部门转移，他们的离开导致农业总产出的下降，当总产出下降到一定水平时，农产品的相对价格就会上升，相应提供给现代工业部门的粮食价格也会上升。现代工业部门吸收劳动力也受到阻碍，不得不面对成本增加的问题，放慢资本积累和规模扩张的步伐。这时只有加大农业投入提高农业劳动生产率，提高农业产出弥补剩余劳动力流出传统农业部门带来的损失，才能帮助现代工业部门走出"粮食短缺"困境，继续增加劳动力数量。在模型的第三阶段，现代工业部门吸收了所有农村剩余劳动力后，继续吸纳农民。但此时传统农业部门的劳动生产率已经上升，工资报酬也随之上升甚至大于现代工业部门的固定工资水平。劳动力开始变成稀缺品，现代工业部门不得不提高自己的工资水平以吸引劳动力，此时劳动力在两部门间的分配将由竞争性的工资水平决定，传统农业部门和现代工业部门的二元经济结构得以转换完成。

（3）乔根森模型

1961年，美国经济学家乔根森（Jorgenson）在《过剩农业劳动力和两重经济增长》一书中批判了刘易斯模型中的"劳动力无限供给"假设，并提出了不同的二元经济模型。乔根森认为，传统农业部门的发展对于现代工业部门增长的影响是通过农业剩余实现的。农业剩余是农业产出增长速度超过人口增长速度的结果，它是劳动力在城乡间转移的物质基础和前提条件，农业中也不存在边际生产率为零的剩余劳动。当农业剩余为零时，传统农业部门的剩余劳动力是不会转移的。当农业剩余大于零时，人们的消费结构开始发生变化，即人们对农产品的需求是有限的，而对工业品的需求却是无限的，农产品的供应已经可以满足消费时，传统农业部门就失去了发展动力，劳动力就开始向现代工业部门转移。农业剩余越多，就会刺激更多劳动力转移，现代工业部门转移的规模也会越大。

（4）托达罗模型

20世纪六七十年代，美国经济学家托达罗在其论文《欠发达国家劳动力流动和城市失业模型》中构建了城乡人口流动模型。该模型强调收入差距对人口流动的影响，其中预期收入（就业概率和实际收入水平的乘积）水平要比实际收入水平更影响劳动力的流动动机，认为农村人口向城市转移不仅取决于城乡之间的实际收入差距，而且还取决于在城市里获得较高收入的机会，反映了人口在比较经济利益的驱动下向高收入地区或部门流动的理性经济行为。预期收入主要由城乡收入差距和在城市获得工作的概率共同决定。迁移者在进行迁移活动时必须确保城市获得的工资，不仅高于在农村工作的工资，还能弥补从农村到城市的迁移成本，其找到工作的概率与迁移者到达城市的时间成正比。这一迁移决策可用数学公式表达如下：

$$V(0) = \int_{t=0}^{n} [p(t) Y_u(t) - Y_r(t)] e^{-rt} dt - C(0)$$

其中，$V(0)$表示移民在预期的时间范围内城乡净收入的贴现值；$Y_u(t)$、$Y_r(t)$分别表示城市部门工人和农村工人的平均收入；n为计划移民的时期数；r为贴现率；$C(0)$代表搬迁成本；$p(t)$表示移民t期内在城市平均收入水平上找到工作的累加概率。如果$V(0)>0$，劳动力将向城市流动，如果$V(0)<0$，劳动力选择留在农村甚至从城市返乡。

城市相对农村来说，收入较高且岗位更多，只要城市的预期收入高于农村的预期收入，或政府出台城市偏向政策，收入不高的农村劳动力和农村剩余劳动力就会被吸引到城市工作，农村劳动力不断进入城市的过程就会推动一个国家或地区城市化的水平。但如果农村劳动力进入城市的速度过快，超过了城市部门的吸收能力，就会使城市失业问题加剧，农村劳动力的过度流失，还会造成农村和农业部门的萎缩。所以发展中国家在城市化的道路上不宜走得过快过急,政府在采取鼓励城市建设或扩大城乡收入差距时一定要适时适度,在发展城镇经济的同时也要注意农村部门的资源配置,鼓励传统农业向现代农业发展,否则可能会带来失业加剧和经济失衡的后果。

(5)产业结构演变理论

17世纪英国经济学家威廉·佩蒂(William Petty)在《政治算术》一书中将不同产业间的收入差距与就业结构相联系,得出商业收入高于工业收入,工业收入高于农业收入的结论。不同产业间的收入差异引导劳动力由收入低的部门向收入高的部门流动。

20世纪40年代美国经济学家克拉克(Clark)在其《经济进步的条件》一书中,通过对40多个国家的经济数据进行分析,证实了威廉·佩蒂的理论,形成了"威廉-克拉克定律"——随着人均国民收入水平的提高,劳动力首先由第一产业向第二产业转移,进一步再向第三产业转移。

1955年,美国经济学家库兹涅茨(Kuznets)在《现代经济的增长:发现与反映》一书中,总结了总产值变动和就业人口结构变动的规律,揭示了产业结构的演变方向。库兹涅茨发现产业结构的变动回收国民生产总值和人均国民收入变动的影响,在这两者不断增长和提高的作用下,第一、第二、第三产业的产值结构和劳动力结构都会发生变化:第一产业(农业部门)的国民收入在整个国民收入中的比重、农业劳动力在总劳动力中的比重均呈下降趋势;第二产业(工业部门)的国民收入在整个国民收入中的比重总体上是上升的,但工业劳动力在总劳动力中的比重是趋于稳定不变或略有上升;第三产业(服务业)的国民收入在整个国民收入中的比重也是趋于稳定不变或略有上升,但工业服务业劳动力在总劳动力中的比重是趋于上升的。随着经济的发展,会出现产业高度集中化,第一产业会向第二、第三产业升级,随着第二产业和第三产业在整个经济体系中的比重升高,一国的城镇化水平也会提高。

3. 非均衡发展理论

非均衡发展理论从经济发展不平衡的角度论述区域经济发展中产业空间聚集的原因和机理,进而论述城市化发展规律。

(1)增长极理论

1955年,法国经济学家佩鲁斯(Perroux)首先提出增长极理论(Growth Pole Theory)。佩鲁斯认为经济增长只能以不同程度分散地发生在增长极上,然后再以不同速度扩散到周围地区。其中增长极是一个推进单元,能对其所在的经济环境产生支配和推进效应,从经济角度理解它是某种推进型产业,从地理角度理解它是产生集聚的城镇。增长极推动区域经济的发展,而位于增长极内的推动企业激活增长极的推动功能,这样的企业多为创新能力强、增长潜力大、产业关联性较强的企业。推动企业及其综合体能产生极化效应,即它能够高效吸收资金、技术、劳动力形成规模经济,引起区域经济向增长极聚集,增强增长极的竞争力,使增长极快速发展起来。极化效应会引起增长极边缘区域的衰落,造成地区发展的不平衡。但增长极还具有扩散效应,即通过将极点内集聚的产品、资本、人才、技术、信息向周围区域渗透,促进区域经济的发展。在极化效应和扩散效应的双重作用下,地区间经济才能最终达到平衡与发展。增长极理论鼓励将投资集中于经济效益好且自然条件佳的地区,为区域培养增长极,再由增长极逐步带领区域经济全面增长。

但增长极理论也并不是完善和全面的,因为推动企业往往是资本密集型企业,这样形成的增长极实力强大但与周围地区的经济联系并不是很大,为了解决这个问题,后来出现的反磁力中心理论试图建立一个新的增长极来减轻原有增长极过于庞大的人口和就业压力,发展轴理论试图建立城市间运输走廊来补救个别增长极吸引力有限的问题。但这些理论运用起来颇有难度,前者对新生增长极的实力要求偏高,后者建设发展轴要占用大量投资。

(2) 中心—外围理论

1966年美国学者弗里德曼(Friedmann)在其出版的《区域发展政策》一书中,从区域经济的角度对中心—边缘理论进行了系统的阐述。弗里德曼认为,在若干区域之间,现实资源、市场环境或空间区位等因素会导致个别区域率先发展起来,称为"中心",相比之下其他发展缓慢的区域就会变成这个中心的"外围"。总体上,中心在经济、文化、政治上均居于统治地位,外围则要依靠中心才能发展。之所以能够形成这种格局,是因为中心与外围之间的贸易存在不平等导致大量经济权力因素集中在中心,这些都吸引资金、人才和技术集中到中心,使中心更容易出现技术进步和生产的创新,这都使中心有能力吸取外围的剩余价值。在中心快速发展的压力下,外围地区的资源集聚和发展受到抑制,它不得不提高工资水平以应对劳动力流失问题,或是被迫增加出口来弥补进口增长带来的资金外流问题。此外,中心还会推行各种有利于中心经济和贸易的政策,加速外围的各种资源向中心流动。在这种模式下外围的自发性发展更加困难,中心和外围地区构成了不平等发展格局,是城乡二元结构在空间上的表现形式。

弗里德曼认为之所以会出现中心和外围的不平等关系,根源在于中心地区不断追求创新也不断经历改革,这些都使中心地区的实力越来越强大,并形成了对外围的统治地位。六个自我强化效应支持了中心的成长:主导效应,指外围的自然资源、人力资源和资本资源向中心的净转移；信息效应，指中心内部各种推动力相互作用的增加；心理效应，指一次创新成功对更多次创新的激励；连接效应，创新引起新一轮的创新，使创新形成连锁反应；现代化效应，指创新带来新的社会价值观和行为管理方式，中心内部进行各种改革适应时代的发展；生产效应，为创新提供有力的基础支持，如经济实力的增强和专业化程度的提高。中心区域在这六个效应下不断成长，外围处于不利的附属地位。

弗里德曼将中心和外围构成的整个空间结构分解为四个更为具体的部分：第一，核心增长区。这是创新变革的发源地，在资源方面具有明显的优势，又因经济权力和政治权力集中，一直处于稳定发展和支配的地位。第二，向上转移地带。该地带在中心区发展的带动下经济活动也开始活跃，在吸引投资的基础上，资源和土地的利用率上升，劳动力也开始不断地进入。第三，向下转移地带。该地带多为边远的农村地区和落后的老工业区域，在该地带内农业基础严重不足，产业结构老化，经济运行效率整体底下，面临着资金流失和劳动力流失的问题。第四，资源边际区。这类地区资源富有却尚未被开发，未来的发展潜能巨大，随着资源开发和人口聚集，尤其在中心地的影响下，新的生产方式和高效的管理方式会很快在该地区施行。

弗里德曼认为，在中心—外围模式发展的过程中，两者的差距也会逐渐变化，所以可将区域空间的演变划分为四个阶段。

第一阶段为前工业化阶段。区域以自给自足的农业为主，城镇之间联系少，各自处于独立的中心状态。

第二阶段为工业化初期阶段。少数具有自然区位优势的城市迅速成长为中心，其他地区则变成外围地区。中心区不断吸取各种资源进行自我强化，使其与外围区的差距越来越大，地区发展不均衡开始出现。

第三阶段为工业化成熟期。中心区人口和经济活动过度集中，经济活动的各种成本急剧升高，中心区的各种资源开始向外围扩散，使外围地区的经济活动更为活跃，就业机会增加，易在外围地区形成次中心。

第四阶段为空间相对均衡时期。中心区向外围区的扩散作用加强，各种资源向外围的流动性加强，之前培养的次中心开始强大并开始出现新的次核心，少数高级核心失去以往的主导地位，区域内形成了一个功能上相互依存的城镇体系，整体空间经济发展区域平衡。

（3）循环累积理论

1957年，瑞典经济学家缪尔达尔研究了空间发展不平衡问题，提出了循环累积理论。该理论认为，在经济发展的动态过程中，某一经济因素的变化会引起另一经济因素的变化，后一经济因素的变化又会反过来影响前一经济因素发生变化，并导致社会经济过程沿着最初那个因素变化的方向发展，形成互为因果的循环累积过程。循环累积过程主要是通过扩散效应和回流效应来影响空间经济的协调。扩散效应是指发达地区的各种生产要素向欠发达地区流动，带动欠发达地区经济增长从而缩小地区之间的经济发展差异；回流效应是指欠发达地区的各种生产要素流向发达地区，使欠发达地区因生产要素缺乏而走向衰落，从而扩大地区之间的发展差异。但回流效应也不是没有限度的，当地区经济发展到一定程度，会出现人口稠密、交通拥挤、污染严重、资本过剩、自然资源耗尽等问题，这时的回流效应反而会减弱经济增长的势头。当扩散效应强于回流效应时，能有效缩小地区间差异，解决二元经济的问题。在欠发达国家和地区经济发展的起飞阶段，回流效应往往强于扩散效应，这是造成区域经济难以协调发展的重要原因。要促进区域经济的协调发展，政府就有必要干预经济空间的发展：在经济发展初期应充分发挥回流效应，政府应优先发展经济发展条件较好的区域；当经济发展到一定水平时，应适时防止累积循环因果效应造成的发达与落后区域之间的经济发展差距，政府应制定一系列政策措施刺激落后地区经济发展。这一理论对于发展中国家解决地区经济发展差异问题具有重要指导作用。

（4）非均衡发展理论

1958年，美国经济学家赫希曼（Hirschman）在《经济发展战略》一书中认为，由于不同地区物质资源和人力资源的稀缺程度不同，一个国家或地区的经济发展过程不可能保持均衡增长的态势。经济增长首先会出现在几个先天条件优越的点，进而形成增长极带动相对落后的地区发展，这就意味着经济增长没有办法完全规避经济非均衡发展，于是赫希曼提出了增长极对其他地区能够产生"极化—涓滴效应"。

赫希曼按照经济发展的程度，将整个区域分为经济增长情况良好的"北方"与经济情况比较落后的"南方"，前者是指经济正在增长的区域，而后者是指那些比较落后的区域。与缪尔达尔的理论类似，赫希曼认为在"北方"和"南方"之间存在着极化效应与涓滴效应。极化效应与回流效应相似，多出现在经济发展的初期阶段，将导致区域间的差距继续扩大；而涓滴效应与扩散效应相似，长期来看将有利于区域之间经济发展差距的缩小。在区域经济发展中，涓滴效应最终会大于极化效应而占据优势，原因是发达的北方地区为解决城市拥堵问题而发挥涓滴效应，最终会带动落后南方的经济增长，南方地区也会在涓滴效应的影响下开始充分利用自身的资源，开拓内部市场，最后在整个地区实现平衡增长。当然一国政府可以干预涓滴效应和极化效应的强弱,来引导经济的发展和均衡。该理论肯定了非均衡发展对于经济发展的贡献,还为前发达地区和发展中国家指出一条经济发展路线——经济落后地区应集中有限的资源和资本优先发展少数关联度高的地区,通过该地区的扩张和优先增长,带动相关区域经济的发展,从而在整体上实现空间经济的均衡增长。因此从资源有效配置的角度来说,应将有限的资源用到那些最有生产潜力的产业部门,通过这些产业的优先发展带动其他产业的发展;当经济发展到一定的水平,政府再做出协调举措,使区域内的经济部门发展趋于平衡。

4. 协调发展理论

协调发展理论是从人与自然和谐发展和可持续的角度来论述城市布局和城镇化发展规律的理论,主要包括田园城市论、卫星城市论、有机疏散论。

(1) 田园城市论

19世纪英国城市学家埃比尼泽·霍华德(Howard)在《明日,一条通向真正改革的和平道路》(1902年修订再版,更名为《明日的田园城市》)中提出了田园城市的概念,以解决人口膨胀及环境污染带来的"城市病"。霍华德将田园城市定义为:为健康、生活以及产业而设计的城市,它的规模足以提供丰富的社会生活,且四周要有永久性农业地带围绕。

霍华德针对城市规模、布局结构、人口密度、绿带等城市规划问题,提出一个比较完整的城市规划思想体系,他设想的田园城市包括城市和乡村两个部分。城市居民能从城市四周农业用地获得新鲜农副产品的供应;城市是该区农产品最近的市场,但个别易运输和储藏的农产品市场不只限于当地。城市的规模必须加以限制,使每户居民都能极为方便地接近乡村自然空间。当城市人口增长达到一定规模时,就要建设另一座田园城市。若干个田园城市,环绕一个中心城市(人口为5万~8万人)布置,形成城市组群——社会城市。遍布全国的将是无数个城市组群。城市组群中每一座城镇在行政管理上是独立的,而各城镇的居民实际上属于社会城市的一个社区。他认为,这是一种能使现代科学技术和社会改革目标充分发挥各自作用的城市形式。霍华德田园城市概念从城市建设的角度在加强城乡之间联系,缩小城乡经济差距方面具有重要意义。

(2) 卫星城市论

20世纪20年代英国建筑师昂温采纳了霍华德的设想提出的卫星城镇的概念,于20世纪40年代为伦敦制定咨询性规划时提出建设卫星城镇,以缓解人口压力,转移并创造就业岗位。卫星城镇的建立,其一是突出这些为大城市分散人口、分担压力的城镇在经济上与母城的紧密联系性,其二是为了将其与之前提出的田园城市在功能上加以区分，田园城市被用于泛指"田园式郊区"或"开阔的郊区"。自此之后卫星城镇被大量使用并用于各国城市建设发展的具体实践中，有时大城市边缘有些规划良好的工业郊区也被称为卫星城镇。

（3）有机疏散论

1942年芬兰学者沙里宁（Saarinen）在《城市：它的发展、衰败和未来》一书中，为缓解由于城市过分集中所产生的弊病，提出了关于城市发展及其布局结构的"有机疏散"理论。沙里宁把个人日常生活和工作的区域称为"日常活动"区域，与其相对应的称为"偶然活动"（例如看比赛和演出）区域，前者应该集中布局，并且最好随着城市中心的疏散离开拥挤的中心地区，后者则可以灵活做分散布置。城市中心只保留事业和城市行政管理部门和大量绿地，把轻工业和重工业都疏散出去。在该理论主张下，应该根据城市功能等多种因素将城市有机分解并疏散于城市的各个区域，以防城市各功能部门过分集中，减少"城市病"带来的危害。

（二）金融支持的理论基础

1. 金融的概念

金融一词从字面上可以理解为资金的融通，它描绘了资金从盈余者到短缺者手中这一过程。虽然这一经济活动从古到今一直伴随着我们，但"金融"一词直到1915年的《辞源》和1937年的《辞海》出版时才被作为条目正式收录于工具书中，它的释义为："谓资金融通之形态也，旧称银根。"但随着时间的推移，最近出版的《现代汉语词典》则将金融一词定义为："货币的发行、流通和回笼，贷款的发放和回收，存款的存入和提取，汇兑的往来等经济活动。"

时至今日，金融活动不断发展创新，货币与信用相互渗透并逐步形成一个新的金融范畴，这一范畴又开始向投资、保险等领域覆盖，所以我们可以把金融理解为所有与信用、货币相关的，或是由两者连结在一起所产生的全部交易行为的集合，或者更具体地理解为，是那些与货币的提供、银行等相关机构的信用以及以证券交易为操作特性的保险、投资等类似模式运转的全部交易行为的集合。

2. 金融发展理论

金融发展是指金融资产规模增大和金融结构不断优化。金融发展理论主要研究的是金融发展与经济增长的关系，即研究金融体系（包括金融中介和金融市场）在经济发展中所发挥的作用，研究如何建立有效的金融体系和金融政策组合以最大限度地促进经济增长及如何合理利用金融资源以实现金融的可持续发展并最终实现经济的可持续发展。金融发展理论发展至今形成了三个代表性理论：金融结构理论、金融抑制理论与金融深化理论。

（1）金融结构理论

金融结构（financial structure）是指构成金融总体的各个组成部分的分布状况、相对规模以及相互关系。对金融结构理论的研究从20世纪50年代起就成为了现代金融领域的前沿，其中在1969年，美籍比利时经济学家、耶鲁大学教授雷蒙德·W.戈德史密斯发表了一部系统研究金融结构的著作——《金融结构与金融发展》。他不仅提出了金融结构理论，也为金融发展的研究奠定了基础。

戈德史密斯在《金融结构与金融发展》一书中运用了纵向分析与横向分析相结合的方法，分析了从19世纪60年代至20世纪60年代当时世界上最有代表性的35个国家的统计资料，从中找出了金融结构与金融发展的规律与差异，为研究金融发展问题奠定了基础。

戈德史密斯为了研究的方便，将各种金融现象归纳为三个方面：金融工具、金融机构与金融结构。金融工具作为对其他经济单位的债权凭证和所有权凭证，大部分由金融机构发行和持有，金融机构又分为负债为货币的金融机构与负债不是货币的金融机构两大类，各种金融工具和金融机构的相对规模则构成各国的金融结构。各国金融结构的差异反映在不同的金融工具及金融机构相继出现的次序上、它们的相对增长速度、对不同部门的渗透程度，以及对一国经济结构变化的适应速度和特点等方面。从金融上层结构、金融交易以及国民财富、国民产值等方面在数量规模和质量特点的变化中，可以看出各国金融发展的差异。

为了对金融结构进行定量分析，戈德史密斯列出了衡量一国金融结构的8个指标。

①金融相关比率：这一比率是某一时点上现存金融资产总额与国民财富，即实物资产总额与对外净资产的和之比。它是金融结构的首要方面，即一国金融上层结构与经济基础结构之间的关系。

②金融结构的构成比例：这首先反映为金融工具余额在几种主要类型中的分布状况和金融资产总额在主要经济部门中的分布。即便总额相等的金融工具所反映的金融相关比率也相等，但其仍可能以不同的方式影响经济。比如金融资产存量和金融负债存量的比例，债券与股票的份额比例等。

③金融资产总额和各种余额在各个经济部门之间的分布比率：它反映出不同的金融工具在经济中的渗透程度以及不同部门和子部门对金融工具的偏好。各个部门持有某种金融工具的比例，以及某种金融工具的个人持有者占所有持有者的比例，都反映出不同金融工具在经济中的渗透程度。

④金融机构相对重要性比率：包括各种金融机构的资产在所有金融机构资产总额中的比例、其各金融机构持有的金融工具在总额中的比例以及各金融机构持有的几种主要金融工具在各种余额中的比例等。

⑤金融结构的机构化程度：衡量金融机构在金融工具存量中拥有的份额。它是反映一国金融上层结构机构化程度最简单、最全面的指标，还可做进一步的分析，计算出各类金融资产余额由各主要金融机构持有的份额。

⑥将金融资产存量按金融工具种类和金融部门分类组合成一个金融相关矩阵，从而能够清楚地说明各种金融资产的发行者和持有者的关系。还可将金融工具进行分类，组成债券矩阵和股票矩阵，或者分得更详细些，组成住宅抵押矩阵等。

⑦金融流量指标：主要是金融资产的新发行额与国民生产总值之比（金融相关比率的流量指标），金融总流量在各种金融工具、各个部门之间的分布，金融机构的金融交易额在金融工具总流量和每种金融工具中所占的比重，以及各种金融工具在每个部门和子部门金融交易总额中所占的份额。

⑧资金来源与运用分析表：为了研究各个部门和子部门全部资金来源与资金运作情况，可以用资金来源与运用表来分析。通过该表可以掌握不同部门的内部融资与外部融资的比重，外部融资中金融机构的资金总量占多大比例，外部融资中直接融资和间接融资所占比例，以及各部门之间的债权变化情况。

戈德史密斯结合上述金融指标，将世界各国的金融结构划分为三种基本类型。

第一类金融结构：金融相关比率比较低（约在0.2~0.5），债权凭证远远超出股权凭证而居于主导地位，在全部金融资产余额中金融机构所占比例较低，商业银行在金融机构中占据了突出地位。这类金融结构是金融发展初级阶段的特点，并且，银行券和支票存款还是金属货币的补充，由家庭所有的小型企业是生产和流通中的主体。这类金融结构在18世纪至19世纪中叶的欧洲和北美出现过。

第二类金融结构：金融相关比率仍然较低，债权凭证仍然大大超过股权凭证，银行仍然在金融机构中居于主导地位，其与上一种金融结构的区别在于：政府和政府金融机构发挥了更大的作用，从而体现出这些经济社会具有混合型特色。在有些国家，大型股份公司已经大量存在，但多由外国人拥有或投资，所以对一国的金融结构并无多大影响。另一个区别是：它的储蓄率与投资率似乎比较低，而金融中介比率则比较高。这类金融结构在20世纪上半叶普遍存在于大多数非工业化国家内。

第三类金融结构：首先，金融相关比率较高，约为1（金融资产总额与国民财富相等），不过，有时也可能上升到2的水平；其次，尽管债权仍占金融资产总额的2/3以上，但股权证券对债权证券的比率已有所上升，金融机构在全部金融资产中的份额也已提高，金融机构日趋多样化，这导致了银行体系地位的下降以及储蓄机构和私人及公共保险组织地位的上升。这类金融结构自20世纪初期以来在工业化国家较为常见。

戈德史密斯指出，由于一种金融工具或金融机构的特征随时间的不同存在差异或发生变化，以及参与金融活动的人们之间的关系存在差异，因此，各国之间、各时期之间在金融结构与发展上存在差异。研究金融结构的目的就是为了揭示金融发展规律。虽然各国的金融结构各不相同，但金融发展的道路却基本相同。通过对不同类型国家金融发展道路的剖析，戈德史密斯对金融发展的规律做出12点概括总结。

①金融相关率有提高的趋势。在一国的经济发展进程中，金融上层结构的增长比国民产值及国民财富所表示的经济基础结构的增长更为迅速。

②一国金融相关率的提高不是无止境的，一旦达到一定的发展阶段，该比率就将趋于稳定。

③经济欠发达国家的金融相关率比发达国家低得多。

④决定一国金融上层结构相对规模的主要因素是不同经济单位和经济集团之间储蓄与投资功能的分离程度。金融相关率越高，说明储蓄与投资的分离程度越显著。

⑤在多数国家中，金融机构在金融资产的发行额与持有额中所占份额随着经济的发展而大大提高，即使一国的相关率已停止增长，该份额却依然呈上升势头。

⑥储蓄与金融资产所有权的这一"机构化"趋势对各种主要金融工具有着不同影响。与股票相比，债权的机构化比股票的机构化取得了更为长足的进展，同时长期债权的机构化要高于短期债权的机构化水平。

⑦在任何地方，现代意义上的金融发展都是从银行体系的发展开始的，并且依赖于纸币在经济中的扩散程度。

⑧随着经济的发展，银行系统在金融机构资产总额中的比例趋于下降，而

其他各种金融机构的这一比例却相应上升。

⑨外国融资作为国内不足资金的补充或作为国内剩余资金的出路，在大多数国家的某个发展阶段都发挥着重大作用。

⑩对于多数国家的金融发展来说，先进国家的示范作用与国际资本流动同样重要。

⑪金融发展水平越高，融资成本就越低，只有少数情况例外，就是发生了通货膨胀的情况下，金融体系的作用会发生相反的变化。

⑫在大多数国家，经济增长与金融发展之间存在着大致平行的关系。随着总量和人均实际收入及财富的增加，金融上层结构的规模和复杂程度亦增大。部分国家的统计分析表明，经济飞速增长时期也是金融发展速度较高的时期。

虽然金融结构理论并没有对金融发展与经济发展之间的关系做出精确判断，即没有办法确定到底是金融因素促进经济的发展，还是金融发展是其他因素引起的经济增长的反映，但是该理论为以后研究金融发展与经济增长之间的关系奠定了基础。

（2）金融抑制和金融深化理论

1973年，罗纳德·麦金农出版了《经济发展中的货币与资本》，爱德华·肖出版了《经济发展中的金融深化》，这两本书提出了"金融抑制"和"金融深化"的概念，并在对发展中国家的金融发展与经济增长之间的关系进行分析后发现，健全有效的金融体制能够促进经济增长，相反，落后低效的金融体制会严重束缚经济发展。最后麦金农和肖提出，发展中国家要改变国内的各种金融抑制，把金融深化作为发展政策的核心。

①金融抑制

金融抑制是指一国的金融体系不健全，金融市场机制未充分发挥作用，经济生活中存在过多的金融管制措施，而受到压制的金融反过来又阻碍着经济的成长和发展。

麦金农和肖认为，在金融管制措施作用下，市场是扭曲的，主要体现在以下几个方面。

一是利率限制。发展中国家一般都会对贷款和存款的利率实施限制或控制。为了降低公共部门的融资成本，将私有部门资金排除在竞争之外，发展中国家通常会设定存贷款利率的上限以压低利率水平。有时发展中国家为了弥补巨大的财政赤字，会不惜使用通货膨胀政策，最后导致有的国家实际存贷款利率很低，甚至出现负数。过低的实际存款利率使人们的利息收入大大降低，从而降低了人们对货币的需求，最终导致储蓄降低从而限制了投资的发展；过低的贷款利率会使人们的投资需求大大增加,而此时只能通过信贷配额来消除贷款的过高需求。

二是信贷管制。由于低利率带来储蓄低下、投资膨胀,发展中国家往往面临巨大的资金缺口。这时中央银行或中央银行设立的特别信贷机构实行的一些选择性、部门性信贷政策,引导资金流向政府偏好的部门和产业。而这些政府所"偏好"的企业或项目的投资收益率可能并不高,这就导致资金的分配效率十分低下。

三是对金融机构实行严格的控制。这种控制包括:提高金融机构的法定存款准备金率;限制金融机构的资金流向;限制某些金融机构和金融工具的发展;实施金融机构国有化;实行严格的准入制度,控制金融机构的成立,限制金融机构进入市场。这些行为造成金融机构的运行成本高昂但效率却低下,金融机构种类单一(商业银行居于绝对的主导地位),专业化程度低,金融资产的形式单一,数量有限。

四是高估本币汇率。发展中国家通过提高本币汇率来降低进口机器设备的成本。但是过高的本币汇率,一方面提高了发展中国家出口商品的价格,减少了净出口收入,另一方面过高的进口需求导致了国家的外汇短缺。针对第一种问题,政府采取出口补贴和出口退税等措施扩大出口,但这种补贴在公平性和覆盖面上有所欠缺,还对国家财政造成负担;针对第二种问题,发展中国家可能会实施部分或全面的外汇管制。

金融抑制阻碍了一国经济的发展,造成了负面的影响,以利率上限为例,我们利用图1.3麦金农-肖模型(M-S模型)分析这个过程。

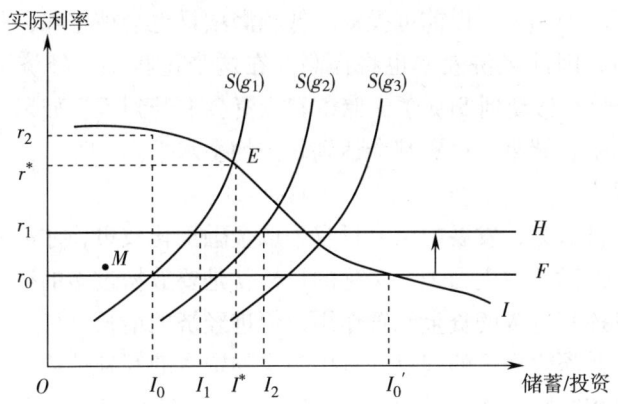

图1.3 麦金农-肖模型(M-S模型)

如图所示 $S(g_1)$ 表示经济增长率为 g_1 时的储蓄曲线，是实际利率 r 的增函数，当经济增长率由 g_1 提高到 g_2 时，$S(g_1)$ 曲线会对应向右移动到 $S(g_2)$ 的位置。I 表示投资曲线，是实际利率 r 的减函数。为了便于分析，模型假定储蓄会全部转化为投资，不存在国外融资，国家也不会干预金融市场，这时储蓄等于投资，$S(g_1)$ 曲线与 I 曲线相交于 E 点，形成均衡利率 r^* 和均衡储蓄/投资 I^*。

F 线代表金融抑制，表示政府通过控制名义利率和加速通货膨胀等方法导致实际利率固定在 r_0 的水平上，这时的储蓄总额为 I_0，投资也被控制 I_0 位置。但此时通过投资曲线可以看到，当实际利率为 r_0 时，投资需求却是 I'_0，如果政府仅对银行的存款利率限制而不对贷款利率进行限制，银行就会把贷款利率定在 r_2，银行便可获取 $(r_2 - r_0)$ 的不合理利差收入，而 $(I'_0 - I_0)$ 这部分超额的信贷需求无法通过市场来满足，政府会通过信贷配给的措施来分配稀缺资金。而信贷配给往往不考虑投资项目的预期回报率，相反，裙带关系、政治压力以及贷款人员的行为都可以成为重要的影响因素，这些都导致了信贷资金配置的低效率。

金融抑制不仅代表着存款利率上限，有时也会出现贷款利率上限。贷款利率上限必然会排除掉一大部分潜在的高风险和高收益的投资项目，对金融机构的业务产生限制。此时金融机构在最大收益固定的情况下，一定会选择风险最小的投资项目，所以那些投资回报率仅仅高于上限利率 r_0 的项目就会更容易获得贷款，图中 F 线以上的点 M 就代表了这类投资项目。

如果将图中利率上限从 F 提高到 H，即把实际利率从 r_0 提高到 r_1，储蓄和投资都会显著增加到 I_1。以前可投资的低利润项目也会被排除，总体的投资回报率将会提高，因此经济效率也将提高。在这个过程中，经济增长率上升到 g_2，储蓄曲线向右移动到 $S(g_2)$，储蓄和投资会上升到 I_2。如果完全放开对利率的管制，利率、储蓄、投资都会达到新的均衡水平。

②金融深化

麦金农和肖认为，发展中国家只有采取金融深化政策，才能从金融萎缩和经济萎缩的恶性循环中走出来。深化的目标就是要放松过多的行政干预，让金融体系充分发挥其有效的资金配置作用以促进经济的增长。

麦金农金融深化理论的起点是货币与实物资本的互补性假说。传统理论一般认为，货币和实物资本作为两种不同的财富持有方式，是相互竞争的替代品。但是麦金农认为，在金融市场并不发达的发展中国家，对货币的需求和对实物资本的需求是高度互补的。这个结论建立在内源融资和投资不可分割性两

第一章　金融支持吉林省新型城镇化建设的理论研究

个前提假设上：内源融资是指，由于发展中国家金融市场的不完善，所有经济单位都必须依靠自我积累来筹集投资所需的资金，储蓄者与投资者是融为一体的；投资不可分割性是指，自我积累的效率低下导致投资必须达到一定规模才能获得收益，而不会进行零散的投资。在此基础上，麦金农提出了欠发达国家的货币需求函数：

$$\left(\frac{M}{P}\right)^d = f(Y, \frac{I}{Y}, d - \pi^e)$$

其中，$\left(\frac{M}{P}\right)^d$ 代表实际货币需求；Y 代表收入；I 代表投资；$\frac{I}{Y}$ 代表投资占收入的比例，表示自我融资条件下，人们为了投资，而对实际货币的需求；d 是各类存款名义利率的加权平均数；π^e 是预期的通货膨胀率；$d - \pi^e$ 代表存款的实际利率。只有在持有实际货币的收益率较高时，人们才会增加对实际货币的需求，进而增加储蓄和投资，促进经济增长。所以，$d - \pi^e$ 在决定实际货币需求 $\left(\frac{M}{P}\right)^d$ 方面起着十分重要的作用。实际利率 $d - \pi^e$ 上升意味着持有货币的实际收益上升，因而人们以货币的形式进行内部储蓄的意愿也随之上升，因此麦金农得出了以下投资函数：

$$\frac{I}{Y} = f(r^t, d - \pi^e)$$

式中 r^t 是实物资本的平均回报率，它与投资需求成正向关系，但与传统理论不同，$d - \pi^e$ 对投资也可能会有正向影响，麦金农将这种影响称为货币的"导管效应"——货币不再是一种资产，它最终会流向投资。如图1.4所示实际利率 $d - \pi^e$ 比较低时，导管效应比较明显，但是实际利率上升到一定水平到达 N 点后，再进一步提高实际利率，可能导致人们放弃投资，转而持有实际货币，这种情况被称为"竞争资产效应"。

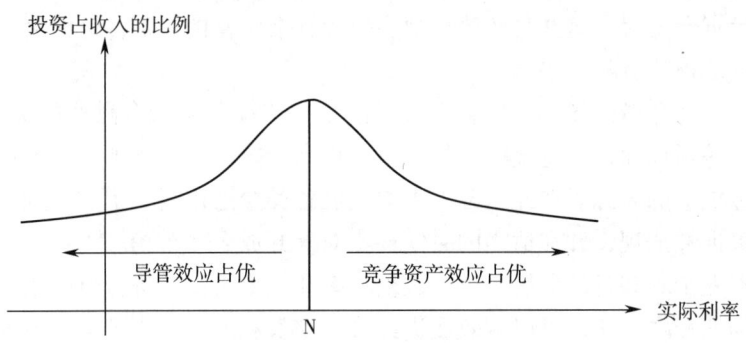

图1.4　竞争资产效应

通过以上分析可以看到，金融深化政策的首要任务应是保持一个较为合适的实际利率水平 $d - \pi^e$。具体来看，分为以下几个步骤。

一是放松利率管制。放松利率管制，取消不恰当的利率限制，让银行等金融机构有全体高存贷款的名义利率，保证货币资产的实际收益为正数，以此来吸收储蓄，增加资本来源，扩大社会投资水平。虽然这一过程会增加资金的使用成本，但实际利率的提高将投资收益率低的项目排除在外，资金会顺着"金融导管"流向效率高的项目，较高的贷款利率也会促使企业努力改进生产技术和内部管理，在提高了资本使用率的同时优化了投资结构，形成了资源的优化配置。值得注意的是，政府放松对金融机构存贷款利率的限制并不等同于放松对宏观金融的调控。相反，政府更应结合实际利率水平对名义货币量及其增长率进行调控，这对稳定市场价格并促进经济增长有着重要的意义。

二是放松汇率管制。将高估的货币贬值，让汇率反映国内外货币的实际价值之比，可以缓解对外汇的过度需求，并且能刺激出口进而改善国际收支状况。爱德华·肖认为，贬值是对货币扭曲的一种修正，虽然会带来外债名义价值的增加和通货膨胀，但贬值能促进出口的增长，国民生产总值的增加不仅会提高国家对外债的偿付能力，还会逐渐减弱对外资的依赖。爱德华·肖还赞成弹性汇率制度，并逐步取消对外汇支付和转移的种种限制，既能保持国际投资者的投资收益率稳定，又能允许外国投资者将其获得的利润汇往国外，这能帮助资金缺乏的发展中国家吸引大量外资。

三是进行财政改革。财政改革首先要进行税收改革。爱德华·肖认为可以采取税收减免，特别要降低"存款利率税"的水平，让储蓄者的利益得到切实保障；麦金农则建议会计体系不完善的欠发达国家可以实行包括关税在内的统一税率的增值税。第二步减少不必要的财政补贴和信贷配给，尤其要减少对低效率的国有企业和某些特权行业的补贴，取消不公平的信贷配给，以市场利率来引导资金配置。这些财政改革都会引起社会财富的增加，进而会增加下一周期的财政税收。

四是发展金融市场。发展金融市场的第一步就是降低金融业的准入门槛，打破金融垄断局面，促进金融业的竞争，提高金融效率，增加金融规模，从而扩大资金供应的来源。在此基础上大力发展各类金融市场，增加金融工具的供应，完善证券法规，并在适当的时候逐步对外开放金融市场。

根据麦金农和肖的分析，进行放松利率和汇率管制、进行财政改革、发展金融市场的金融深化，可以有效促进经济的增长和发展。为了进一步说明金融深化对经济增长的重要意义，麦金龙拓展了哈罗德－多马模型。哈罗德－多马模型可以用以下公式表示：

$$G = \frac{s}{k} = s \cdot v$$

G 代表经济增长率；s 代表储蓄倾向，即储蓄占国民收入的比例，在这个模型中它被假设为一个常数；k 代表资本——产出比，即社会资本存量和社会的总产出（或实际国民收入）之间的固定比率；为了表示方便，v 表示 k 的倒数。

麦金农认为，储蓄倾向 s 会受到金融深化程度和经济增长率的影响，它应该是一个变量，而不是一个常数。它可以用以下公式表示：

$$s = s(G, \rho)$$

其中，G 代表经济增长率，ρ 代表金融深化程度。这两个变量对储蓄倾向有正向影响。综上来看：

$$G = s(G, \rho) \cdot v$$

此公式说明金融深化程度 ρ 决定了经济增长率 G，当金融深化水平提高，经济增长率也会随之提高。这个过程可以用图 1.5 描绘出来。

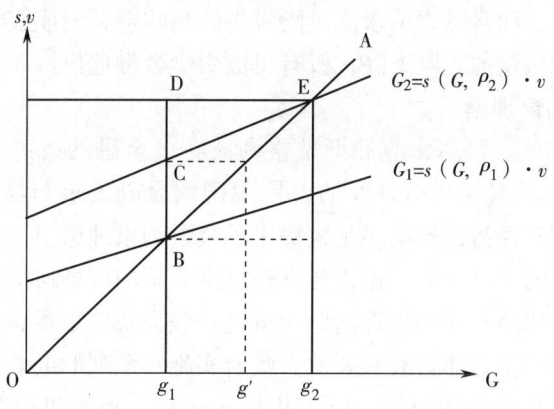

图 1.5　哈罗德—多马模型

该图反映了经济增长率、储蓄倾向和金融深化程度之间的相互关系。图中横轴代表经济增长率；纵轴代表储蓄倾向和产出与资本存量比的乘积；OA 代表 45°线，它是经济均衡增长的条件；G_1 和 G_2 分别代表金融深化水平为 ρ_1 和 ρ_2 时的经济增长率函数，两直线均向上倾斜，说明储蓄倾向对经济增长率的正向影响。金融深化程度由 ρ_1 提高到 ρ_2 时，将对储蓄产生两种影响，一种是作为整体的储蓄函数向上移动，也就是 G_1 向上移动到 G_2，另一种是储蓄函数对收入增长率的斜率上升，也就是 G_2 的斜率大于 G_1 的斜率。此时经济增长率由 g_1

提高到 g_2 的过程可以分解为两部分,第一部分是 BC 段,对应到增长率上是由 g_1 到 g',是由金融深化提高储蓄倾向而引起;第二部分是 CD 段,对应到增长率上是由 g' 到 g_2,是由经济增长率上升推动储蓄倾向上升而引起。

麦金农和肖赞成解除金融抑制,进行金融深化,能实现储蓄与经济增长的良性循环,但他们理论的基础建立在完全的市场经济的理论假设上,对一些现实问题并没有考虑。一方面,在这个过程中,利率的升高可能会带来负面的影响。银行的收益取决于贷款的回收率,但银行无论在贷款前还是贷款后都无法对借款人做到充分的了解和监督,所以在信息不对称的情况下,高利率就会对银行的收益产生消极影响:面对高贷款利率仍愿意借款的人,大多知道自己归还贷款的可能性比较小,并且会把资金投入高风险高收益的项目中。所以银行从自身的利益出发,会自愿将贷款利率降低到均衡利率之下,并对借款人进行筛选。此时,面对理性的银行,政府进行金融深化放开对利率的管制,但是不一定会带来利率的显著上升和信贷的大规模扩张。另一方面,银行也可能存在道德风险,会对金融深化带来灾难影响。在发展中国家政府通常对金融机构实施隐形担保,不会让金融机构轻易倒闭。这就使很多金融机构利用隐形担保把风险转嫁给政府,而自己去追求高风险带来的高收益,造成金融体系中利率的急剧上升和信贷质量的急剧下降,极有可能引爆金融危机。

(3) 金融约束理论

1997 年赫尔曼、穆尔多克和斯蒂格利茨在《金融约束:一个新的分析框架》一书中总结了东亚和东南亚的发展中国家金融发展与经济增长的情况,反思了金融深化对经济助推的不足,提出了金融约束理论。

麦金农和肖的金融深化理论是建立在完全竞争的市场均衡基础之上,但现实中存在的道德风险和逆向选择问题使得这一假设条件很难满足,所以政府适当地对市场进行干预是非常有必要的。政府实施一系列的金融政策为私人部门创造租金机会就是金融约束(Financial Restraint)。租金机会能帮助银行部门积极吸收储蓄,减少信息不对称问题,通过银行部门将租金机会逐渐释放到企业和家庭,最终促进经济发展。这个过程可以用图 1.6 金融约束理论模型进行说明。

在信贷市场供需模型中,资金的供给方是家庭,资金的需求方是企业,金融中介是银行。图(a)代表在没有政府干预的完全竞争市场上,资金需求线与资金供应线相交形成均衡的市场利率 r^* 和均衡贷款额 Q^*。图(b)代表政府为了给银行创造租金机会,将存款利率控制在 r 的水平上,此时贷款利率由市场决定处于 r' 水平,这时的存贷款利率都明显偏离于市场利率 r^*。由于资

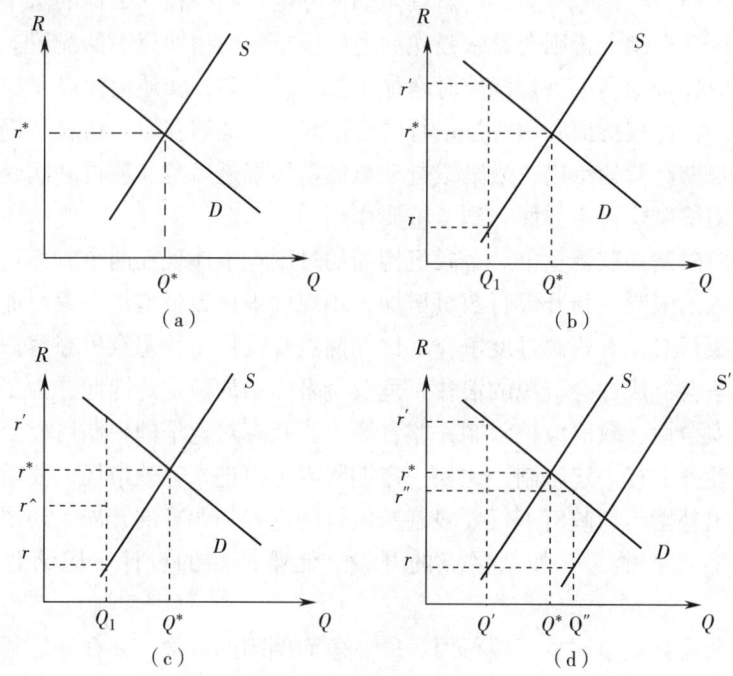

图 1.6 金融约束理论模型

金供给的限制,贷款额也处于 Q' 上,明显低于均衡贷款额。此时银行获得全部租金 $(r'-r)$,其中 (r^*-r) 部分来自家庭,$(r'-r^*)$ 部分来自企业。图(c)代表政府在限制存款利率的同时限制贷款利率,为银行和企业都创造租金机会。将贷款利率限制在 $\hat{r}$ 处,这时银行获得租金 $(\hat{r}-r)$,企业获得租金 $(r^*-\hat{r})$,而这些租金 (r^*-r) 全部来自家庭。图(d)代表在存款利率限制创造的租金机会的激励下,银行利用租金机会建设更多分支机构、提高服务质量以吸收更多的存款,这使得资金供给线 S 向右侧移动到 S',资金供给的增加使企业可以 r'' 获得贷款,这个利率水平要低于之前的市场均衡利率 r^*,社会贷款额 Q'' 也较均衡贷款额 Q^* 有所提升。

政府通过金融约束为银行和企业创造了租金机会,政府的宏观调控促进了金融体系的不断完善和社会经济的整体发展,所以金融约束论者提出了以下政策主张。

①政府对存贷款利率进行宏观调控。一方面,政府可以将存贷款利率都维持在一个较低的水平上,但要确保实际利率是正值。虽然在这种情况下实际利率的水平不会达到金融深化理论的市场均衡利率水平,但银行和企业仍然能从

家庭的储蓄中获得租金机会，至于具体如何分配、利率在什么样的水平上，则需要政府科学控制，否则会导致强烈的逆向选择倾向扭曲资源的配置。另一方面，政府对存贷款利率进行调控时增加了银行的盈利，实质上提高了银行的特许权价值。特许权价值必须通过银行的长期经营才能够获取，这就帮助银行建立了一个长期经营的承诺，激励银行动员储蓄、规避风险、获得利润，这就在减少银行道德风险行为方面起到了重要作用。

②政府限制并监督竞争。金融机构间的过度竞争体现在两个方面：一是没有市场准入的限制，新开银行数量增加，小规模银行数量增加，银行业过度进入。二是银行对现有资源过度争夺，比如网点开设集中、恶意争夺客户等。这些过度竞争会造成社会资源的浪费，危及金融体系的稳定。因此，为了提高金融体系的安全性，政府应该限制并监督竞争。政府对竞争的限制可以是对进入的银行的业务进行一定限制，比如一定期限内不得进入存款市场、要求其对以后银行做出补偿等。政府不仅要限制新银行的进入和业务的开展，还要对现有银行的竞争进行监督，如新网点的开设、储蓄产品的设计、揽储业务的开展等。

限制和监督竞争减少了银行因过度竞争而倒闭的风险，并在一定程度上能将租金机会留在银行体系内，以确保租金效应能推动经济发展，虽然这一政策使一些低效率的银行得到保护，但这一成本大大低于安全的金融体制所带来的收益。

③限制资产替代。为了维持银行的租金机会，就要将家庭的资产引入银行变成存款，同时限制家庭将存款转移出银行体系转化为其他资产，如证券、国外资产、非银行部门存款和通货膨胀套期保值实物资产等。金融约束论者认为，发展中国家证券市场尚不规范、规模小、流动性差，对发展中国家的经济贡献有限。为了维持证券市场的运行，不但要有一系列高度复杂的机构——各种中介机构、咨询机构、监管部门，还要承担各种搭便车行为和信息不对称问题带来的损失。这个有着巨大运行成本的证券市场还会和银行部门争夺居民资金，使银行失去一部分收益高的业务，影响银行的租金，威胁金融体系的稳定。

金融约束理论可以让政府通过对存贷款利率进行宏观调控、限制并监督竞争、限制资产替代这一系列金融约束系政策促进金融发展，从而带动经济增长。但是金融约束理论也具有一些缺陷：第一，政府对市场干预并非都是正确和成功的，干预的方法、程度甚至是时间的失误都会引发金融体系的动荡，甚至是阻碍经济发展。第二，理论的假设前提对于现实情况很难满足。限制和监督竞争极有可能导致大型银行垄断金融市场，很多发展中国家的证券市场非常活跃没有办法阻止资产的转移，居民也不会只选择存款这一种资产形式。

（三）农村金融理论

农村金融理论体系由农业信贷补贴论、农村金融市场论和不完全竞争市场论三个部分组成。

1. 农业信贷补贴论

20世纪80年代以前，农村金融理论的核心在于农业信贷补贴论。该理论认为在整个农村体系中存在三个主要问题：（1）由于农业的比较收益差，从事农业生产的农户收入普遍偏低，所以农村居民、特别是贫困户都没有多余的资金可以用于储蓄，导致农村的资金供给始终不足；（2）农业生产的自然风险大、生产周期长，农产品价格的市场风险大，农业收入偏低，这些不利因素都使农业很难获得商业银行的贷款，导致农村的信贷供给长期不足；（3）农村对资金的需求大，大量利率偏高的非正规金融机构，使农民无力负担。

为解决以上问题，农业信贷补贴论认为：（1）应适当降低农业贷款的利率，减轻农民负担，增加农民收入；（2）政府要加强对农村金融市场的干预，建立非营利性的专门金融机构，用外部政策性资金支持信贷供给；（3）政府应完善农村金融体系的建设，通过政策性银行的农村支行和农业信用合作组织为农村居民和企业提供低息贷款，促使高利率贷款的消亡。

农业信贷补贴论解决了农村的资金供给、信贷供给和高利贷问题。根据这一理论，20世纪60至70年代，许多发展中国家的政府通过设立各种专门的农村金融机构，政府提供的大量低息贷款解决了农村发展中的资金缺乏问题，促进了农村经济的发展。但与此同时农业信贷补贴论的弊端也开始显现：（1）农民可以从农村金融机构获得大量低息贷款，农民的资金需求得到满足后就缺乏储蓄的激励，这使得农村金融机构无法从农民手中获得资金而是大量依赖政府的外部资金，农村的资金供给问题没有从根本上解决，农村信贷依旧是国家财政的重大压力；（2）农村金融机构为提高贷款收益率，多将低息贷款提供给使用量大且较富有的农民，而获得低息贷款的农户又往往不会将资金投入到收益率较低的农业生产上，低息贷款并没有惠及全体农民，也没有真正促进农业生产和农业生产率的提高；（3）由政府建立的农村金融机构的效率不高、内部监督机制不完善、缺少有效的监督其借款者投资和偿债行为的动力，这些因素均导致贷款资金的回收率偏低。

2. 农村金融市场论

20世纪80年代后出现的农村金融市场论逐步取代农业信贷补贴论成为农

村金融理论的核心。农村金融市场论摒弃了批判农业信贷补贴论的众多弊端，并融入了金融深化和金融抑制理论，开始重视市场机制的作用。

农村金融市场论认为：（1）政府没有必要从外部向农村注入资金，只要合理激励并创造条件，农村居民以及贫困阶层就会积极储蓄，为农村金融机构提供资金供给；（2）政府提供的低息贷款打破农民存款的平衡，抑制了农村金融发展；（3）农村金融机构的资金来源过度依赖外部注入，不自负盈亏，也不重视内部监督管理，导致了资金回收率偏低；（4）政府实行低息政策，违反了农村资金市场的价格规律，所以非正规金融的高利率有存在的意义。综上所述，政府的政策干预和利率管制导致了农村金融市场的资金缺乏，一旦遵循了农村金融市场的规律，加之农民的储蓄，农村金融市场可以达到平衡，农村经济可以得到发展。因此要充分发挥金融市场的作用，减少政府干预，实现利率市场化和农村资金供求的平衡，以及取消专项特定目标贷款制度，适度发展非正规金融市场等。

在农村金融市场论的指导下，农村金融改革要充分发挥金融市场的作用，减少政府干预，具体来说要做到以下几点：（1）农村金融机构在农村金融市场中处于核心地位，其主要任务是调动农民储蓄的积极性。（2）尊重市场规律，由农村金融市场上资金的供给方和需求方确定利率，同时用市场利率引导资金供求的平衡，而且要保证实际存款利率不能为负数。（3）转变以储蓄额、贷款发放额的增加衡量农村金融成功与否的观念，应结合金融机构的信贷效率、经营独立性和可持续性来判断。（4）没有必要实行专项贷款制度。（5）非正式金融的存在具有合理性，不能实行"一刀切"式的取缔，而应进行合理引导。

农村金融市场论要求市场机制在农村金融市场充分发挥作用，因在20世纪80年代引导各国走出由农村信贷补贴论造成的困局，而受到人们的广泛接受。但农村金融市场论也出现了一些弊端，在很多国家由于市场经济不完善，不能形成有效的农村金融市场利率，多数提供给农户尤其是中小农户（而不是农村居民）的贷款利率依然是参照政策性银行给予的优惠利率。同时由于发展中国家农村金融市场建设严重滞后，很多小农户仍然难以获得信贷，而且贷款的高成本和担保品的增加也减少了农民的贷款需求，并没有真正促进农村经济的发展。

3. 不完全竞争市场论

20世纪末，东欧剧变、拉美债务危机和东南亚金融危机使人们认识到完全的市场机制也存在着效率低下的问题，而真正合理、高效、健康的金融市场,是需要"看得见的手"和"看不见的手"相配合,即市场机制和政府干预相配合才能运行起来。

其政策主张有:(1)为金融市场的发展营造稳定的环境,保持低通货膨胀率和国家宏观经济层面的基本稳定;(2)分阶段分步骤进行利率市场化,控制存款利率的增长幅度和范围,并将实际存款利率保持在 0 以上;(3)政策性金融机构提供的专门贷款一定程度上能促进农村经济的发展,但要适度,不可损害金融机构的基本利益;(4)为提高贷款回收率,政府应鼓励借款人联保小组以及组织借款人互助合作形式,利用担保融资、使用权担保以及互助储金会等办法,改善信息的非对称性;(5)融资与实物买卖(肥料、作物等)相结合可以确保贷款的回收;(6)为促进金融机构的发展,应给予其一定的特殊政策,如限制新参与者等保护措施,非正式金融市场一般效率较低,可以依靠通过政府的适当介入来加以改善等。

表1.1　　　　　　　　三种农村金融理论的主要区别

性质	农业信贷补贴论	农村金融市场论	不完全竞争市场论
政府干预	必要	不必要	当市场机制失效时是必要的
利率管制	低利率管制	实行市场利率	放松管制
金融机构管制	必要	不必要	逐渐放松
资金回收率	指导性贷款	利用市场机制强化资金的自我筹集	灵活运用贷款互助小组等金融或非金融手段
贷款资金来源	政府提供	内部筹集	内部筹集为主,政府提供为辅
专线贷款	有效	无效	方法适当时有效
非正规金融评价	否定	有效	政府应适当引导

二、国内外文献回顾

(一)国外研究现状

Peter Diaconis(1993)研究发现城市交通的发展帮助城镇化进程的加快和城镇化范围的扩展,在城市交通的支持下,各城市的聚散功能得以发挥,所以欧洲各个国家的城镇化进程中都非常重视城市交通的发展。但是与城市交通发展紧密相关的基础设施建设需要大量资金投入作为支持。城市金融系统提供了城市交通发展需要的大量资金,所以金融发展实际上促进了城镇化的发展。

Tarski(1997)认为城镇化进程中基础设施融资和城市住房融资在城镇化

资金需求中占有重大比重。但全球经济发展的过程中,随着各种交易模式、信息技术的发展,融资行为本身也会随着经济环境和经济制度的变化而发生变化,而且这种变化也越来越多样、频繁和复杂。

Kyung-Hwan Kim(1997)研究认为资金需求量大、使用周期长的房地产行业是现代城市经济的支柱行业,所以加快城市房地产行业的建设,发展多样化的金融产品和金融服务为房地产建设提供资金支持,是支持城市发展的重要着力点。

Derrienni(2003)用美国西部的俄勒冈州、加利福尼亚州、内华达州和华盛顿州等的具体数据,构建了一个包含多状态分支效应的离散选择模型,分析在城镇化进程中,土地资源的使用制度和金融发展等因素对城镇化进程的影响;模型的检验结果肯定了金融发展、城市土地资源、规章等因素对城镇化发展具有显著的正向作用。

Seong-Hoon,Chojunjie Wu,William G. Boggess(2003)以美国西部的加利福尼亚州、爱达荷州、内华达州、俄勒冈州和华盛顿州这五个州为例,对城镇化水平、金融发展和土地使用方面的制度之间的关系建立了评估模型,结果显示土地投资与开发是城镇化进程中必不可少的条件,而金融发展对其具有重大的影响。

(二) 国内研究现状

1. 金融支持与城镇化发展之间的实证研究

(1) 对全国进行的研究

蒙荫莉(2003)在考虑了逆城市化现象、农村政治体制改革和人口统计口径变化因素的前提下,对1952—2001年的金融深化程度(FIR)、城市化水平数据进行OSL估计和Granger因果检验,发现金融深化程度不断加深会推动城市化水平的上升,城市化水平的上升又会推动金融深化程度新一轮的加深。发展城市的现代工业和现代服务业都离不开金融业的支持,所以发展金融也是推动城市建设的最有效手段之一。

伍艳(2005)考察了1978—2002年的数据,从城镇化率与金融深化率、货币化比率存在高度的正相关性的角度证明了金融深化程度是影响一国城镇化水平的重要因素。

姚耀军(2005)基于VAR模型对我国1978—2002年金融发展规模、金融效率、城市化与城乡收入差距的关系做出实证研究。结果表明:金融发展与城乡收入差距之间是互为因果,相互促进的,但因我国金融发展还处于初级阶段,金融发展规模与城乡收入差距正相关,然而随着经济的增长,金融发展规模会与金融效率一样逐步减少城乡收入差距;城市化水平的提高能减少城乡收入差距,却无法确定城乡收入差距的缩小能否促进城市化水平的提高。

张宗益和许丽英(2006)选取了经济增长、教育水平和城市基础设施建设这三个控制变量,建立VAR模型对我国1952—2003年的城市化水平与金融发展规模、金融结构、金融效率之间的关系进行研究,发现金融发展与城市化之间具有长期正相关关系,但金融发展只是城市化的单向Granger原因,这说明虽然我国金融发展还处于起步阶段,却已经有力地推进了我国的城市化水平,但由于城乡二元结构和户籍制度的存在使我国城市化水平低于工业化水平,对金融发展尚未起到应有的推动作用,随着我国国民经济的持续增长,城市化水平不断提高,会对金融发展起到推动作用,使金融发展和城市化之间形成真正的双向因果关系。

郑长德(2007)对我国1978—2003年的数据进行实证分析发现,我国经济货币化程度的高低是影响我国城镇化水平的重要因素。虽然从数据结果上看,中国城镇化水平与经济金融化水平成正相关关系,但是这两者之间并不存在Granger因果关系,只能概括为存款与GDP比率的提高会促进我国城镇化水平的提高,而城镇化水平的提高通过提高贷款与GDP的比率和金融相关率来促进我国金融中介的发展。

黄勇和谢朝华(2008)对1978—2004年的城镇化水平、全部城镇固定资产投资中国内贷款所占的比重和金融机构固定资产投资贷款的增长率三个时间序列数据建立VAR模型,发现金融支持和城镇化建设存在着直接的因果关系,其中信贷支持对城镇化具有重要意义。

邓德胜、刘京锋和花琪(2008)认为金融对城市化发展具有支持作用,他们分别对全国的城市化水平、各项存款额、货币流通量、年贷款发放额、银行年现金支出额、居民拥有金融资产的储蓄存款占总借贷额的百分比、购置有价证券占总贷款支出的百分比以及投资—储蓄比取对数,建立城市化与金融发展关系的理论模型,并利用中国1978—2005年的数据对两者进行实证检验,结果显示:城市化与金融发展存在互动关系;金融总量与城市化水平存在着显著的对数线关系,金融结构效益对城市化发展的支持不足;而储蓄转化为投资的比例逐渐下降是制约中国城市化快速发展的一个重要障碍。

谷小菁和王定祥(2011)选取了金融发展规模、金融发展效率、金融发展结构、政府行为对城市化进程的贡献、固定资产形成额占名义GDP的比重、人力资本因素、经济支柱产业对城市化进程的贡献度、外商投资主体对于城市化进程的作用8个指标，利用1992—2008年的省际面板数据，对中国金融发展与城市化进程之间的关系进行了研究。从长期来看，金融发展能够为城市化发展提供有力的支持，两者之间具有均衡关系。但从短期来看，金融发展与城市化进程的因果关系不显著。这主要是由于国有银行的垄断性经营，并没有为非国有实体经济部门提供有力的资金支持；政府的各种干预又导致了私人部门出现挤出效应，总体上金融对于城市化的支持过程中仅完成了资本的积累，却没有注重资金的使用效率。

赵峥（2011）构建了金融支持与城市化的评价指标体系，并且运用历史数据分别从人口城市化、产业城市化、空间城市化三个方面对金融支持我国城市化问题进行实证分析，发现金融支持与我国的城市化进程存在长期的均衡关系。

高友才和曹东坡（2012）与以往的研究相比有很大不同，在分析城市化水平方面，他们设置了城市化规模和城市化质量两个一级指标，人口数量、建成区面积、城市GDP、中等收入户人均可支配收入、城市燃气普及率、人均公园绿地面积、城市第三产业从业人员比重七个二级指标来研究；在分析金融支持方面，设置了政策性金融和商业性金融两个一级指标，商业性金融机构信贷余额、股票市价总值、债券余额、国家开发银行贷款余额四个二级指标，然后分别从个量和总量角度对我国1999—2008年的城市化与金融支持进行灰色关联分析。实证结果表明，城市化与金融支持正相关，但政策性金融支持的效果较商业性金融的支持效果要明显，效率也更高；间接融资的支持力度要好于直接融资。

吴超和钟辉（2013）肯定了增长源在城镇化进程中的作用，他们选取了2005—2009年全国31个省级数据，从工业部门、农业部门、产业结构调整、基础设施建设四个方面考察它们对城镇化的贡献，由于工业发展对城镇化的贡献率在四个变量中最低，所以可以看作它是未来推动城镇化建设的主要动力源之一。从金融支持城镇项目的重要性次序检验分析中可以看出，工业贷款、农业贷款、乡镇企业贷款的规模最能够促进城镇化的进程。

贾洪文和胡殿萍（2013）基于1991—2011年的金融中介发展指数、金融中介发展规模、金融效率和城镇化率建立模型，发现金融中介发展指数、金融中介发展规模能带动城镇化率的提高并且对城镇化有一种正的推动效应；当城镇化发展到一定程度后，金融效率的提高能促进城镇化率的提高，但推动效应不是很大，而且城镇化反过来并不能促进金融效率的提高。

中国人民银行荆州市中心支行课题组（2013）运用1997—2010年各省的

第一章　金融支持吉林省新型城镇化建设的理论研究

大样本面板数据对金融发展对城镇化进程的影响从短期和长期两个方面进行考量。结果发现，因城镇化是一个相对漫长的过程，城镇化政策对经济发展存在滞后效应，所以短期内没有证据能够表明金融发展与城镇化进程之间存在非常显著且方向确定的影响效应。从中长期来看，金融发展在社会资本积累、资本配置效率、劳动力要素流动和区域经济平衡方面会发挥积极作用，城镇化在加强金融机构竞争力方面发挥有利作用，两者之间存在相互影响的正向效应。

韦福雷、胡彩梅和鞠耀绩（2013）分析2007—2011年中国31个省区的城镇化金融支持效率及影响因素，发现由于金融规模效率不高，金融资源没有达到最优配置，东部和中部地区虽然占有大量的金融资源，但这些地区的城镇化金融支持效率还有很大的提升空间。在改善金融资源配置效率方面，第三产业的发展会起到负面效应，但金融相关率的提高和房地产行业的发展却能发挥显著的正效应。

李新光、胡日东和张彧泽（2014）为了找到支持城镇化的有效融资方式，选用了我国30个省市1998—2012年的土地出让金对数、金融发展效率（银行存款转为贷款的比率）、第二产业比重、第三产业比重、实际利用外资对数，构建面板平滑转换模型，以比较土地财政和金融发展对城镇化的支持效应。实证研究发现，在不同的土地财政水平和产业结构水平下，土地财政、金融发展两种融资方式对城镇的建设产生不同效应，依靠土地财政促进城镇化长期来看效率不高，反而有可能限制城镇化的发展。虽然模型的结果是金融发展对城镇化产生负效应，但其根本原因是产业升级优化不合理，产业结构与土地财政、金融发展不协调。

熊湘辉和徐璋勇（2015）遵循了新型城镇化具有人口、产业和空间城镇化的特点，采用城镇人口占总人口的比重、城镇就业率、第三产业增加值占国民生产总值的比重、非农产业从业人员比重、非农产业增加值占国内生产总值的比重、农村人口收入和城镇人口收入比重以及参加城镇医疗保险人数和城镇人口比重七个测度新型城镇化程度的指标，运用因子分析法和主成分分析法，建立我国新型城镇化水平的综合评价体系，得出我国城镇化水平随时间的推移逐步升高，并且具有明显的空间聚集性，但东部、中部和西部之间城镇化水平的差距也越来越大的结论。根据我国2004—2013年31个省份的空间面板数据，从金融规模、金融效率、金融结构三个方面测量金融因素对新型城镇化建设的影响，发现金融支持是影响新型城镇化水平的重要因素，并且金融规模对新型城镇化建设产生正向影响，在西部地区尤为明显；在金融效率方面，以商业银行为代表的金融机构的效率对新型城镇化建设影响显著；金融结构的调整与新型城镇化水平正相关。

李清政和刘绪祚（2015）采用我国2012—2013年31个省、市、自治区的新型城镇化率、金融规模、金融效率数据建立模型，分析了新型城镇化与金融支持的互动关系。其中从省际区域视角来看，东中西部金融信贷规模的支持与城镇化互动发展差异较大，该指标在东部发达地区对城镇化的贡献不显著，在中西部自然资源富集、城镇化水平低的地区对城镇化的贡献很突出。相对而言金融效率指标在全国31个省份中对城镇化的建设均起到有力的推动作用，由此可以看到，当城镇化水平处于起步阶段时，金融信贷规模发挥的作用更为明显，该阶段突出金融支持中"量"的特质，而当城镇化位于一个较高水平时，金融对城镇化的支持更加注重"质"，此时更加强调金融支持的"效率"。

杨慧和倪鹏飞（2015）根据新型城镇化的内涵选取人口、产业、空间、生活、资源环境和城乡一体城镇化六个指标建立了新型城镇化发展水平综合指数，选取金融支持规模、金融支持效率和金融支持结构三个指标建立了金融支持指数，并利用协调度评价模型对1994—2012年金融支持指数和新型城镇化发展水平综合指数的协调发展状况进行了定量考察。结果显示1994—2012年，两者的协调发展状况由非协调状态向协调状态发展变化，其中2006—2012年城镇化和金融支持都保持了高速发展，两者达到了高度协调。但长期以来金融支持指数一直低于新型城镇化发展水平综合指数，也说明了我国仍然存在金融支持规模不足、支持结构不合理、支持效率不高等问题。

陈志刚、吴腾和桂立（2015）在考察城镇化水平和金融发展水平的时候引入了包括非农产业发展、公共服务设施建设、人力资本提升、经济发展水平、经济开放程度、城乡收入差距、制度变量、人口密度等一系列控制变量，并通过运用1997—2013年中国省级面板数据进行了实证研究。他们发现，金融规模扩张对中国城市化具有显著促进作用，但金融效率提升对中国城市化进程的影响不显著，当非农产业所占比例越高、公共服务设施建设支出和人力资本累积越低时，金融发展对于城镇化进程的加快有更显著的促进作用。

荣晨和葛蓉（2015）发现金融支持对不同地区城镇化进程的作用以及不同地区对政府干预、国有经济所占比重影响的敏感性存在明显的差异。在新型城镇化进程中，金融规模发展对东、中、西部均具有正向作用；金融结构优化对东、西部具有反向影响，对中部没有显著影响；金融效率提高对东部产生正向效应，对中、西部没有显著影响。东部地区政府干预使金融支持规模产生正向敏感，而这种干预在中部却不敏感，在西部则会产生反向敏感；东、中部金融支持结构对政府干预表现不敏感，但在西部却会反向敏感；政府干预对金融

第一章 金融支持吉林省新型城镇化建设的理论研究

支持效率的影响在东部不敏感，在中部却反向敏感，在西部却会正向敏感。

（2）对区域进行的研究

王建威和何国钦（2012）运用多元非线性模型，把城镇化经济增加值细分为规划建设一体化指数、产业发展资金投入指数、信贷产品创新指标、信贷管理机制创新指标、金融服务效率创新指标和融资担保创新指标六项指标，对福建省进行城镇化发展与金融创新支持效率分析。结果发现无论是信贷产品创新、信贷管理机制创新，还是金融服务效率创新与融资担保创新都对经济增加值具有正向效应，从而得出财政与金融支持机制是推动城镇化发展的重要手段的结论。

陈志伟（2014）利用2001—2012年河南省17个地级市的面板数据，建立面板向量自回归模型，考察了金融发展对就业城镇化、生活方式城镇化、城市建设城镇化和户籍人口城镇化的影响。发现金融发展短期内会显著抑制就业城镇化的推进，但显著促进户籍人口城镇化进程，对生活方式城镇化和城区建设城镇化的支持则很不明显。

（3）对其他国家进行的研究

孙浦阳和武力超（2011）认为金融发展对城镇化产生影响的传导机制很大程度上要依靠国家的宏观调控政策才能真正发挥作用，而不同的政府治理水平又会对这个传导机制产生影响。他们采集了1995—2008年全球120个国家（42个发达国家和78个发展中国家）的数据，用面板2SLS方法进行了实证分析并有效克服了金融内生性会对分析结果产生偏差的问题。模型构建了金融发展指标体系（金融市场的发展规模、股市发展程度、银行净资产收益率、信贷市场扩张、全球化程度）、政府治理指标体系（政治稳定和无暴力、言论自由和政府责任、监管质量、政府效能、政府反腐败力度、法治）和宏观经济控制变量（每个国家的收入水平、人口赡养比率、贸易开放度、固定资本形成），还考虑了固定国家效应和固定时间效应。最后发现这种传导机制的作用是非常显著的，即政府监管和行政能力的提高有助于促进金融系统的发展，为企业融资、技术创新、专业化分工、城市公共基础设施的发展提供便捷和稳定的支持，从而促进城市的发展和建设。

2. 金融支持城镇化发展中存在的问题研究

范川（2003）指出城镇化离不开基础设施建设，而基础设施建设投资的资金缺口将阻碍城镇化进程的发展，与之相反的是随着我国社会经济的快速发展，大量民间资本开始在积累沉淀却找不到有效的投资途径。目前我国金融发展不能有效支持城镇化建设的关键是，缺乏创新型的金融工具，也缺乏投资需求与资金供应之间有效连接的金融平台。

伍艳（2005）认为长期存在的金融抑制问题阻碍了中国城镇化的发展进程，如利率管制、金融市场的各组成部分不合理且缺乏效率、金融机构内部管理及运行不完善、资本形成和运用机制不健全。这些问题导致我国城镇化率始终滞后于工业化率，城镇集约化和城市基础设施始终发展不好。

中国人民银行南宁中心支行课题组（2007）认为中国城镇化进程中存在农村金融供给总量、农村金融工具单一和缺乏金融支持政策三方面的问题。农村金融供给总量不足体现在农村基础设施建设资金不足，涉农企业资金来源短缺且筹资困难，农村居民生产生活资金短缺；农村金融工具存在品种单一总量不足的问题，各品种的农业保险均严重缺失，农村居民社会保障体系发展缓慢，农村金融机构资产质量差、不良贷款比重高，而各种现代金融服务尚未起步，这些都无法满足城镇化发展的多种需要。由于缺乏统一的规划和持续监督，在基础设施改善、农村工业企业发展和产业结构升级、城镇化后失地农民的就业和社会保障等方面，金融支持措施都没有起到相应的效果，也无法起到对城镇化推动的作用。

刘莉亚（2007）结合河北省金融支持城镇化的情况，从信贷资金投入的角度分析认为，城镇化过程中省内融资普遍呈上升趋势但总体水平还不是很好，但省外融资的情况存在着很大的不均衡问题，只有区位条件和投资环境较好的城镇对外来投资者具有吸引力，欠发达地区的经济规模小、经济效率低无法从省外为自己吸引投资。从金融服务的角度来看，普遍存在国有商业银行和农村信用社都撤销县域机构网点的现象，并且金融机构之间缺乏协调运行机制甚至有时会出现无序竞争，这些都导致金融机构在城镇经济的服务功能下降。

廖凤华（2007）以四川省绵阳市为例发现城镇化进程中金融资源配置呈现自发性失衡，金融资源向中心城区过度集中，对农村小集镇、重点集镇和中心集镇的扶持相对不足，而金融资源相对匮乏的地区吸引金融资源就地转化、支持城镇化建设的能力也相对不高。城镇化进程中金融供给并没有随需求结构的变化做出调整，仍以农户小额信用贷款模式和简单的信贷模式为主体，并没有随农民主要收入由劳动力向土地及资本过渡，而转变为抵押贷款模式和创业型风险融资模式。城镇化进程中风险管理型机构发展缓慢，仅扮演着提供资金的角色，而忽略了分散风险的功能。

陆岷峰和马艳（2009）认为，金融支持城镇化发展的效果不明显在于金融市场的融资结构不合理，直接融资比重较低，而间接融资过高占据着主导地位。此外金融机构的结构也不完善：国有金融机构、全国性金融机构、大型金

第一章　金融支持吉林省新型城镇化建设的理论研究

融机构、内资金融机构比重较大,而非国有金融机构、区域性金融机构、中小型金融机构、外资金融机构相对缺乏,金融机构的构成结构不合理限制了多层次金融市场的形成和机构间的有效竞争,大大降低了资本积累和配置效率。另外,金融机构市场定位与城镇化战略存在矛盾,政策性银行的服务范围过于宽泛,没有对基础设施建设和重点项目提供有针对性的资金支持,城市信用社改为农村信用社的做法也不利于城镇经济的发展。

范立夫(2009)认为各经济主体对金融支持城镇化认识不足,金融发展缺乏战略眼光,没有把金融行业发展与城镇化战略有机地结合起来,具体反映在:金融机构市场定位与城镇化战略存在矛盾,商业银行大多定位于大中城市,而忽略了其在小城市、城镇和农村地区的金融支持作用;金融服务缺乏协调机制,没有做到有效地分工与协作,在受制于贷款金额时,很少有金融机构牵头积聚资金,推出银团贷款,各金融机构推出的信贷服务同质化严重,易导致无序竞争,也降低了金融资源的使用效率,抑制了城镇化进程的推进。

中国人民银行天津分行课题组(2013)发现在进行城镇化建设时,资金需求方即贷款主体难以确定。地方政府及相关主管部门是城镇基础设施和公共事业建设的投资主体,但这些部门一般不具备直接从金融机构取得贷款的资格。商业银行则主要通过政府投融资平台贷款方式介入项目。各地方政府融资平台的负债规模虽处于稳健水平,但也不能忽视一部分地方政府融资平台债务规模增长过快、监督管理不规范的问题。进一步对地方政府融资平台治理和监督的重点在于平台信贷风险的防范和管控,难点则在于对贷款主体的身份加以限定。

陶艳艳和段虹(2013)认为在城镇化过程中,政策性金融机构没有发挥出相应的作用。尤其是起主导作用的中国农业发展银行,虽承担着为我国"三农"发展提供支持的任务,但在具体实施过程中一直存在很多问题。其中比较重要的问题是服务单一,基本上都是针对粮棉油等农产品的储备、收购、调销等提供融资服务,对其他信贷需求较大的新型农业项目缺少支持力度,产品与服务的缺失严重限制了农村经济的发展。此外,政策性银行的主要资金来源基本依靠财政拨款,存在着资金到位时间不确定、资金拨付额度有限,在资金紧缺时向中央银行借款时又会造成资金成本上升等问题,导致在资金总量上无法完全支持城镇化发展的现象。而且政策性银行还实行"独立核算、自主保本经营、企业化管理"的经营政策,为了规避一定的风险,必然会使一些农业融资需求得不到满足。同时她们还认为,行政环境、公民权利和义务及诚信意识方面的缺失造成不健康的金融环境,严重制约了农村金融体系的发展。

我国农村地方政府思想的保守性、行政方式和方法的落后，影响了农村金融组织的运营效率，也限制了农村金融市场效用的发挥。农民群众的权利和义务意识相对较弱，文化水平、法律知识等相对较低，尤其没有把监督权作为自身权利义务的一种形式，使农村金融市场没有有效运营和被监督的基础。农村地区诚信意识相对薄弱，各种合同订立与执行也不规范，农村金融（尤其是民间借贷）纠纷发生相对频繁。这些都为在农村城镇化金融体系的建构和完善带来了诸多不利影响。

3. 金融支持城镇化建设的建议研究

（1）增加金融供给方面的研究

汪小亚（2002）明确了金融支持的三个重要方面，即支持城镇城市化的基础条件发展——投资基础设施和公共服务设施建设，在金融机构坚持项目资本金制度的原则下，鼓励开办多种形式的基础设施建设项目贷款，如项目贷款、固定资产贷款、地方政府贴息贷款。支持城镇城市化的经济条件发展——帮助城镇中小企业发展，中央银行可以适当增加对重要金融机构的再贷款、再贴现规模，降低再贷款利率以鼓励中小金融机构为中小企业提供更多贷款；对中小企业贷款时还可适当放宽贷款利率浮动范围，扩大授信额度办理非全额担保贷款和信用贷款；建立和完善中小企业信用基金或担保公司；支持城镇城市化基本条件的发展——助力人口规模扩张和素质提高，鼓励农民"离土又离乡"，为在县城务工经商的农民提供住房信贷和消费信贷。

胡斌（2002）鼓励在财政融资支持的信用平台基础上，加强与金融的配合联动，发挥政策金融与商业金融的互补优势，扩大资金来源渠道。通过高层领导搭建平台、操作层面构建合作框架、政府与企业法人积极联动的方式，建立起新型的、符合城市基础设施项目特点的银政合作、银企合作关系，为银行对城建项目贷款构筑起良好的信用结构。

郭新明（2004）认为组成城镇化这一庞大系统工程的各个子系统需要金融发展的支持与推动，而城镇化又为金融发展搭建了有效平台，提供了良好的外部环境，使金融发展充分发挥造血输血功能和宏观调控作用。所以在金融支持城镇化发展的过程中，要加大信贷投入，推进城镇资本、技术、劳动力、土地要素市场建设，从金融、财政、社保等方面做适当的支持和引导，可设立西部大开发创业贷款，发放给偏远且环境恶劣地区的居民，也可发挥金融杠杆作用帮助土地合理规划和使用。同时也要加强信贷资金的管理，防止金融资源流向国家限制行业和计划外的技术开发区、工业园区，防止低水平重复建设，造成资源的浪费。

第一章 金融支持吉林省新型城镇化建设的理论研究

陈元（2010）提出开发性金融是指由国家建立、能提供国家信用的金融机构，为特定的资金需求者提供中长期融资，遵循"政府入口、开发性金融孵化、市场出口"的运行机制，不但具有融资功能，还兼具着建立健全制度、推动市场发展的政府目标。开发性金融在基础设施建设、产业转化和帮助非农就业方面起着重要作用，在目标、功能、效率、手段等方面更能够与中国城镇化发展相适应。接下来开发性金融应更强调市场化运作，利用国家开发银行与地方政府合作搭建包括城建平台和中小企业融资平台在内的综合性融资平台，不断完善信用结构，加强风险监控和风险缓释的能力。开发性金融还要继续发挥导向作用，调动更多商业性金融参与到基础设施建设和中小企业发展中，满足城镇化建设中的巨大资金需求。

杨慧和倪鹏飞（2015）提出利率市场化改革与贴息政策并举，支持新型城镇化的顺利推进。利率市场化可矫正金融的市场功能，但欠发达的城镇地区及农村地区则会在竞争中处于劣势地位，易导致经济社会发展差距的进一步扩大。有必要在合理的利率水平下对城镇经济实施贴息政策，对欠发达城镇地区和农村地区进行"反哺"，发挥利率市场化改革的最大效益。

（2）拓宽融资渠道方面的研究

胡斌（2002）认为应该充分利用资本市场。各地的城市建设投资公司运行初期，主要是通过国家开发银行融资，履行投资城市基础设施建设项目和盘活经营性资产的职能。在具备一定条件后，城市建设投资公司可以进行股份制改造，吸收企业资金，使这些企业也成为城市建设和经营的投资主体。为进一步拓宽基础设施建设和运营融资渠道，还可以尝试将附着在城市基础设施上的有形及无形资产投入市场营运。

范川（2003）指出城镇化融资以政府财政融资为主资金的融资额有限，巨大的资金缺口导致城镇化建设矛盾突出。他在国外城市建设融资经验的基础上，建议创新融资机制，为突破基础设施融资"瓶颈"提出了十种操作方法：①采取 BOT 或 TOT 手段，让社会资本参与到基础设施建设和经营中，与政府分享商业利润，共担经营风险；②通过补贴政策、利差优惠、专营权优惠政策，吸收民间闲散资金投入到没有收益的路桥建设中；③转让公用企业部分股权给社会资本和职工，既能帮助基础设施运营企业向现代企业制度过渡增强其活力，又能为政府带来变现资金；④采取直接借壳上市或经过设计包装后被上市公司收购的方式，在股票市场上融资；⑤政府承诺购买基础设施产品并保证项目合理回报，以吸引民间资本投入基建工作；⑥对地铁、轻轨等项目采用金融租赁的方式，既完成设备的融入又完成资金的融入；⑦鼓励项目主体发行利率介于银行同期存款利率和贷款利率之间的长期建设债券（企业债券）；⑧开拓项目资产证券化融资新手段；⑨对大型市政工程，可赋予投资者土地开发权，以弥补收益的不足；⑩建立城市建设产业发展基金。

杨志勇（2011）认为城镇化的过程需要大量融资，但根据项目的属性不同，对应采取的融资方式也有差异，但总体来看可采取税收融资、土地融资和债务融资。税收融资是城镇化过程中最主要的资金来源，由于没有偿还的问题，这种方式特别适合未来没有直接现金流入的公益性项目的建设。在税收融资中，财产税又是最重要的资金来源，其中房产税是未来地方政府稳定的重要税收收入来源，但政府房产税收入的增加必须建立在其他税收收入和收费下调的基础之上，否则会带来很多社会问题。土地融资在城镇化融资中的地位不容忽视，但这种方式必须解决好收益与成本的对称问题，进一步应完善土地制度，改善土地管理方式，还要转变土地财政模式，变卖土地收入为相关土地税收收入。

余晨阳和邓敏婕（2013）认为发行市政债券一定程度上可以解决资金缺口的问题，但是也要看到，一旦地方债务出现违约难以清偿，将导致公众对政府的信任危机，如果这种违约事件频繁出现还会出现地方政府债务危机，所以要建立科学合理的偿债机制和债务管理方式，为债券购买者的利益提供全面保障，同时防范债务风险的出现。一是要通过制定严格的审批制度从发行的目的和发行的方向上限定市政债券，以确保市政债券募集的资金主要用于城市基础设施建设，杜绝资金滥用的出现。二是完善市政债券二级市场的监管，避免在二级市场上出现过度炒作，而诱导地方政府滥发债券。三是设立专门的且具有独立性和延续性的偿债基金，当在政府财政出现偿债困难时填补负债缺口。四是建立明晰的"有据可查、查实必究、一究到底"的市政债券责任分配制度。五是完善信息披露制度和信用评级体系，通过信息的透明化来防范风险，通过信用评级来量化风险，既保护债券人的利益又能完善整个市政债券市场。

（3）完善金融机构功能方面的研究

①完善政策性银行功能的研究。罗云开（2015）认为政策性银行应该正确处理与城镇化之间的关系。第一，我国政策性银行应将主要精力集中于经营政策性业务。尤其在新型城镇化背景下，不少领域都缺乏资金的支持，此时的国家开发银行更应当坚持原来的政策性银行定位，发挥政策性金融的支持作用。第二，在新型城镇化过程中，政策性金融有必要有选择性地支持那些收益性较低但公益性较高的基础设施和公共服务项目的建设。第三，应该确定我国不同政策性银行的职能，规定每家政策性银行的业务范围，让各政策性银行在

各自的业务领域充分发挥作用,但这不意味着政策性银行不可超过业务界限开展业务,只不过要求这种交叉业务的比例要尽量降低,避免影响本身政策性业务的开展。其中农业发展银行应当专注于三农领域,国家开发银行则承担其他有关城镇化开发的政策性金融业务。第四,建议将国家住房公积金体系并入国开行住宅金融事业部,由国家开发银行统一为我国居民购买或租住保障性住房、购买商品房提供政策性资金支持,这将有利于在住宅领域更好地发挥政策性金融的功能。第五,要尽快设立中小企业政策性银行,为中小企业发展提供资金支持。

②完善商业银行功能的研究。陈爱莉(2004)认为商业银行和城镇化发展存在相互影响的作用,城镇化进程的加快为商业银行的发展提供了良好的外部环境,商业银行的发展反过来又拓宽了城镇化融资渠道,在这个过程中商业银行应该积极加入城镇化进程中,为其提供有力的金融支持。商业银行应在充分发挥固定资产贷款和流动资产贷款等传统信贷业务的基础上,逐步提高新型信贷品种的融资比例,开发更多面向城镇消费者、面向城镇金融市场的金融产品。商业银行也应积极参与到 BOT、BOO、BTO、TOB 等融资项目的信贷合作中,同时开拓如土地储备贷款和集合资金委托贷款这类新的融资方式。但在这个过程中,商业银行要注意落实城建项目的责任主体、建设资金按合同规定到位和防范质押担保标的"流失"。

中国工商银行四川省分行课题组(2004)从中国工商银行的角度分析,认为商业银行应加强对重大项目的营销,建立"快速反应通道",实行省、市、县三级联动,集信息收集反馈、横向协调、总体执导于一体,增加审批效率,也要注意市场营销与产品研发之间的协调。由于城镇化建设是一项复杂的系统工程,涉及政府、审批部门和企业多方手续和协调,有必要设立专职的客户经理,由客户经理负责项目营销的规划、市场调研、客户关系管理维护和产品提供。努力改进对中小企业的金融服务。在支持中小企业方面,尤其要不断完善对中小企业的各种配套服务,如结算、汇兑、转账和财务管理、咨询评估等,还要为中小企业提供诸如金融政策、金融信息和信贷知识等专业方面的服务。为了提高中小企业贷款的回收率,加强对中小企业贷款的营销管理,也可以设置对应的考核奖惩制度。加快创新信贷业务品种,研究和运用固定利率按揭品种、循环贷款和土地、储备贷款等新兴业务品种。强化项目贷款风险防范、密切关注房地产行业可能潜在的金融风险、加强对中小企业信贷政策的研究分析、建立健全消费贷款的风险防范机制。

粟勤、王少国、邱俊杰(2013)认为社区银行的繁荣能有效支撑新型城镇化建设中的金融需求，缓解财政压力，提高资金使用效率。社区银行能合理疏导并高效运用民间游资，弥补大型金融机构基层服务缺位和空白的问题，能够帮助中小企业真正走出融资难困境，还能够满足个体用户的个性化金融需求。完善并发展社区银行业务的过程中，可以借鉴国外的成功经验，无论是由其他类型金融转型还是民间资本组建，都要明晰产权结构，完善法人治理机制。以服务社区为核心目标，有价值、持续更新的金融产品及服务。此外还要引进外部精英和建立内部培训机制并行的方式，为社区银行业务不断培养人才。

　　李超（2015）认为可以根据城镇化建设过程中居民消费需求的变化，大力开展零售银行业务。通过与地方政府合作开展土地征收款、粮农补贴发展发放等中间服务业务，联合保险公司开发商业养老保险产品，发展城镇化住房按揭贷款、经营性贷款、个人综合授信和消费贷款等业务，针对城镇居民开发专有财富管理产品，丰富银行卡内容，顺应移动互联发展趋势，打造小城镇特色化银行卡及支付结算体系，不断健全支持城镇化的综合金融服务体系。

　　③非银行金融机构功能的研究。王少波、陶玲琴和魏修建（2007）主张规范和发展农村民间金融。在市场经济不断发展的情况下，民间资本具有分散农户小额信用需要、提供金融服务的功能，因此，对于目前活跃于农村金融市场，满足农户资金需求的"地下金融"，不能单纯地通过行政手段进行强制压制，要通过一定程序使其完全合法化，通过采取鼓励各村农户以自行集资的方式成立民间性质的信用合作社，通过整合使非正规的"地下金融"成为合法、规范、满足分散农户小额资金需要的民办信用合作社，政府完全不参与经营，但必须进行监管，以此来消除农村高利贷现象。

　　丁俊峰（2009）认为在农村和中小城镇建立针对防御系统性信贷风险的保险和再保险体系非常必要。农业保险机构对农业风险的管理，能为农户的生产甚至是生活提供第一道保障防线。另一道保障是通过建立再保险体系，对县级农村保险机构提供再保险服务，在出现大区域灾害这样系统性风险的时候，帮助农村保险机构把风险分流出去，提供必要的财务支持。除了保险体系外，各金融机构还可以利用信贷衍生工具管理系统性风险，可以利用信贷转让和信贷资产证券化等信贷衍生产品，分散风险、转嫁风险、获取收益。全国性的大型商业银行通过收购农村信用社的信贷组合，之后再在全国性银行间市场和证券市场转让农村信贷组合，这样可以实现农村金融风险在全国范围内的分散化。丁俊峰还认为农村金融组织在一定程度上属于创业性风险投资机构，它采用了金融机构参股农村经济组织的形式，因此对农村经济主体的判断会更为准确,这样既可避免农村经济主体因缺乏资本导致的对信贷资金的滥用,又可避免农村经济主体因缺乏信贷条件而遭遇融资障碍。

(4) 增强金融创新方面的研究

王曼怡和李勇(2010)以北京郊区为例,鼓励机构创新金融服务方式。北京郊区根据其自身与市区在产业结构方面明显的差异性,并结合各区县产业发展现状,创新出新型的资金投入方式和金融服务方式。例如,金融机构要围绕郊区的特色农业、绿色养殖、生态旅游项目提供金融支持,推动农村特色产业的结构升级。金融机构不但要提供资金上的支持,还可利用自身庞大的客户信息优势,为农村企业和个人提供市场需求信息,帮助其拓展销路、增加收入、提高与市场的结合度,这样在提高资金利用效率的同时也有效降低了贷款的违约率。

王振坡、游斌和王丽艳(2014)在面对新住居民的住房问题时,建议建立"农民工住房券基金",采用发放"农民工住房券"的形式解决。"农民工住房券基金"的资金来自三个方面,即扣除复垦成本和融资费用后的宅基地退出资金、"流出地"政府出让城市建设用地挂钩指标所获得的一部分土地收入、"流入地"政府给予退出宅基地的农民工一定金额的住房补助三个方面。这样,选择落户新兴城镇的农民工,可用住房券到城市选择满意的符合规定的房屋;选择在新兴城镇租房的农民工,每个月公租房管理中心为其按面积和租金标准从"农民工住房券基金"中提取租金。同时在创新担保方式方面,他们认为有必要为每个农民工家庭建立农业价值链融资模式,即针对农业价值链上的各个环节和不同参与者差异化的融资需求提供相应的金融产品和服务。这种模式的建立,可以从两个维度考虑:一是从中心向周围扩散的模式,以农业龙头企业为服务核心,通过龙头企业与产业链上下游签订的购销、服务协议等,对符合信贷条件的各个环节提供金融服务。二是建立完整产业链模式,为产业链的种植、养殖、加工、运输、仓储、农资等环节提供差异化的金融服务,再从每个环节找出支持重点,例如生产环节注重粮食主产区的建设,加工环节注重对深加工的支持,贸易环节以提高"农超对接"的成功率为主。此外,可在不违反国家法律法规、不损害农民土地承包权益的前提下,开展农村土地承包经营权和宅基地使用权抵押贷款业务;开展联户担保贷款、仓单质押贷款、应收账款质押担保贷款、银团贷款、"公司+农户"保证担保贷款、小企业信用贷款、农业龙头企业的季节性融资等,满足信用好的农业企业的大额信贷需求。有条件的新兴城镇还可以推出农产品期权、期货等农村金融衍生产品,分散和规避农村信贷和农业生产风险。

（5）优化金融生态环境方面的研究

方少勇（2005）提出我国城镇化的持续推进有赖于小城镇的快速稳定发展，因此政府对小城镇金融环境的治理对小城镇发展的稳定起到重要的作用。在此基础上他对温州金融支持城镇化状况进行了研究，认为正规金融机构因为垄断和官僚化对实体经济提供的金融支持不足，民间金融对正规金融机构的替代使风险大大增加，使温州发展的稳定性大大受到威胁。所以政府非常有必要对金融环境进行整治，对宏观金融制度进行完善，也对城镇化目标的公共性进行支持。国家对区域金融进行干预时，首先要注重金融政策的制定要考虑地方金融需求的多样化，突破机构设置上的集权控制，允许小区域金融机构的设立，也要突破资金性质的限制，允许更多地方资本进入金融行业。在去官僚化方面，鼓励设立小城镇政策性银行，以中央指导、地方拨款的方式运行，专门从事推进小城镇城市化的金融合作工作。最后依靠地方财政和地方非正式制度监督，建立担保机构，以缓解和解决投资投机性过大、抽逃损失严重的问题。

王曼怡和李勇（2010）认为信用环境是金融生态的最直接体现，所以要加强农村信用体系的建设。政府和金融机构应在农村地区构建完善的信用文化体系，广泛开展诚信宣传，让诚信精神深入人心。

朱建华、周彦伶和刘卫柏（2010）认为要真正发挥出金融对城镇化的支持，就必须完善城镇结算服务体系。加快电子科技在农村的推广运用，改善农村结算工具，畅通农村结算渠道。同时完善利率定价机制也不容忽视，虽然农村地区更关心是否能够便捷安全地获得贷款，对利率的高低及合理性关注甚少，但金融机构应创新定价机制，通过合理上浮贷款利率发放信用贷款，利用利率上浮部分覆盖成本与风险，实现金融机构与城镇化建设的共赢。

杨小玲（2011）认为农村征信体系的建设和发展需要包括政府在内的社会多方共同努力，而且在这个过程中不可以忽视民间资本的参与。更重要的是加强征信管理法律体系的建设，改变目前无法可依的尴尬局面。在城市化进程下，应继续推动《征信业管理条例》尽快正式出台。同时，还要加强与征信体系相关法律法规的研究，如修订《破产法》《刑法》《物权法》等相关法律，从而真正做到有法可依、违法必究。

左晓慧（2012）强调国家财税政策的推出应该与农村金融政策相互动，产生联动效应。运用财税政策支持农村金融发展，解决农业收益率低、农业贷款风险大、农业金融机构产品服务单一等问题是各国普遍的实践。2009年，财政部出台了《财政县域金融机构涉农贷款增量奖励资金管理暂行办法》和《中央财政新型农村金融机构定向费用补贴资金管理暂行办法》。2010年再度提出"加快财税政策与农村金融政策的有效衔接，引导更多信贷资金投向'三农'，切实解决农村融资难问题"，这些包括今后的财税政策与金融政策在相互结合方面还有很大的提升空间。

杨慧和倪鹏飞（2015）建议监管机构对新型城镇化地区实施差别化的金融监管政策。针对农村基层融资难、融资需求大的问题，可在信贷规模、贷款期限、利率等方面予以适度放开，放宽流动资本占用要求，提高风险容忍度，以更灵活的监管政策应对市场失灵。同时，对国有大型商业银行县域支行信贷审批权采取不同地区不同对待的方式，放弃原先"一刀切"的方式，区别对待不同城镇的具体发展状况。

第二章 吉林省新型城镇化建设基本情况

一、吉林省城镇化的发展历程

吉林省受全国大环境影响,加之本身固有的自然、社会经济条件和历史背景,其城镇化历史阶段具有自身特征。吉林省城镇化发展历程,主要经历了以下四个阶段。

(一)吉林省城镇化的快速发展阶段(1949—1960年)

新中国成立以后相当长一段时期,我国的生产力布局两次由沿海向内地大规模推进。从"一五"开始,国家集中力量在东北进行了重工业基地改造和建设,加快了吉林现代工业的发展速度,吉林省城镇化水平及城镇体系建设也获得了较快发展。1960年全省城镇人口比1949年增加368.9万人(同期农村人口仅增加了19.7万人);城镇化率由1949年的17.9%上升到39.3%。

(二)吉林省城镇化停滞发展阶段(1960—1978年)

1960—1978年,吉林省同全国各地一样,经历了"大跃进"和三年困难时期,加上"文化大革命"的影响,其间国民经济起伏很大,城镇化建设进入先畸形上升、后快速滑落、进而停滞的过山车阶段,城市化率从1957年的29.3%,快速上升到1961年的37.0%,之后又迅速下降到1962年的32.5%,之后一直徘徊在31%左右,最低达到30%。这一阶段吉林省城镇化水平波动较大,城镇人口增长主要来自城镇人口的自然增长。1977年,全省城镇人口636.3万人,比1957年增加270.8万人;同期农村人口却增加了596.0万人。

(三)吉林省城镇化持续发展阶段(1978—2003年)

十一届三中全会之后,党中央纠正了过去经济建设中"左"的政策,在城镇建设中实行控制大城市规模,合理发展中等城市,积极发展小城市的基本方针和政策。特别是农村实行联产承包责任制,极大地解放了农业生产力,大量的农村剩余劳动力逐步转向市镇,给城镇发展注入了新的活力,以现代化为主旋律的城镇化进程明显加快,吉林省的城镇发展和现代化城镇体系建设进入了"快车道"。2003年全省城镇人口达1399.7万人,比1978年的659.5万人增长112.1%;城镇化率达51.77%,比1978年(30.68%)提高21.09个百分点,年均增长近1个百分点;地区生产总值达到2662.08亿元,是1978年的9.5倍,年均增长9.4%。

(四)吉林省城镇化的转型提质阶段(2003年至今)

2003年,国家实施振兴东北地区等老工业基地战略后,吉林省牢牢把握这一重大历史机遇,实施"三化"统筹和"三动"战略,扎实推进国企改革、经济转型、结构调整、民生改善等各项重点工作,经济社会发展取得了显著成就,人民生活得到较大改善,吉林省走出了举步维艰的困难期,进入了持续平稳较快发展的新阶段。11年间,全省地区生产总值进入全国万亿"俱乐部",2014年达到13803.8亿元,同比增长6.5%,分别比辽宁、黑龙江高出0.7个和0.9个百分点,在东北地区经济发展是最快的,在全国也是发展较快的省份之一。城乡收入实现了快速增长,2014年,全省城镇居民人均可支配收入和农村居民人均纯收入达到23217.8元和10780.1元,年均分别增长12.4%和13.8%,高于全国平均水平0.1个和1.5个百分点,为全省"十二五"实现"两个同步"目标打下了坚实的基础。吉林省城镇人口由2003年的1399.7万人,增加到2012年的1476.96万人,城镇化率由2003年的51.77%提高到2014年的54.75%,提高2.98个百分点。

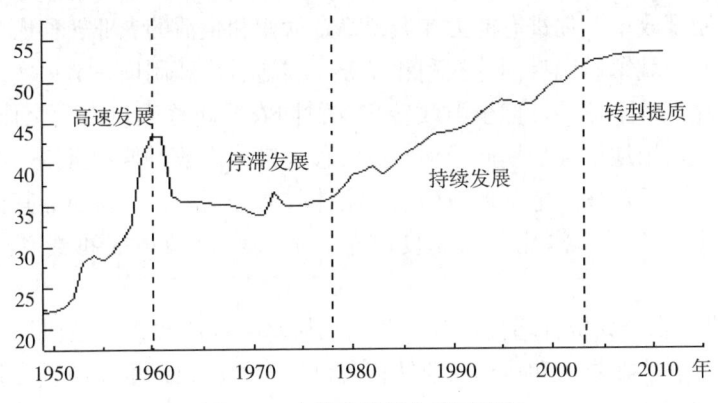

图2.1 吉林省城镇化发展进程

二、吉林省新型城镇化的政策和实践背景

（一）政策背景

《中国共产党第十八届中央委员会第五次全体会议公报》（以下简称《公报》）中提出了全面建成小康社会新的目标要求：经济保持中高速增长，在提高发展平衡性、包容性、可持续性的基础上，到2020年国内生产总值和城乡居民人均收入比2010年翻一番，产业迈向中高端水平，消费对经济增长贡献明显加大，户籍人口城镇化率加快提高。农业现代化取得明显进展，人民生活水平和质量普遍提高，我国现行标准下农村贫困人口实现脱贫，贫困县全部"摘帽"，解决区域性整体贫困。国民素质和社会文明程度显著提高。生态环境质量总体改善。各方面制度更加成熟、更加定型，国家治理体系和治理能力现代化取得重大进展。

《公报》提出，"正确处理发展中的重大关系，重点促进城乡区域协调发展，促进经济社会协调发展，促进新型工业化、信息化、城镇化、农业现代化同步发展，在增强国家硬实力的同时注重提升国家软实力，不断增强发展整体性。"

关于未来城乡发展方向特别是农村的发展，《公报》指出，"推动城乡协调发展，健全城乡发展一体化体制机制，健全农村基础设施投入长效机制，推动城镇公共服务向农村延伸，提高社会主义新农村建设水平。"

在《中共中央关于制定国民经济和社会发展第十三个五年规划的建议》中提出，"推进以人为核心的新型城镇化。提高城市规划、建设、管理水平。深化户籍制度改革，促进有能力在城镇稳定就业和生活的农业转移人口举家进城落户，并与城镇居民有同等权利和义务。实施居住证制度，努力实现基本公共服务常住人口全覆盖。健全财政转移支付同农业转移人口市民化挂钩机制，建立城镇建设用地增加规模同吸纳农业转移人口落户数量挂钩机制。维护进城落户农民土地承包权、宅基地使用权、集体收益分配权，支持引导其依法自愿有偿转让上述权益。深化住房制度改革。加大城镇棚户区和城乡危房改造力度。"

"促进城乡公共资源均衡配置，健全农村基础设施投入长效机制，把社会事业发展重点放在农村和接纳农业转移人口较多的城镇，推动城镇公共服务向农村延伸。"

第二章 吉林省新型城镇化建设基本情况

《中共吉林省委关于制定吉林省国民经济和社会发展第十三个五年规划的建议》中提出,"发挥国家重要商品粮基地优势,推进农业现代化和新型城镇化,加快统筹发展。统筹是持续健康协调发展的内在要求。必须正确认识和妥善处理发展中的重大关系,在统筹兼顾中把握平衡、补齐短板,在协调发展中赢得主动、加快振兴。要统筹城镇空间、农业空间、生态空间国土开发,推进空间合理布局。"

为进一步推进城镇化,提出,"坚持城乡互动,统筹新型城镇化和社会主义新农村建设。形成以工促农、以城带乡、工农互惠、城乡一体的新型工农城乡关系,推进实现城乡居民基本权益平等、城乡基本公共服务均等和城乡居民收入均衡"。

强调"推进以人为本的新型城镇化。实施'一融双新'工程,推进农民工融入城镇,培育新兴中小城市,建设新型城市。探索建立农业转移人口市民化成本分担机制,推进户籍制度改革,建立居住证制度,着力解决好已转移人口、林矿垦区人口、新转移人口三类人的城镇化问题。"

进一步规划"围绕构建哈长城市群,培育壮大吉林中部城市群,强化支点城市建设。加快建设东西部城镇组团。推进区域中心城市和节点城市提质扩容升级,提升县城和重点小城镇产业功能、服务功能和居住功能,促进大中小城市和小城镇协调发展。统筹城市规划、建设与管理,科学划定城市'三区四线',优化城市功能空间。建立规范城镇化投融资机制,完善城市基础设施,推进地下综合管廊和海绵城市建设,有效治理城市黑臭水体,加强城市沿江沿河景观带建设,维护城市运行安全。"

(二)实践背景

1. 城镇化成效显著

改革开放以来,伴随着工业化进程加速,我国城镇化经历了一个起点低、速度快的发展过程。1978—2013年,城镇常住人口从1.7亿人增加到7.3亿人,城镇化率从17.9%提升到53.7%,年均提高1.02个百分点;城市数量从193个增加到658个,建制镇数量从2173个增加到20113个。京津冀、长江三角洲、珠江三角洲三大城市群,以2.8%的国土面积集聚了18%的人口,创造了36%的国内生产总值,成为带动我国经济快速增长和参与国际经济合作与竞争的主要平台。

城镇化的快速推进,吸纳了大量农村劳动力转移就业,提高了城乡生产要素配置效率,推动了国民经济持续快速发展,带来了社会结构的深刻变革,促进了城乡居民生活水平全面提升，取得的成就举世瞩目。多年实践充分证明，城镇化是现代化的必由之路，是保持经济持续健康发展的强大引擎，也是促进社会全面进步的必然要求。

2. 城镇化进程中存在的主要问题

大量农业转移人口难以融入城市社会，市民化进程滞后。目前农民工已成为我国产业工人的主体，受城乡分割的户籍制度影响，被统计为城镇人口的2.34亿农民工及其随迁家属，未能在教育、就业、医疗、养老、保障性住房等方面享受城镇居民的基本公共服务，产城融合不紧密，产业集聚与人口集聚不同步，城镇化滞后于工业化。

"土地城镇化"快于人口城镇化，建设用地粗放低效。1996—2012年，全国建设用地年均增加724万亩，其中城镇建设用地年均增加357万亩，城镇建成区面积增长76.4%，远高于城镇人口50.5%的增长速度；农村人口减少1.33亿人，农村居民点用地却增加了3045万亩。

城市管理服务水平不高，"城市病"问题日益突出。一些城市空间无序开发、人口过度集聚，重经济发展、轻环境保护，重城市建设、轻管理服务，交通拥堵问题严重，公共安全事件频发，城市污水和垃圾处理能力不足，大气、水、土壤等环境污染加剧，城市管理运行效率不高，公共服务供给能力不足，城中村和城乡结合部等外来人口集聚区人居环境较差。

体制机制不健全，阻碍了城镇化健康发展。现行城乡分割的户籍管理、土地管理、社会保障制度，以及财税金融、行政管理等制度，固化着已经形成的城乡利益失衡格局，制约着农业转移人口市民化，阻碍着城乡发展一体化。

对处于经济转型升级中的中国，加快推进城镇化对经济社会发展意义重大，吉林省应牢牢把握城镇化蕴含的巨大机遇，准确研判城镇化发展的新趋势、新特点，妥善应对城镇化面临的风险挑战，进一步通过金融支持释放城镇化发展潜力。

3. 吉林省新型城镇化处于加快发展的战略机遇期

党中央、国务院将新型城镇化发展作为我国经济增长最强大、最持久的内生动力，积极探索农业转移人口市民化成本分担机制，建立多元可持续的投融资机制，加大对中西部区域的支持，国家层面培育发展哈长城市群，为吉林省新型城镇化发展提供了政策机遇。长吉图开发开放先导区战略的深入推进，新一轮东北老工业基地振兴战略的实施为吉林省新型城镇化发展提供了有力支撑。

吉林省新型城镇化建设是一个综合性的系统工程，涵盖多个层次。按照吉林省政府关于推动新型城镇化建设的设想，要优先选择一批具备区位、产业、资源优势的城镇开展试点，带动全省新型城镇化建设。按照这一推进思路，吉林省政府于2013年8月28日印发了《深入推进吉林特色城镇示范城镇建设工作方案》（以下简称《方案》）。《方案》确定长春市兰家镇、合心镇、奢岭镇、卡伦镇、合隆镇、劝农山镇，吉林市孤店子镇、金珠镇、盆路河镇、北大湖镇，四平市叶赫镇、范家屯镇，辽源市金州乡，通化市金厂镇、山城镇，白山市松江河镇，松原市长山镇，白城市林海镇，延边州朝阳川镇、江南镇、英安镇，长白山保护开发区二道白河镇22个城镇为省级城镇化示范城镇。推进示范城镇建设对在全省范围内推进新型城镇化建设具有重要的参照和指导意义。2014年12月，国家发改委、中央编办等11部门联合印发《关于印发国家新型城镇化综合试点方案的通知》，确定长春市、吉林市、延吉市、二道白河镇为国家新型城镇化综合试点，在全国层级最全、数量最多。2015年11月，吉林省梨树县、抚松县、林海镇获批第二批国家新型城镇化综合试点地区。

三、吉林省新型城镇化的特点和存在的问题

（一）吉林省新型城镇化的特点

（1）强化产业联动新型城镇化更注重城镇发展动力的稳定性及可持续性。因此，新型城镇化注重强化产业联动，以现代工业、现代农业和现代服务业协调共进为动力保证，实现城镇经济集约高效发展。

（2）完善城市功能新型城镇化更注重城镇功能的完善，加快城镇基础设施的建设，提高城镇的综合承载能力，提升城镇质量。

（3）重视生态环境新型城镇化更加注重资源集约高效利用、城镇和生态环境之间的协调可持续发展，建设绿色、生态、宜居城镇。

（4）注重城乡统筹新型城镇化更加注重城乡统筹发展，强调农村人口向城镇转移过程中，真正实现"身份"转化，享受公正、公平的公共服务，最终实现社会的和谐发展。

（二）吉林省新型城镇化建设存在的问题

吉林省新型城镇化建设中还存在着一些亟待解决的突出矛盾和问题。一是城镇化发展质量不高。城镇化率"虚高"（主要体现在林区、矿区、垦区人口

拿着城镇户口,过着农村生活,进城农民工享受不到基本公共服务等方面),城市基础设施建设滞后,"大城市病"凸显;小城镇发展落后,职能雷同缺乏特色。基础设施欠账较多,交通拥堵、环境恶化等"城市病"已经显现。二是公共服务和社会保障能力不足,城乡居民生活质量差距大,农民工市民化问题突出。全省城镇居民养老保险实际参保率仅为69%。进城农民工在住房、教育、医疗、社会保障等基本公共服务和社会福利方面,基本没有享受到市民化待遇。三是城市外延式扩张明显,城市用地粗放低效。不少地方"摊大饼"式扩张,土地利用率不高,近五年来全省城镇人口增加1.8%,而城镇建设用地却增加了25.5%,"土地城镇化"明显快于"人口城镇化"。城镇结构不合理。大城市不大,中小城市发育不足,缺少50万~100万人规模的城市。小城镇不强,镇区城镇人口超过3万人的镇只有63个,超过5万人的镇只有34个。四是产业支撑能力不强。传统支柱产业竞争优势逐渐减弱,新兴产业实力尚未形成,地域、城镇间的产业配套协作程度较低,集群发展优势不够明显。第二产业从业人员比重仅为20.9%,低于全国平均水平9.4个百分点。国有经济吸纳就业能力弱,国有经济约占全省经济的一半,而从业人员仅占城镇从业人员的28.2%。五是资金保障能力不足。六是城镇化建设历史欠账较多,债务负担较重,金融机构投入积极性不高,资金期限错配问题突出,财政和金融风险不断积累。

四、吉林省城镇化工作取得的显著成绩

近年来,吉林省委、省政府把推进城镇化作为调整结构、扩大内需和改善民生的重要举措,城镇化发展取得明显成效。2014年,吉林省人均GDP达到5.02万元,位居全国第11位,城镇化率达到54.81%,高于全国平均水平0.04个百分点,居全国第13位,2015年城镇化率预计可达到55.3%,比2014年提高0.49个百分点。表2.1为全国各省城镇化率排名。

表2.1　　　　　　　　全国各省城镇化率排名

排名	省级行政区	常住人口(万人)	城镇人口(万人)	2014年城镇化率(%)	2013年城镇化率(%)
	全国	136782	74916	54.77	53.73
1	上海	2425.68	2173.41	89.60	88.02
2	北京	2151.6	1859	86.40	86.30
3	天津	1516.81	1247.88	82.27	78.28

第二章 吉林省新型城镇化建设基本情况

续表

排名	省级行政区	常住人口（万人）	城镇人口（万人）	2014年城镇化率（%）	2013年城镇化率（%）
4	广东	10723.95	7292.32	68.00	67.76
5	辽宁	4391.35	2944.4	67.05	66.45
6	江苏	7960.06	5190.76	65.21	62.85
7	浙江	5503.4	3573.0	64.87	62.96
8	福建	3806	2352	61.80	60.76
9	重庆	2991.40	1783.01	59.60	58.34
10	内蒙古	2504.8	1490.6	59.51	58.71
11	黑龙江	3833.0	2223.5	58.01	56.90
12	湖北	5816	3237.8	55.67	54.91
13	吉林	2752.38	1508.58	54.81	54.20
14	山东	9789.33	5285	53.99	52.17
15	山西	3648	1962	53.79	52.56
16	海南	903.48	485.71	53.76	51.10
17	宁夏	661.54	354.65	53.61	52.02
18	陕西	3775.12	1984.58	52.57	51.31
19	江西	4542	2281.1	50.22	48.87
20	青海	583.42	290.40	49.78	48.51
21	湖南	6737.2	3320.1	49.28	47.96
22	河北	7383.75	3642.4	49.33	46.51
23	安徽	6082.9	2989.7	49.15	47.86
24	四川	8140.2	3768.9	46.30	44.90
25	新疆	2298.47	1058.91	46.07	44.47
26	广西	4754	2187	46.00	44.82
27	河南	9436	4265.07	45.20	42.40
28	甘肃	2590.78	1079.84	41.68	40.13
29	云南	4713.9	1967.11	41.73	39.31
30	贵州	3508.04	1403.57	40.01	37.83
31	西藏	317.55	81.77	25.75	22.75

(一) 城镇体系规模不断优化，产业集聚效应初显

吉林省城市数量达到 28 个，城市建成区面积达到 1293.82 平方公里，拥有 100 万以上人口的特大城市 2 个（长春市、吉林市），50 万~100 万人口的大城市 2 个，20 万~50 万人口的中等城市 7 个，20 万人口以下的小城市 17 个，市辖区 21 个，建制镇 434 个（其中县城镇 19 个），184 个乡，初步形成了中部城市群、东部图们江区域组团、东南部通白城镇组团、西部白城城镇组团的"一群三组团"城镇化发展格局。中部城市群包括长春、吉林、四平、辽源、松原 5 个城市城区，九台、农安、德惠、榆树、舒兰、永吉、磐石、蛟河、桦甸、公主岭、双辽、伊通、梨树、东丰、东辽、扶余、前郭、长岭、乾安、梅河口、柳河、辉南 22 个市（县）城区和镇区，幅员面积占全省的 47.5%，长春、吉林呈"双核"结构。东部图们江区域组团包括延吉、龙井、图们、敦化、和龙、珲春、安图、汪清 8 个市（县）城区和镇区，幅员面积占全省的 2.72%。东南部通白城镇组团包括通化、白山 2 个市和通化县城区及镇区，幅员面积占全省的 1.46%。西部白城城镇组团包括白城、洮南 2 个市城区和镇区，幅员面积占全省的 6.58%。"一群三组团"从新中国成立至今始终是全省经济社会发展的重点区域，在经济发展中占有绝对比重；从交通条件上看，"一群三组团"位于省内哈大、珲乌、舒梅、南部门户四大发展轴的中心位置，铁路公路交织、四通八达的交通网络是城市群实现加快发展的重要基础；从发展的空间上看，"一群三组团"是吉林省人口最为集中地区，也是吸纳人口能力最强的地区。

2014 年，全省 77 个省级以上开发区和 36 个工业集中区实现 GDP 9912 亿元，同比增长 7.8%，占全省比重达到 66%，财政收入 622 亿元，同比增长 19.6%，占全省比重达到 51.7% 以上，规模以上工业增加值 5314 亿元，同比增长 6.89%，占全省比重近 82.8%。中部城市群重点打造了加工制造、高新技术、现代服务业等产业集群；图们江区域组团围绕长吉图开发开放先导区建设，着力发展外向型经济；通白组团建立了医药、旅游、食品等优势产业基地；白城组团建立了能源产业、特色农业和汽车零部件配套等产业基地。

吉林省积极贯彻党的"十八大"提出的新型城镇化战略，立足老工业基地和农业大省的基本省情，以"人的城镇化"为核心，以调整产业结构和就业结构矛盾为主线，以改革和创新为动力，充分发挥政府主导、市场主体和社会的积极作用，实施城市群和重点镇"双支点"战略，构筑"一群、三团、多据点"空间格局，努力提升城市群核心竞争力、打造重点镇综合服务能力、

第二章 吉林省新型城镇化建设基本情况

加速推进农业现代化进程,走出一条城乡互动、协调发展的吉林特色城镇化道路。重点镇包括:18个县的政府所在地镇、17个县级市的市区、15个经济重镇,总计50个县(市)城镇,见表2.2。

表2.2　　吉林省以县(市)城镇为主体的50个重点城镇

地级市	县(市)	重点镇(城区)	人口(万人)	特色产业
长春市(7个)	农安县	农安镇	19.7	农副产品加工
	德惠市	德惠市区	14.6	养殖畜牧业
		米沙子镇	7.6	农副产品加工
	榆树市	榆树市区	16.7	农产品种植加工
		五棵树镇	11	酿酒、养牛、豆制品加工、蔬菜
	九台区	九台区	19.4	矿产能源、机械加工、农产品加工
	双阳区	奢岭镇	13.5	卫星城镇
吉林市(9个)	永吉县	口前镇	8.1	汽车零部件、制造业、新兴建材
		岔路河镇	5.1	啤酒厂、玉米加工
	舒兰市	舒兰市区	13.8	矿产能源、农特产品加工
	蛟河市	蛟河市区	17.1	石材、农特产品加工
	桦甸市	桦甸市区	19.6	新能源、新材料金属矿产及加工
		夹皮沟镇	3.2	黄金矿产
	磐石市	磐石市区	16.3	金属冶炼、非金属加工、商品加工
		烟筒山	8.2	集散中心、交通枢纽
	昌邑区	孤店子镇	2.4	汽车配件、农业观光
四平市(5个)	伊通县	伊通镇	13.8	汽车配件、建材、农副产品加工
	梨树县	梨树镇	14.8	经济作物种植与加工
	公主岭市	公主岭市区	28	食品、医药、化工、纺织、建材
	双辽市	双辽市区	13.7	电力能源、种养殖
		茂林镇	4.3	农副产品集散地
辽源市(2个)	东丰县	东丰镇	11	医药、建材纺织、食品饮料、粮食加工
	东辽县	白泉镇	5.4	粮食、牧业、煤炭、机械加工
松原市(5个)	前郭县	前郭镇	5.5	石油矿产、畜产品、农副产品加工
	长岭县	长岭镇	12	风电、化肥、天然气
		太平川镇	6	化肥、畜产品加工、风力发电、木材加工
	乾安县	乾安镇	8	机械制造、建材、石油化工、酒精、糠醛
	扶余市	三岔河镇	15	模具制造、白酒酿造、聚丙烯工业

续表

地级市	县（市）	重点镇（城区）	人口（万人）	特色产业
延边州（8个）	延吉市	朝阳川镇	5	交通枢纽
	图们市	石砚镇	3.5	造纸、制浆
	珲春市	珲春市区	12	林产、能源矿产、纺织服装
	和龙市	和龙市区	13	矿产、建材、能源、林产品
	敦化市	敦化市区	26	医药、木制品
	汪清县	汪清镇	9.7	油页岩、石灰石、木制品加工
	安图县	明月镇	7.9	矿产、旅游、矿泉水
		二道白河镇	6.3	旅游开发
通化市（6个）	通化县	快大茂镇	5.4	林木、矿产资源开发
	辉南县	朝阳镇	13.5	医药、冶金机械、采矿建材、农产品加工
	梅河口市	梅河口市区	21	食品、医药、能源
		山城镇	6	商贸
	柳河县	柳河镇	6.8	机械制造、化工包装、农副产品加工
	集安市	集安市区	7.5	参药业、矿产业、绿色食品加工
白山市（5个）	抚松县	松江河镇	8.5	矿泉饮品、森工、旅游开发
		泉阳镇	4.8	矿泉水、林特产品加工
	靖宇县	靖宇镇	6	矿泉饮品、林特产品加工、矿产能源
	临江市	临江市区	9	硅藻土、矿产冶金、林产品加工
	长白县	长白镇	3.3	林产、水电、人参特产
白城市（3个）	通榆县	开通镇	10	风电、畜牧
		兴隆山镇	3.5	农畜产品
	大安市	大安市区	15.1	石油、风电、水产

以上50个重点镇对全省城镇化建设具有重要意义。一是在空间分布上省域全覆盖，每个市州、每个区域都有相应的重点镇作为支撑。二是在人口分布上比较集中，50个重点镇总人口618.6万人，占全省总人口的22.6%，其中，5万人以下的镇7个，5万~10万人的镇19个，10万~20万人的镇21个，20万人以上的镇3个。三是具备快速推进城镇化的基本条件。这50个重点镇有35个是县城或县级市市区，15个是一般建制镇，交通区位处于铁路、公路干线，基础设施建设相对较好，社会事业发展基本完备。四是在产业发展上各具特色。在汽车、石化、矿产资源开发、农副产品加工、特色资源加工、旅游开

发以及商贸物流等产业有着较好基础，可以培育形成新的资源特色产业集群。

吉林省把握国家支持中小城市发展政策机遇，在《吉林省新型城镇化规划（2014—2020年）》中提出按照突出重点、提高质量、注重规模、体现特色的要求，积极发展100个左右特色小城镇，促进农村人口就地城镇化。吉林省特色小城镇见表2.3。

表2.3　　　　　　　　　　吉林省特色小城镇

县城镇	口前镇、梨树镇、明月镇、靖宇镇、柳河镇、东丰镇、白泉镇、快大茂镇、长白镇、伊通镇、长岭镇、乾安镇、镇赉镇
城市卫星型	兰家镇、合心镇、奢岭镇、卡伦镇、合隆镇、范家屯镇、米沙子镇、兴隆山镇、大岭镇、响水镇、孤店子镇、金珠镇、金厂镇、林海镇、朝阳川镇、桦皮厂镇
工业主导型	岔路河镇、明城镇、长山镇、五棵树镇（榆树）、烧锅镇、黄泥河镇、泉阳镇、抚民镇、石砚镇、红旗岭镇、天岗镇、六道沟镇、菜园子镇、郭家店镇、渭津镇、红梅镇
生态旅游型	劝农山镇、北大湖镇、查干湖镇、二道白河镇、松江河镇、江南镇、搜登站镇、英安镇、金川镇、十五道沟镇、百草沟镇、大屯镇、岭下镇、太平镇、巴吉垒镇、庆岭镇、左家镇、向海镇
历史文化型	叶赫镇、东盛涌镇、怀德镇、王府镇、乌拉街镇
商贸流通型	山城镇、万良镇、清河镇、营城子镇、孤家子镇、伏龙泉镇、龙嘉镇、那丹伯镇
产业特色型	怀德镇、弓棚子镇（榆树）、秦家屯镇、福顺镇、波泥河镇、三青山镇、黄松甸镇、两家子镇、鹿乡镇、黑水镇、五棵树镇（镇赉）
交通枢纽型	太平川镇、烟筒山镇、陶赖昭镇、安广镇、三源浦镇
边境合作型	敬信镇、春化镇、太王镇、马鹿沟镇、崇善镇、南坪镇、三合镇、开山屯镇、月晴镇、凉水镇

（二）城乡居民生活质量和水平明显提高

2015年，城镇居民人均可支配收入达到24900元，增长7.2%；农民人均可支配收入在国家玉米临储价格下调的情况下，仍然达到11326元，增长5.1%。

城镇新增就业52.5万人，比计划目标多2.5万人。同口径实现27.2万人脱贫。城镇、农村低保标准分别达到月人均403元、年人均2719元，分别增长8.3%、9.2%。企业退休人员养老金标准人均达到1935元/月，增长

12.5%。城乡居民基本医疗保险补助标准达到380元，增长18.8%。2014年，吉林省城镇居民人均可支配收入达到23217.8元，农民人均纯收入达到10780.1元。城镇和农村居民家庭恩格尔系数分别为26.1和29.6。全省城居保和新农保参保率达到98%；城镇基本医疗保险参保率达到93.8%；全省所有县（市、区、开发区）均实行了新型农村合作医疗，覆盖率达100%。全省城镇人均居住面积达到29.73平方米，户均拥有住房套数达到0.89套。2014年，全省城镇新增就业54万人，城镇登记失业率为3.5%，农村劳动力技能培训10万人，培训后就业率达到85%。全省共建设农民工返乡创业基地20个，全省转移农村劳动力就业400万人，农民人均劳务收入达到3350元。城市人均公园绿地面积10.86平方米，绿化覆盖率达到35.06%，城市建成区绿地率达到33.9%。地级以上城市空气质量达到国家标准的比例达到91.9%。四平、松原、敦化、延吉、通化县、抚松县6个市（县）先后晋升为国家园林城市（县城）。吉林省现有独立工矿区33个，已编制完成改造搬迁方案的有14个。其中通化市二道江、临江市大湖煤矿、磐石市红旗岭3个独立工矿区进入国家支持范围。已有吉林市哈达湾、长春市铁北、四平市铁东、白城市洮南4个老工业区纳入国家支持范围。

（三）城镇基础设施保障能力不断增强

到2014年底，吉林省铁路营业里程达到4345公里，基本形成"四纵三横"铁路网，95%以上的县（市）连通铁路。公路总里程9.6万公里，其中高速公路2348公里，30个县（市）实现了高速连通，初步形成了"五纵三横"运输网，长春经济圈环线高速公路启动建设。白城机场全面开工建设，通化机场正式通航，形成了"一主多辅"的机场格局。建成引嫩入白、哈达山水利枢纽等重点水利工程，中部城市引松供水工程进展顺利，大中型水库除险加固基本完成。"气化吉林"进程加快，全省长春市、吉林市、四平市、松原市、德惠市、农安县、公主岭市、长岭县、前郭县、乾安县10个县（市）实现了管输供气。统筹实施地下管网改造工程，加快供气、供水、供热等老旧管网更新改造。加快城市畅通工程建设，2014年改造建设城市道路400万平方米，长春市"两横三纵"快速路全线投入运营，完成全省353座桥梁的检测和28座危桥的加固和重建工作。2015年，长春至珲春城际铁路开通运营，长春至四平改扩建等4条高速公路建成。吉林省获批成为全国唯一城市地下综合管廊建设试点省，15个城市建成廊体24.8公里。

(四) 城镇化改革取得突破性进展

城镇化综合配套改革协调推进。完善户籍、社保等相关政策措施，促进农业转移人口市民化。积极推进户籍管理制度改革，放宽落户条件，促进农业转移人口落户城镇，2014年全省农转非人口2.4万人。2015年1月，吉林省政府出台《关于进一步推进户籍制度改革的意见》（吉政发〔2015〕4号），按照优先解决存量、有序引导增量的原则，区分城市规模，全面放开建制镇和小城市落户限制，有序放开中等城市落户限制，合理确定大城市落户条件，促进农业转移人口到城镇自愿有序落户。加快推进农村土地制度改革，保障进城务工人员的农村土地权益。出台了《关于建立统一的城乡居民基本养老保险制度的实施意见》，从制度上整合了城乡居民养老保险。将原有的新型农村养老保险、城镇居民养老保险整合为统一的城乡居民养老保险，做到统一政策标准、统一基金管理、统一信息系统。出台了《吉林省城乡养老保险制度衔接办法（暂行）》，将进城务工农民、进城落户农民、被征地农民和城镇超龄居民等群体全部纳入参保衔接范围，实现了农业转移人口养老保险能够顺利转移和衔接。出台了《关于进城落户农民参加城镇职工基本养老保险有关问题的通知》，对在城镇居住的农村户籍人员，凭居住证或个体工商户营业执照，可按照灵活就业人员参保政策参加城镇职工基本养老保险。全力做好社会救助工作，完善和落实城乡低保政策，切实保障进城居住失地农民家庭和农民工家庭的合法权益。积极推进农民工随迁子女平等接受教育，2014年共有12.6万农民工随迁子女实现在流入地平等接受义务教育。省财政拨款1.58亿元，按照小学生人均600元、初中生人均800元标准补助公用经费，有效解决了农民工子女就学问题，使随迁子女得到与城市孩子同等的教育。科学制定异地高考政策，2014年共有4082名考生在吉林省参加异地高考。

(五) 积极推动城镇化试点工作

长春市、吉林市、延吉市、二道白河镇列入国家第一批新型城镇化综合试点，梨树县、抚松县和林海镇列入国家第二批新型城镇化综合试点，公主岭市、珲春市列入国家中小城市综合改革试点，启动实施了重点城镇扩权改革试点工作。积极推动长春、吉林两个大城市提升质量、转型升级，带动中部城市群做大做强。设立了长吉产业创新发展示范区，进一步提升了吉林省在东北亚区域合作中的地位。积极申报长春新区成为国家级新区。研究制定了《吉林省生态城镇化试点工作方案》，2015年5月，制定出台了《吉林省人民政府关于开展重点城镇扩权试点工作的指导意见》，按照省委十届三次全会"开展重点城镇扩权试点，探索解决责任和权力不匹配、加快推动城镇向城市转型的路径"的改革任务要求，为激发重点城镇发展活力、增强重点城镇经济实力，吉林省政府在全省选择部分吸纳人口多、经济实力强、发展潜力大的重点城镇进行扩权试点，激发试点镇经济社会发展活力，探索城镇向城市转型的路径，促进全省城镇化建设实现新突破。确定了18个扩权试点重点城镇：长春市双阳区奢岭镇、长春市九台区龙嘉镇、农安县合隆镇、榆树市五棵树镇、永吉县（中新食品区）岔路河镇、吉林市龙潭区金珠镇、梨树县（辽河垦区）孤家子镇、梨树县郭家店镇、辽源市龙山区寿山镇、前郭县长山镇、抚松县松江河镇、大安市安广镇、辉南县辉南镇、延吉市朝阳川镇、敦化市大石头镇、磐石市明城镇（中央编办扩权强镇试点）、公主岭市范家屯镇（省扩权强县改革的扩权强镇试点）、梅河口市山城镇（省扩权强县改革的扩权强镇试点）。

全省22个示范城镇取得良好进展，共建成农民集中居住社区29个，累计转移农业人口7.8万人，占示范城镇农业人口的13%；建成农业园区62个；建成工业园区24个，落户企业1384家。已初步形成了"三集中（产业向园区集中、土地向规模化经营集中、农民向集中居住社区集中）、城乡双向一体化、就地城镇化、整体推进、引入战略投资者建设、产城融合发展、龙头企业带动"7种具有示范和借鉴意义的发展模式。2015年，22个示范城镇共开工复工"三区"建设、城镇基础设施、公共服务、产业发展、商业开发等项目281个。

吉林市制定了分类别划定人口范围、分地域划定次序、分步骤推进户籍改革的推进办法；延吉市重点对城中村人口、就地转移农业人口、外来务工人口等开展市民化工作，通过户籍制度改革及相关配套改革，目前已转移就地人口和外来务工人口约1.5万人，并通过棚户区改造，转移了近郊近城城中村人口5000人，市政府将向朝阳川镇下放118项经济社会管理权项。二道白河镇以"小政府、大服务"为目标，通过社区改革和优化重组，目前已建立了"市直管社区"的二级扁平化管理新模式，通过管理层级的减少，提高了行政管理与社区服务效能，促进了社区管理职能的转变；抚松县创新机构编制管理方式，通过调剂的办法增加试点镇行政编制3名，并在原有职能基础上增加县级行政审批、执法等职能。确定向松江河镇下放财权、行政审批、社会管理、行政执法四大类共126项管理权限。公主岭市全面开展行政职权清理，16个部门共向范家屯镇下放权力137项。全市行政职权由4002项减少到3149项，同时开展了对开发区和重点镇的权力下放工作，目前共向经开区、农业科技园区、大岭物流园区、岭东和怀德工业集中区下放了52项经济管理权限，向范家屯镇、响水镇、大岭镇、怀德镇下放了137项经济和社会管理权限。珲春市积极推进农民集中居住社区建设，西郊村西城名苑小区已开工建设55栋、23.9万平方米，年内将转移安置营子村、西郊村、富民村、城西村4个村和附近社区1997户居民。新城国际生态居住小区目前已开工建设12栋，年内计划安置自兴、双新、八棵树等村村民586户。

五、吉林省城镇化建设的金融支持情况

按照规划，到2020年吉林省城镇化率达到60%。但对于吉林省这样一个经济欠发达的省份来说，资金支撑是城镇化能否顺利开展的重要条件。推进城镇化试点示范工作伊始，吉林省就开始探索符合省情的融资模式。

（一）积极争取财政支持

目前，吉林省全面启动全省10个城区老工业区和33个独立工矿区搬迁改造，争取中央预算内专项资金14.8亿元。搬迁改造城区老工业区60户重点企业，重点实施独立工矿区改造搬迁项目89个。启动实施了全省采煤沉陷区综合治理工程，争取国家专项建设基金1.1亿元。重点城镇扩权试点相关（县）市加大对试点镇的扶持力度，公主岭市成立了吉林省范家屯土地资产经营管理有限公司，开展土地银行试点工作；大安市参照安广镇近三年平均地方级税收和上一年度实际税收，确定每年市财政资金支持基数，约1500万元，设立为小城镇发展专项资金，用于试点镇基础设施建设。

（二）扎实开展融资引资工作

22个示范城镇新引进项目40个，协议金额37亿元。已有8个示范城镇与国家开发银行、建设银行、民生银行、兴业银行、农业银行、中国农业发展银行等进行了相关工作对接，信贷资金到位11.53亿元。

（三）各金融机构合作推进城镇化改革试点

在推进新型城镇化试点工作中，加大与省国开行、农发行、农行等金融机构的对接合作力度。目前，省国开行已启动试点地区新型城镇化试点系统性融资规划的编制工作，共支持试点地区城镇化项目45个，发放贷款180.59亿元。创新棚户区改造融资模式，建立筹集资金长效机制。棚户区改造是老工业

基地推进城镇化的关键，吉林省针对棚户区改造融资难题，探索了"政策减一点、财政补一点、市场筹一点、银行贷一点、企业让一点、个人拿一点"的筹集资金长效机制，在全国率先通过打捆上报项目的方式争取国家开发银行300亿元棚户区改造专项资金，支持37个地区改造17.1万棚户区，截至2015年5月末，国开行已累计为吉林省2013—2017年棚改建设项目承诺授信513亿元，覆盖全省32个市州县，惠及21.74万户、76.1万人。2014年，国开行吉林分行对长春市授信115亿元棚改贷款，改造城市棚户区6.9万户。2015年在新预算法和债务管理规定背景下，国开行吉林分行采取政府购买服务模式对吉林省7个地区授信258亿元贷款，预计改造各类棚户区12万户。省农行共支持试点地区城镇化项目52个，发放贷款232.98亿元。

（四）积极推进基础设施投融资体制改革试点

农安、延吉、镇赉被列为国家县城深化基础设施投融资体制改革试点。朝阳川镇、兴隆山镇列为国家建制镇示范试点，财政部下拨给每个镇补助资金4000万元，目前各试点进展顺利。以PPP模式为重点，尝试竞争化、多元化融资模式。为了鼓励社会资本参与建设城镇化示范项目，吉林省遴选出市政设施、生态环保、公路等7个领域36个项目向社会公布，吸引社会资本投资。2014年吉林省又出台了《关于加快推进民间资本参与城市基础设施建设的实施意见》，吸引更多社会力量参与城镇化建设。同时，吉林省还正在建设全省城市基础设施建设项目库，做到成熟一批，实施一批，扩大民间资本投资领域和规模。长春市对试点期内转移人口的数量、人均落户成本、年度支付成本、总成本等进行了科学测算，制定了政府、企业、个人以及各级政府成本分担的初步方案；制定出台了《长春市政府和社会资本合作模式实施方案》，选择了15个成熟的项目召开项目推介会，向社会资本进行推介；选择长东北新区、九台区和农安县进行试点，推进"四规合一"规划编制。吉林市出台了推进PPP工作的指导意见，目前第六供水厂新建项目已完成签约。延吉市协调人民银行设立了个人经常项目跨境韩币与人民币结算试点，仅2015年上半年，通过韩元个人结算中心形成的换汇收益就达2500万元，流入延吉市银行的资金约250亿元人民币。

六、国家新型城镇化试点城市投融资改革情况

（一）长春市

长春市是吉林省省会，地处东北地区的中心地带，幅员广阔，拥有770万

第二章　吉林省新型城镇化建设基本情况

常住人口。长春市拥有比较雄厚的工业基础，拥有丰富的农业资源，具有深厚的文化底蕴和科技资源。是全国重要的汽车工业生产基地、农副产品加工基地和商品粮生产基地，全市幅员面积20604平方公里。2013年常住人口770万人，户籍人口752.7万人，常住人口城镇化率56.5%，户籍人口城镇化率45%。长春市坚持以人为本、改革创新、循序渐进的原则，充分发挥区位、产业、资源和生态优势，按照低成本、可持续的发展模式，积极探索与新型城镇化相适应的体制机制，力争走出一条内陆省会城市、东北老工业基地、平原粮食主产区可推广、可复制的新型城镇化道路。为推进新型城镇化建设，长春市的规划坚持以下五项原则：一是突出高位统筹，以长春市作为增长极，发挥其辐射作用，将周边不发达的县区纳入规划之中，与生产力布局和产业布局衔接，与生态环境衔接。二是突出产城融合，长春以城市为基础，承载产业空间和发展产业经济，以产业为保障，驱动城市更新和完善服务配套，以达到产业、城市、人之间有活力、持续向上发展的模式。三是突出特色发展。在城市发展、产业发展、城市建设、城市的经营体制方面形成特色，形成不拘一格的新型城镇化发展模式，如卡伦镇的产城融合、合隆镇的就地城镇化等不同模式。2013年8月28日，吉林省正式启动特色城镇化示范城镇建设。长春市建设6个新型城镇化示范城镇，兰家镇、合心镇、奢岭镇、卡伦镇、合隆镇、劝农山镇（莲花山旅游度假区）。兰家镇地处长春北部，是长春市的北大门，具有得天独厚的区位优势和很强的交通优势。为此，兰家镇因势利导，突出发展现代物流等产业；合心镇充分利用地缘优势和现有的物质条件努力建成轨道产业园的配套生活区；奢岭镇依据原有的基础，努力打造全省最大的文化印刷产业基地；卡伦镇拥有长东北开发开放先导区最佳的生态环境，具有发展生态产业的最佳条件；合隆镇除了具有优越的交通条件之外，还是重要的石化、汽车零部件等产业发展基地；莲花山旅游度假区旅游资源得天独厚，可以大力发展生态旅游、都市农业等。四是突出以人为本。长春城镇化建设注重人的发展，根本目的就是让群众实现安居、乐业、有保障。"城乡双向一体化"强调人的流动，更注重人的融合，以城市和产业为纽带，把农民和市民集聚到一起，共同工作，共同生活，潜移默化，把农民同化为市民。五是突出可持续发展战略。新型城镇化是在全面建设小康社会的背景下提出的发展战略，必然应该包含科学发展的内涵和可持续发展的理念。这就要求城镇化建设既不能是一次简单的造城运动，也不能走历史上城市发展的老路。就发展内涵而言，长春强调真正的一体化，即不单单是土地房屋等物质因素的一体化，更是公共服务均等的一体化。

根据《长春市国家新型城镇化综合试点工作方案要点》的部署，要大幅提高长春市常住人口以及户籍人口的城镇化率，其量化指标是到2017年，分别达到60%和50%。到2020年，该指标则应该达到62%和53%。要建立起多元可持续的城镇化投融资机制。一是加大地方财政投入力度，设立城镇化专项资金，增加政府财政增量投入。二是将地方政府债务纳入财政预算管理，编制公开透明的政府负债表。三是健全金融服务体系，培育发展村镇银行，加强与国家开发银行等合作，增强金融供给能力。四是探索多元化融资方式，放宽投资领域限制，充分运用并创新PPP、资产证券化等融资模式。立足吸引社会资源，调动资本资源，活化城乡土地、基础设施等存量和潜在资源，为新型城镇化提供源源不断的资金支持。

（二）吉林市

吉林市是吉林省仅次于长春市的又一座重要城市，也是东北老工业基地的典型城市，同时也属于典型的资源型城市，地处长吉图开发开放先导区战略腹地，具有独特的区位优势，雄厚的工业基础和文化积淀。吉林地区总面积2.71万平方公里，目前的市区面积达到3636平方公里。常住人口438.6万人，城镇化率56.7%，为了推进城镇化建设进程，吉林市充分利用区位优势、工业基础和资源优势，努力开拓，大胆创新，形成了独具特色的发展模式。吉林市注重城镇化规划设计的全面协调和可持续发展，通过提升农民就业技能推进农业转移人口市民化。此外，基层公共就业服务平台建设也是吉林市非常重视的一项工作。通过该平台的作用，统筹组织农村劳动力的培训、转移、就业。仅2015年上半年，吉林市就对10672人开展农村劳动力技能培训，同时，农村劳动力有59.8万人次实现了转移就业。

吉林市各县（市）区依据自身的发展基础，结合总体发展趋势，坚持个性化的发展策略推进新型城镇化建设进程。（1）舒兰市的发展策略中突出农业优势采取了一系列振兴本地农业的措施。首先在加大农业科技投入的背景下大力抓好农业基础设施建设。以此为基础，壮大农业龙头企业，扩大基地规模，形成现代农业的基础条件。把打造农业优质产品、优质品牌作为突破项目，构建"一区三园"，扶持永丰、友诚、华鑫等产业化龙头企业。精心打造绿色水稻、食用菌产业、畜牧产品、林产品和棚膜蔬菜"五大"产业基地。舒兰市把农业发展方式转变和结构调整放在突出位置，给予高度重视，并采取了一系列切实可行的举措。首先，努力培育现代化的新型农业经营主体，其中既包括现代化的农业企业、农民合作社，也包括专业大户和家庭农场。其次，舒兰努力构建现代化的农业经营体系和服务体系。现代化农业经营体系具有社会化、集约化、专业化的特点。(2) 蛟河市立足资源禀赋和产业特点，积极打造产业集聚的发展高地。作为粮食主产区，蛟河市突出区位优势，优化空间布局，科学选择主导产业，大力扶持龙头企业，其着力点体现在以下三个方面：第一，提高农民的组织化程度，提高农业经济的组织效果和经济效益；第二，延伸农业产业链条，推进农业产业化的飞跃；第三，大力提高农业综合效益。(3) 磐石市积极推动"智慧城市"建设。磐石市是国家智慧城市试点单位，通过智慧强政、智慧兴业、智慧利民等措施推动新型城镇化建设。优化对企服务，加快中小企业服务平台开发；探索"互联网+"现代服务业发展模式；磐石市在产业结构调整的过程中，一手抓传统产业的改造升级和产业链的延伸，一手抓新兴产业的优先发展。突出抓好金属冶炼业、非金属加工业两大传统产业。优先发展医药健康产业、新型金属材料产业两大新兴产业。(4) 桦甸市突出城镇化在统筹推进"三化"中创造需求的重要作用。形成以"一城"（县城）为核心、"三镇"（红石镇、夹皮沟镇、八道河子镇）为试点、"五区"（城北陶瓷及新材料产业园区、公吉新能源产业园区、五桦线战略新兴产业园区、夹皮沟金属矿产业园区、红石林木特产业园区）为载体的发展格局，把旅游业作为推动服务业转型升级的突破口，初步探索出一条吉林省东部山区资源县份加快推进城镇化的新路子。(5) 龙潭区重点抓项目建设。截至2015年8月，完成新开工3000万元以上重点项目23项，续建项目全部复工，开工项目总数达到73项。(6) 丰满区加强基础设施建设，完善配套功能，增强承载能力，有效推进小白山、旺起两个城镇化示范区建设。同时，积极推进现代农业发展。新建改建温室大棚面积500余亩，积极搭建就业服务平台，针对失地农民和动迁居民，举办多场促进失地农民就业专场招聘会，累计提供就业岗位7000余个。(7) 昌邑区围绕商贸、旅游、农产品加工等多个领域的特色产业推进城镇化建设进程。抓住长吉产业创新发展示范区建设契机，以哈达湾现代服务业集中区、省级金融改革创新试验区、孤店子现代农业先导区"三区"建设为重点，积极推进经济结构调整和产业优化升级，上半年新开工3000万元以上项目22个。孤店子镇是吉林省城镇化示范城镇试点之一，是吉林市农业和农村经济发展的典型代表，形成了独具特色、因地制宜、就地就近的城镇化发展模式。以大力发展现代生态农业为基础，带动农副产品精深加工和商贸等其他相关产业，现已打造出一条完整的循环经济链条。同时，着力打造航空产业园区和生态观光旅游等现代服务业，以调整产业结构推动经济发展。(8) 走出一条园区化、集群化和链式化共存的特色发展道路。经开区目前已经初步形成以精细化工、生物、新材料为主,医药食品、现代服务业共同发展的产业发展格局。统筹推进新型工业化和新型城镇化发展,探索产城融合的发展路径。

吉林市充分认识到新型城镇化在当前经济发展和社会发展中的重大意义。认为新型城镇化代表中国新农村发展的方向,也是推进农村各项改革各项具体工作的综合平台,同时可以提供解决农业、农村、农民问题的重要途径,因此,新型城镇化成为全面实现小康社会的关键所在。突出"三区、三改",快速推进新型城镇化建设工作。《吉林市国家新型城镇化综合试点工作方案要点2015》提出,开展国家新型城镇化综合试点的总体目标是:以人的城镇化为核心,以提升城镇化质量为关键,建立农业转移人口市民化成本分担机制、多元化可持续的城镇化投融资机制,推进体制机制创新。到2017年,常住人口城镇化率达到59.8%,户籍人口城镇化率达到53.3%;到2020年,常住人口城镇化率达到61.7%,户籍人口城镇化率达到56.1%。建立多元化可持续的城镇化投融资机制,一是争取省级发债资金向吉林市倾斜,探索建立政府债务有序管理机制,将政府债务纳入预算管理,防范债务风险。二是深化PPP机制建设。抓住已列入国家PPP融资试点机遇,编制项目建设规划和融资规划,建立PPP项目库,组建企业信用平台,引导社会资本进入城镇建设领域。三是扩大信贷支持。争取国家开发银行金融支持,推进哈达湾老工业区搬迁改造等主要功能区建设;争取商业银行信贷支持,向城镇化重点领域倾斜。

(三)延吉市

延吉市是延边朝鲜族自治州的首府,是吉林省少数民族比较集中的城市,也是中国面向东北亚地区开放的重要窗口城市。延吉市地处吉林省东部,长白山脉北麓。全市面积为1748平方公里,65万常住人口中,朝鲜族人口占58%。城镇化水平不断提升,全市城镇化率达到87.1%,位居吉林省各县(市)和全国百强县(市)之首。2013年常住人口65万人,户籍人口53万人,其中非农人口42.3万人,常住人口城镇化率83.5%,户籍人口城镇化率79.8%。

按照《吉林省延吉市国家新型城镇化综合试点工作方案》,延吉市突出强调以人为本的城镇化为核心,以提高城镇化质量为关键。其重点任务包括初步建立农业转移人口市民化成本分担机制、创新城镇化投融资机制;推进朝阳川镇扩权强镇的行政管理体制改革;大力推动综合体制机制改革。工作方案决心通过改革释放城镇化发展潜力,走出一条具有沿边开放和民族地区特色的新型城镇化道路。到2017年,常住人口城镇化率达到86%,户籍人口城镇化率达到83%;到2020年,常住人口城镇化率达到89%,户籍人口城镇化率达到87%。

首先要建立起多元化可持续的城镇化投融资机制,为城镇化广开资金来源。(1)投资主体多元化。一是政府资金投入。创新财政资金投入方式,充分发挥财政资金杠杆效应,省转移支付要更多投入义务教育、公共卫生等纯公益性领域,通过财政补助、贴息等形式支持污水处理、生态建设等准经营性领域建设。二是社会资本投入。以政府投入为引导,广泛筹集闲散民资,建立新型城镇化基金,吸引民间资本进入市政建设领域。(2)筹资方式多样化。一是用PPP融资模式。突破开展PPP(政府和社会资本合作)模式试点,创新分类项目社会融资模式管理,近期将制定专门的PPP项目管理办法。二是争取国家开发银行提供贷款。三是争取新设韩元结算中心补充公共服务资金。通过国家在延吉市进行个人经常项目跨境韩元与人民币结算试点,所形成的地方财政收入作为新型城镇化的支持资金。四是加强政府债务管理。清理核实债务底数,编制延吉市政府资产负债表,整合现有延吉市政府融资平台公司,进一步完善发行城镇化投资企业债券的制度保障。五是将政府债务纳入全口径财政预算。由市人大把关,对政府债务进行审批。

吉林省安图县二道白河镇是国家新型城镇化综合试点镇,是长白山旅游集散地和目的地。2013年镇区常住人口10.6万人,常住人口城镇化率85%,户籍人口城镇化率79.9%。多元化投融资、公共服务供给、生态文明制度取得突破。近年来,二道白河镇采用城乡一体化发展的就地城镇化模式,建设城镇发展带动型和旅游发展型的农民居住区,建设成为"森林中的小镇"的生态旅游名镇。坚持走"旅游城镇化、城镇景区化、景区国际化"发展道路,按照"以特色化体现国际化,以国际化完成特色化"的发展理念,按照独具长白山文化特色的生态宜居小镇、长白山生态保护与经济转型试验区、吉林省生态产品及健康产业研发总部基地、吉林省旅游产业发展龙头、国家生态旅游经济示范区、全国生态文明建设示范市、东北亚休闲度假旅游集散地和目的地、世界文化旅游名城等目标完善城市建设功能。目前,沿二道白河镇池北大街两侧布局,由北向南建设了十八坊旅游产品产业园区、长白山文化产业园区。在长白山北坡黄松蒲林场附近建设了长白山和平度假区低碳经济示范区。在宝马古城附近建设了宝马经济合作区。三大园区建设完善了长白山北坡旅游服务基地功能,通过功能相互补充、凸显民俗风情、发展低碳经济,进一步完善旅游配套服务设施,提升二道白河小镇的旅游服务层次和范围。池北区二道白河镇荣获"中欧绿色和智慧城市技术创新奖",获得"全国特色景观旅游名镇""国家人居环境范例奖",被列为全省首批22个城镇化示范镇和国家新型城镇化试点镇。

二道白河镇提出建立健全透明、规范、多元化、可持续的城镇化投融资机制。引导和带动社会资本通过政府和社会资本合作(PPP)项目进行城镇化建设。建设完成长白山旅游业务云服务应用系统以及面向居民和游客的生态环境科普教育机制。二道白河镇建立健全多元化投融资机制、公共服务供给机制和生态文明制度。一是通过景区经营权转让、产业发展收益、土地整理与土地出让金等多种途径,完善信用环境,保障投融资的运行安全,规避偿还风险。二是改革创新公共服务提供机制。建立居游一体、主客共享的公共服务供给机制,以智慧旅游为主体,建立免费共享的云服务平台,力争把实时在线服务和网络的全覆盖在一些重要地区首先实现。促进公共信息资源免费共享和使用。推进建立快速有效的安全救援联合行动机制。建立信息交流制度与检查问责制度。三是努力构建生态文明建设长效机制。尝试建立以居民和游客为主要对象的生态环境科普教育机制,在宣传方面,实行城区、景区、社区联合推进,构建起三位一体的环境保护宣传机制,努力探索"寓教于游"的可行性,形成积极健康的生态环境教育推广机制。积极引导私营企业和其他社会资本参与到长白山景区的经营管理中,为景区建设提供多渠道的动力来源。制定旅游项目的特许经营清单与企业利润返还环境保护的机制,将生态补偿投入、生态保护能力和生态资产增值纳入政府常态化管理的考核内容和考核指标。

(四)梨树县

梨树县是吉林省四平市下辖县,位于吉林省西南部,地处松辽平原腹地,有"东北粮仓"和"松辽明珠"的美誉。梨树县面积4209平方公里,辖14个镇、6个乡、1个省级经济开发区和1个工业集中区、295个村。截至2013年末,梨树县户籍总人口69.7万人,其中农业人口61万人。

2015年11月,梨树县入选第二批国家新型城镇化综合试点,目前该县扎实推进新型城镇化建设改革。郭家店镇被确定为全国新型城镇化扩权强镇试点镇。梨树县着力打造了"四梨同城化"发展的先导区和服务业聚集区;四平生态农业产业园区、梨树绿色食品产业园、十家堡产城融合生态宜居镇三个重点项目有序推进、进展顺利。近年来,梨树县加大城市基础设施投入力度,在规划水平、基础设施完善、新城区建设、城乡交通、"四梨同城化"等方面取得新进展。一是城乡规划水平不断提升。"十二五"期间,县城总体规划、19

个乡镇规划、《梨树县新型城镇化发展规划》编制完成，绿地、水系和工程景观设计编制全面实施。二是城市基础设施继续完善，改造城区巷路，完善配套地下设施。三是新城区建设不断加快。四是完善了城乡交通，推进城乡一体化发展。五是"四梨同城化"成为实现城镇化的重要载体。"四梨同城化"发展已被确定为省级城镇化发展战略，实现了与四平市通讯同城同号、工商同城通办、户籍同城互迁和汽车牌照同城办理。实施绿化美化工程2250亩，建设绿色廊道5.7公里，生态环境不断优化。积极开展"百镇千村"示范工程、村容环境整治，累计投入建设资金3.85亿元，扎实推进新农村建设和城乡一体化；五年累计完成房地产开发投资50.2亿元；积极完善市政基础设施功能，实施饮水安全工程，加强水利设施、城乡电网等建设，保障城乡供水供电安全。

近年来，梨树县积极探索金融支持新型城镇化建设。银行机构创新信贷服务方式助推城镇化建设，在霍家店村新型城镇化建设取得了明显实效。目前，霍家店村已经初步形成以种养、栽培为主体的第一产业基地，以肥料生产、饲料加工、农产品加工、建材制造等为主体的第二产业集群，以消费、卫生、休闲、旅游为主体的公共服务网络，形成了各行业联动协调发展的局面，三大产业比例达35:28:37。截至2014年末，霍家店村有专业合作社26家，种养大户103家，家庭农场5家，自办企业11户，形成各具特色的新型农业生产经营主体。农田基础设施水平进一步提高，机械化水平达到79%，高标准农田达到1281亩。全村人均产值实现6.59万元，是全县人均产值的1.3倍。农民的收入水平显著提高，2014年全村人均纯收入达2万元，为全县农村人均纯收入的1.8倍。

1. 实施信贷支持

梨树县银行机构遵循农村经济产业化发展规律，积极推进产业链条延伸，有效支持相关工业的持续发展，在实现农村经济产业化、农业生产集约化、支持服务供给社会化和农村人口非农化方面发挥了积极作用。截至本书定稿，梨树县银行机构共向霍家店村投放工业贷款4.5亿元，为新型城镇化建设奠定了物质基础。梨树县银行共计投入信贷资金8.0亿元，大力推动农业规模化、机械化、特色化、高效化发展，充分发挥了新型城镇化主导作用。各家银行先后投放服务行业贷款5.1亿元，优化霍家店村产业布局，建设商业区、文化区、餐饮休闲区，引导新型城镇化产业联动。梨树县银行机构对进城农民、创业青年、退伍军人、返乡学生给予信贷扶持，为失地农民创业提供贷款1.5亿元，农户个体工商户贷款3.3亿元，转移周边农业人口2052人，增强了新型城镇化人口集聚效应。

2. 调整信贷结构

新型城镇化建设进程中的资金需求具有新的特点，与传统农业资金需求相比较，表现出完全不同的特征。梨树金融机构依据这些新特点对信贷结构进行必要调整，信贷资金投向以种养大户、家庭农场、专业合作社和农业企业等新型农业经营主体为主。目前，梨树县各家银行向新型农业经营主体投放贷款规模占投资总规模的58.3%，累计贷款额度13.4亿元；银行机构还依据工业固定资产投入、城镇基础设施建设、农业基础设施完善等方面对于信贷资金需求的特点，累计发放投资性贷款5.1亿元。银行机构依据实际的资金需求状况科学分配信贷额度，使信贷额度逐渐集中。梨树农村信用社不断提高信贷资金的集中度，有55.19%的贷款为单笔20万元以上。除了提高信贷集中度之外，信贷资金的投入领域也在发生变化，一个突出的表现是消费信贷占比明显提高。为了适应新型城镇化信贷需求差异性特点，银行机构在审慎性原则的规范下积极开发新的信贷产品，满足不同的需求类型。采取资产抵押、担保公司担保、小企业联保等方式向霍家店村累计发放企业贷款4.5亿元；采取直补保贷款、土地收益保证贷款、"公司＋农户＋合作社"保证贷款等方式，分别为农民专业合作社、种养大户、家庭农场累计发放贷款3.9亿元、4.6亿元和0.1亿元；并采取担保、抵押方式累计发放各类基础设施建设贷款4.5亿元，实施了供水、供电、供热、修路、排污、通信、有线电视和土地平整"七通一平"工程；采取信用、保证、"金融机构＋三户青年联保"等模式，累计发放1.5亿元，支持了492名农村青年创业致富；采取住房按揭贷款方式，并由霍家店房地产开发公司提供阶段性担保，累计发放住房按揭贷款0.5亿元。采取信用、保证方式，累计发放汽车贷款0.1亿元。

3. 聚集信贷资源

近年来，梨树县银行机构除了农信社、村镇银行等涉农金融机构投放信贷资金外，建设银行、邮政储蓄银行、吉林银行等金融机构也探索了新的信贷服务方式，向霍家店村投放信贷资金2亿元。梨树县银行机构强有力的信贷支持，使霍家店城镇化建设取得明显成效，带动了城乡经济整体增长，推动了城乡产业协调发展，加快了城乡经济现代化步伐，促进了城乡居民收入稳步提高。

在霍家店村城镇化建设过程中，梨树县银行机构累计投放信贷资金约23亿元，带动了城乡经济的不断增长。截至2014年末，实现国内生产总值14.5亿元，近5年来每年平均增长20%。其中，工业产值为4.1亿元，平均增长

16%；农业总产值达到5.1亿元，平均增长22%；服务业产值为5.3亿元，平均增长19.1%。村集体拥有资产总额达到10亿元，平均每年为国家创造税收1000万元。

（五）抚松县

抚松县位于吉林省东南部边境，是白山市下辖县，国境线全长6.6公里，总面积6530平方公里。2014年，全县有抚松、松江河、露水河、泉阳、万良、东岗、北岗、仙人桥、漫江、兴参、新屯子11个镇和抽水、兴隆、沿江3个乡。

抚松县依托区位优势和丰富的旅游及物产资源优势，在吉林特色城镇化示范城镇建设中积极推动产城融合，不断增强产业支撑和带动能力，提高城镇的综合承载能力和内在品质，促进了新型城镇化水平的不断提高。

1. 发挥当地优势，创新产城融合新模式

抚松在城镇化建设中，依托产城一体化的空间布局，树立"城镇化建设规划先行"的理念，科学规划和推动生态城镇建设。抚松县依托工业集中区和松林木加工产业园区推动工业经济发展。在招商引资和民营经济中引导域外战略投资者和当地民间资本入驻工业集中区开发新型工业项目。依托工业集中区优化了城镇的功能区布局，推动了工业经济的创新发展和绿色发展。

2. 打造新型支柱产业，带动新型城镇化建设

抚松借助区域内丰富的生态旅游资源优势，依托经开区和长白山国际度假区的建设，吸引大批域外战略投资者和民间资本到抚松投资旅游产业项目，促使旅游业成长为抚松富有发展潜力的新型主导产业。全力构建"以旅游业为主体，以工业商贸为两翼"的新型战略性产业格局，突出旅游业的主体地位。几年来，借助产城一体化布局和旅游业发展平台，采取政府引导推动、多元化投资，市场化运作模式，大力投资旅游服务设施建设，加快完善旅游服务要素，推动了旅游服务集群式发展。

3. 积极发展与旅游业关联密切的产业，提高产业支撑能力带动城镇可持续发展

使产业发展和城镇化建设实现深度融合，促进城镇综合承载能力和内在品质的不断提升。2014年，全县第一产业增加值达到1.26亿元，同比增长11%。第一产业发展特色农业项目，人参、蓝莓、棚膜蔬菜和食用菌以及其各类农副土特产品，为旅游市场提供绿色安全的长白山农产品。2014年，全县第二产业增加值达到23.74亿元，同比增长18%。第二产业依托工业园区突出发展民

营经济,将工业经济发展重点转向农副土特产品深加工、绿色食品加工等项目推动第二产业与第一产业上下游的衔接。2014年,实现第三产业增加值26.9亿元,同比增长24.5%。根据旅游市场需求,科学调整服务业产业布局和结构,推动商品流通产业发展。通过商贸物流产业项目建设,打造长白山区域重要的商贸物流基地。积极引进各类新型商业业态,服务旅游人群和当地居民。另外,旅游业带动服务业的发展,还有力地促进了城乡居民的再就业。目前,全县从事旅游等服务业的就业人员可达到3万人左右,为城乡居民充分就业搭建了有效的服务平台。

(六)林海镇

林海镇位于白城市中心城区南部,面积约160平方公里,总人口4万人,其中农村人口1.8万人,城镇人口2.2万人,城镇化率为55%。

2012年,白城市启动原林海镇域中靠近城区部分的25平方公里的生态新区建设。2013年,生态新区成为吉林省22个特色城镇化示范镇之一,也是唯一一个城市新区与近郊镇绑定发展的示范镇。以城带镇、联动城乡,平抑了城与镇的政策落差、发展落差,全方位解决了林海镇农业转移人口的市民化问题。林海镇定位为白城市推进农业现代化的先行区、白城市城乡统筹的示范区;做强特色优势产业、主动对接城市需求,实现自身发展的特色镇;绿色发展的小城镇。

1. 加强基础设施建设

2014年以来,新区基础设施项目开工建设8大类19个项目,总投资约22.9亿元。加快公共服务配套设施建设,着力提高城市化发展水平。新区打造绿色人居环境,着力提升城市品位。投资1.13亿元打造1平方公里的鹤鸣湖,优化新区的生态环境。

2. 大力开展农民新型社区建设,着力推进农业转移人口市民化

一是解决农民人口安置问题。于2013年5月开工建设的生态新区棚户区改造集中回迁工程,规划建设52栋回迁楼,总建筑面积40万平方米,总投资7.26亿元。同时还开工建设260万平方米棚户区改造回迁工程,对全市范围内的农业转移人口市民化和棚户区居民改善性需求提供支撑,可实现转移和安置人口10万人,增强新区集聚力。二是积极解决农民就业问题。生态新区鼓励扶持有条件的农民创业,让更多的民营企业发展起来,促进农民离土不离乡,就地就近就业。

3. 开展大项目建设,促进产城融合发展

一是城市综合体产业,主要包括碧桂园集团、中绿集团、深国投有限公司

的城市综合体项目。碧桂园集团对生态新区核心区5151亩土地分四期进行综合开发，总投资225亿元。中东集团城市综合体占地面积40万平方米，总投资20亿元。深国投有限公司的现代商业综合体占地面积2万平方米，总投资1.6亿元。二是商贸物流产业，主要包括红星美凯龙、中绿集团（粗杂粮交易中心）、全国供销总社的农副产品交易中心项目。中绿集团粗杂粮交易中心项目占地面积60万平方米，总投资20亿元，年交易总额30亿元。三是文化休闲产业。主要包括国防军事文化产业园、辽金文化主题商业街、农业观光园、威尼斯水上乐园项目、鹤鸣湖城市广场。四是工业产业，主要集中在白城工业园区。白城工业园区2005年初开发建设，2011年12月经省政府批准正式晋升为省级开发区。启动区规划面积22平方公里。按照功能分区，重点发展新能源装备制造、农产品加工、建材机械、冶金、化工等特色产业。截至2015年9月，累计实施重点建设项目156个，完成投资138亿元。

第三章 金融支持吉林省新型城镇化的问题及成因

新型城镇化作为关乎我国未来社会发展、经济转型的重大工程，必然需要大量的资金支持。而作为资金筹集和运作的重要渠道，金融在这一过程中的积极作用是不容忽视的。本章以我国金融大环境为背景，着重介绍吉林省新型城镇化建设的金融困境，以及形成这种困境的原因。

一、国内金融环境概况

吉林省的金融运行离不开国家整体的金融环境，并且在金融制度的制定、金融业务的开展等方面需要与国家政策保持一致。所谓金融环境，是在一定体制下各种金融要素的集合。其内涵比较宽泛，包括金融机构的运行、金融资源的配置、金融风险的管控以及金融结构的设计等。

（一）金融机构运行情况

金融机构是一国金融体系的重要组成部分，其具体的设置及运行情况直接影响了金融体系功能的发挥甚至是经济的平稳运行。我国的金融机构按照行业性质大致可以分为银行业金融机构和非银行金融机构两大类，后者又可以进一步细分为证券公司、保险公司、信托公司、租赁公司等。无论是机构数量还是营业规模，银行都占据着主导地位，这是我国现阶段金融机构设置的主要特征之一。

表3.1　　　　　2011—2014年中国金融机构基本情况

年份	银行业			证券业			保险业		
	银行网点	从业人员	资产总额	证券公司数量	证券公司总资产	基金公司数量	保险法人公司数量	资产总规模	保费收入
2011	20万个	319.1万人	105.8万亿元	109家	1.6万亿元	69家	140家	6万亿元	1.4万亿元

续表

年份	银行业			证券业			保险业		
	银行网点	从业人员	资产总额	证券公司数量	证券公司总资产	基金公司数量	保险法人公司数量	资产总规模	保费收入
2012	20.2万个	337.8万人	124.5万亿元	114家	1.7万亿元	77家	153家	7.4万亿元	1.5万亿元
2013	20.9万个	356.7万人	140.2万亿元	115家	2.1万亿元	89家	167家	8万亿元	1.7万亿元
2014	21.8万个	372.2万人	154.7万亿元	120家	4.1万亿元	93家	178家	10万亿元	2.0万亿元

数据来自历年中国区域金融运行报告。

表3.1与表3.2中的数据反映了近几年我国金融机构的基本运行情况。从总体上看，中国各金融机构在数量、从业人员及资产总额等方面在近几年都保持平稳增长，业务规模也在逐步扩大。2011—2014年，银行资产总额由105.8万亿元增长到154.7万亿元，增长幅度为46.22%，存贷款余额呈现持续上涨态势，存贷差额保持稳定；证券公司总资产由1.6万亿元增长到4.1万亿元，增长幅度为156.25%，其经营业绩受股市影响出现了大幅波动，净利润在2012年有所下降，但随后强劲回升，尤其是在2014年，实现净利润965.5亿元同比翻番的良好业绩；保险公司资产规模由6万亿元增长到10万亿元，增长幅度为66.67%，保费收入和保险资金收益也逐年上涨。金融机构所呈现的这种运行态势与中国整体经济的发展方向是一致的。这也反映了我国金融业与经济发展相互促进的关系。

表3.2　　　　　　　2011—2014年中国金融机构运行情况

年份	银行业		证券业		保险业	
	存款余额（万亿元）	贷款余额（万亿元）	营业收入（亿元）	净利润（亿元）	保费收入（万亿元）	保险资金收益（亿元）
2011	80.2	56	1359.5	393.8	1.4	暂无
2012	92.5	64.4	1294.7	329.3	1.5	暂无
2013	104.8	73.1	1592.4	440.2	1.7	3658.3
2014	114.3	83	2602.8	965.5	2.0	5358.8

数据来自历年中国区域金融运行报告。

(二) 金融资源配置情况

对金融资源配置状况进行分析的前提是对金融资源进行度量。根据金融体系的构成情况，我们在此以金融资产的数量对金融资源进行量化，并进一步从信贷市场、证券市场、保险市场等多角度分析我国金融资源配置状况。

1. 金融资产总量

金融资产与实物资产相对，还可以称为金融产品、金融工具。根据性质的不同，金融资产可以分为不同的种类。为了从总体上把握金融资产总量情况，我们将其分为货币类金融资产、权益类金融资产、债务类金融资产三类，并以广义货币 M_2、股票市值、债券金额分别对其进行度量。由此计算得到2011—2014 年金融资产总量及相关数据如表 3.3 所示。

表 3.3   2011—2014 年金融资产总量及相关数据统计

单位：万亿元人民币

年份	广义货币（M_2）	股票市值	债券余额	金融资产总量	贷款余额	存款余额	GDP
2011	85.16（175.91%）	21.48（44.37%）	21.36（44.12%）	128（264.41%）	58.19（120.20%）	82.7（170.83%）	48.41
2012	97.42（182.40%）	23.04（43.14%）	25.96（48.61%）	146.42（274.14%）	67.28（125.97%）	94.29（176.54%）	53.41
2013	110.7（198.39%）	23.91（42.85%）	29.9（53.58%）	164.51（294.82%）	76.6（137.28%）	107.1（191.94%）	55.8
2014	122.84（193.18%）	37.25（58.58%）	35.64（56.05%）	195.73（307.80%）	86.79（136.48%）	117.37（184.57%）	63.59

资料来自历年中国金融稳定报告及债券市场统计分析报告，括号中为该项数值与当年 GDP 比值。

该表中的统计数据可以反映出如下信息：首先，金融资产总量逐年递增，金融相关率（以金融资产总量/GDP 表示）也相应呈现出逐年上升的趋势，由 2011 年的 264.41% 上升至 2014 年的 307.80%。由于金融相关率可以表示经济金融化的程度，所以这也说明随着经济货币化程度的加深，我国经济的金融性日益突出，其间伴随着信用的快速发展和各种金融工具的出现。其次，广义货币、各类债券市值与 GDP 比值也呈逐年上升趋势，但股票市值与 GDP 比值的变化趋势并不明显，呈现出起伏波动的特征，这与前文证券公司净利润同期变化特征相符。最后，贷款余额与 GDP 比值基本呈现上升趋势，且一直保持在 100% 以上，这也符合我国以间接融资为主的融资结构特征，为很好地抵抗国际金融危机奠定了基础。

2. 信贷市场发展状况

总体来看，存贷款保持着平稳持续增长的态势。2014年中国存款、贷款余额分别为117.37万亿元和86.79万亿元，是2000年的9.46倍和8.74倍。从增速来看，2000—2003年，贷款和存款余额的增速逐年提升；2004—2008年，贷款和存款增速均有所降低，这是因为受到了这一阶段宏观经济低迷的影响；2009年，为了应对国际金融危机向中国的蔓延，我国实施了适度宽松的货币政策，因而导致贷款和存款的增速都出现了爆发式增长，两者的增速均接近或超过30%；2010—2014年，两者的增速逐步下降，2011—2014年基本稳定在15%以下。其中值得关注的是，从2009年开始出现了明显的变化，贷款余额的增速首次超过了存款余额的增速（2010年除外）。这说明中国居民的理财观念已经远离了单一存款的时代，存款以外的众多理财产品开始进入民众的视野。因此，银行存款被多元化的投资渠道所分流，从而造成存款余额增速低于贷款余额增速的现象也就不难理解了。同时，中国实体经济旺盛的资金需求也是造成这种现象的原因之一。

3. 证券市场发展状况

中国证券市场发展起步较晚，至今发育尚未完善。由于存在这样或那样的问题，以及不可避免地受到来自外界的影响，中国股票市场波动较大。具体表现为，在2000年，股票市值与GDP比值为48.5%，而后由于全球资本市场受"9·11"等事件影响表现低迷，中国股市也相应出现了下行态势，在2005年，股票市值与GDP比值回落为17.5%。在接下来的两年中，由于国内经济高速增长，加之股权分置改革政策效果显现，2006—2007年的中国股市走出一波长达两年的大牛市，上证股指最高达6124点，较2005年探底的998点上涨514%，从而也使2007年股票市值与GDP比值达到123.1%的峰值。美国次贷危机的蔓延使全球股市在2008年陷入低谷，中国在积极的财政政策和适度宽松的货币政策的刺激下率先走出金融危机的阴影，2010年该比值已从2008年的38.6%回升至66.1%。2011—2013年该比率保持在43%左右，2014年达到58.5%。

中国债券市场也呈现平稳上升态势，主要体现在登记托管余额和发行量的逐年递增，同时也表现在债券存量与GDP比重的逐年递增，在2009年达到阶段性高点53.1%之后虽回落，但经短暂调整后又重现上升态势。

总体而言，中国证券市场的发展是积极良好的，直接融资的功能在逐步发挥作用，这使得企业融资渠道明显拓宽，尤其给中小企业融资带来了机遇，进一步促进了资源的优化配置。

4. 保险市场发展状况

中国保险市场的发展可以从保费收入、保险密度和保险深度三个方面来衡量。虽然保费收入年增长率的波动较大，但在2000—2014年总体上保费收入是上升的。保险密度（以保费收入与人口总量之比衡量）在2000年为125.9元/人，在2014年为1462.18元/人，增长10.6倍。保险深度（以保费收入与GDP之比衡量）在2000年为1.6%，在2014年为3.1%，增长近1倍。但值得重视的是，在2010年之后，保险深度呈现下降的趋势，说明保险业的发展没有跟上经济发展的速度，与信贷市场、证券市场的发展不相匹配。

5. 金融资源总量的分布

金融资源在地区、行业、企业间的分布可以反映金融资源配置的情况。此处以贷款余额在各地区间的分布度量金融资源的配置情况。表3.4中数据显示，贷款资源主要集中分布于东部地区。从2014年的数据看，贷款分布在各地区的比重分别为：东部56.7%，中部15.5%，西部20.5%，东北7.2%。我国改革开放之后，东部地区享受到了一系列优先发展的区域政策，加上地理位置等方面的优越条件，很快发展为带动中国经济快速前行的核心力量。无论是企业的生产经营还是居民的生活水平，东部地区都要领先于其他地区。因而贷款的投向集中于东部就不难理解了。

表3.4　　　　　2011—2014年中国各地区贷款余额　　　单位：万亿元

年份	东部	中部	西部	东北
2011	33.3	8.2	10.5	4
2012	37.7	9.6	12.5	4.6
2013	42.2	11.1	14.6	5.2
2014	47.1	12.9	17	6

（三）金融风险

由于伴随资金的跨期操作，金融业务始终与风险相伴随。因而，金融风险普遍存在于商业银行等金融机构及资本市场，其表现形式也与社会经济发展的特征相适应。我国当前金融风险主要集中于商业银行经营与资本市场运行中。

1. 我国商业银行面临的具体风险

（1）信用风险

信用风险是指债务人不能按期履行合同义务，从而给债权人造成经济损失的风险。我国商业银行目前面临的信用风险主要有以下几个特征：

首先，信贷资金集中度较高，一方面体现在中长期贷款比重较大，另一方面体现在资金投向集中于少数行业。近年来，虽然央行曾多次发布指导意见表示支持消费信贷、农业信贷以及中小企业贷款，但其效果却非常有限。实践中，受经济运行状况、利润增长压力以及风险控制能力等因素的影响，信贷资金大量流向基础设施建设和房地产等优势行业，并集中在东部经济发达地区。

其次，我国进入信用风险爆发周期。2008年始于美国的金融危机蔓延全球，多国出现经济萎靡不振的情况。为了应对危机，中国政府于2009年出台刺激经济政策，向市场投放4万亿元资金。根据信用风险爆发的周期规律，信贷资金集中投放三年后信用风险会有所显现，投放五年后会集中暴露，投放七年后会形成损失。2012年10月，银监会主席尚福林在会议上明确指出"部分行业的信用风险已经开始暴露"。同年GDP增速为7.9%，创19年最低增幅，加大了银行信贷资产质量恶化的概率，信用风险进一步加剧。

最后，存贷款期限错配现象明显，主要体现为资金来源短期化，资金运用长期化。存贷期限一方面反映了银行的资产负债结构，另一方面也反映了流动性风险，同时也可以作为衡量信用风险的一项指标。最理想的情况是，短期资金来源做短期资金运用，长期资金来源做长期资金运用。但我国目前的情况是，相当一部分短期资金来源也做长期运用，无形中增加了商业银行的信用风险。

表3.5　　　　　　2011—2014年商业银行存贷款情况　　　　　单位：万亿元

年份	定期存款	中长期贷款	中长期贷款/定期存款
2011	38.1	33.38	0.876115486
2012	44.72	36.39	0.813729875
2013	51.35	41.04	0.799221032
2014	57.22	47.18	0.824536875

（2）市场风险

我国金融业实行的是分业经营的制度，商业银行不能涉足股票投资等领域，因此我国商业银行所面临的市场风险主要是利率风险和汇率风险。近年来，随着相关金融管理制度的废除，利率市场化、汇率市场化制度逐步形成。金融主体在定价等方面的自主权不断扩大的同时，风险也随之而来。利率波动幅度的加大加剧了银行间竞争，存款资源流动频繁，资金稳定性下降，同时存在前述期限错配问题。而风险应对手段的缺乏，也加剧了商业银行的利率风险。另一方面，自2005年7月21日我国开始实行以市场供求为基础有管理的浮动汇率制度以来，人民币已实现大幅升值，汇率变化越来越灵活且富有弹性,因而也使商业银行面临的汇率风险大大增加。

(3) 操作风险

根据巴塞尔银行监管委员会的定义,操作风险是指由于不完善或有问题的内部操作过程、人员、系统或外部事件而导致的直接或间接损失的风险。由此可知,操作风险可以普遍地存在于银行各个业务操作流程中。同时,操作风险的存在并不伴随着收益的产生,但却可能带来相应的损失。此外,经济高速增长期间银行风险容易被掩盖和忽视,但在经济下行区间,由于一些银行客户资金链断裂引发骗贷跑路,或是银行员工参与非法集资或民间借贷,操作风险便会暴露出来。当前,在存贷利率浮动范围扩大,直接融资渠道拓宽的情况下,银行间争夺优质客户的竞争日趋激烈,银行员工违规操作的驱动力增加,操作风险加大。

(4) 流动性风险

流动性风险是指资产无法以较低成本及时变现而带来损失的风险,极端情况下会导致银行破产。目前,中国商业银行流动性风险主要体现在资产负债期限错配现象。

表3.6　2003—2014年中国银行业短期贷款与中长期贷款占比变化情况

年份	短期贷款占比	中长期贷款占比
2003	51.48%	39.61%
2004	48.16%	42.96%
2005	44.07%	44.93%
2006	42.68%	47.43%
2007	42.82%	49.89%
2008	40.17%	51.29%
2009	35.56%	55.35%
2010	33.63%	59.92%
2011	37.37%	57.36%
2012	39.85%	54.08%
2013	40.68%	53.55%
2014	38.76%	54.37%

数据来源为中国人民银行网站。

表3.6中数据显示,2003—2014年,我国商业银行短期贷款占比逐渐下降,中长期贷款占比逐渐增加。由资产的变现能力可知,中长期贷款流动性较弱,变现速度慢且变现成本较高。故中长期贷款的大量存在不利于商业银行应

对储户日常提现的需求。虽然同期资金来源中,单位定期存款占比有所上升,但如果短期内有大量提现需求的话,银行则无法筹集足够的现金,势必导致流动性危机的出现。

2. 我国商业银行风险管理现状

我国商业银行在早期都冠以"国有"二字,经营业务大都由国家计划分配,更多地是履行社会责任,因而没有风险的概念,更没有风险管理。但中国人民银行在20世纪90年代引入巴塞尔协议的精神使这种情况发生了变化,而加入世界贸易组织后的市场开放更让人们意识到风险管理对于商业银行的重要性。如今,原有的国有商业银行均已上市,大部分城市商业银行也以股份制形式参与到金融市场中来。

经过20多年的努力,中国商业银行在风险管理方面有了较大的进展。比如工商银行在2007年10月投入应用了"非零售内部评级法工程",2008年1月全面启动"零售内部评级法项目";中国银行于2008年启动了"评分卡开发、内部评级法模型的开发项目";建设银行2009年8月全面使用"公司类客户评级系统";交通银行的"BaselⅡ内部评级法(对公业务)"于2008年全面上线;而股份制改革起步较晚的农业银行也在2009年底正式启动了零售敞口内部评级体系建设项目,2011年底基本建成了非零售、零售以及内部评级初级法,也开始启动内部充足率评估程序、操作风险高级计量法。

对于一些中小型商业银行而言,因存在经营规模和资金实力的客观限制,无法独立完成风险管理系统的创建,但这并没能阻止其探索的脚步。它们通过展开多家银行合作的方式,共同建立起内部评级系统,不断地增强自身进行风险管控的能力。

3. 我国资本市场风险管理现状

虽然我国属于银行主导型的金融体系,但资本市场仍占有一席之地,且在逐渐发展壮大。对于资本市场的管理,经历了从最初的央行直接管理,到后来的国务院证券委员会与证监会双重管理,直到今天由证监会集中统一管理的过程。资本市场的风险管理也集中体现在证监会的一系列政策和制度上。由于证监会掌握着审核公司上市资格的权力,提供了权力寻租的温床,因而内部交易、财务报表虚假披露等违规现象在前些年时有发生,在给投资者带来巨大损失的同时,也阻碍了我国资本市场的健康发展。

但2013年以来,证监会加大了对违规行为的监察力度,对IPO的严格审查使很多心存侥幸意图进行财务欺诈的企业都主动放弃了上市的申请。此外,其他环节也可以反映证监会的监管力度。比如,2013年8月16日光大证券自营业务系统出现问题，进而导致上证股指波动出现重大异常。而光大证券在发布公告之前就进行了对冲操作。证监会对此以内幕交易为由对其实施了罚款5亿元的处罚。

（四）金融结构现状

金融结构就是金融体系内部各个构成部分的排列和组合的方式，具体表示的是一国在某一特定时刻存在的金融工具、金融机构、金融组织与金融市场以及它们之间的相对规模、比例和相互关系与配合的状态。金融结构可以从以下几个方面进行刻画：金融机构结构、金融市场结构、金融资产结构、融资结构。

1. 金融机构结构现状

到2015年底，根据中国银监会等官方网站显示的信息，国内各类金融机构的数量统计如下：共有3家政策性银行（含国家开发银行），5家大型国有商业银行，12家全国性股份制商业银行，1家邮政储蓄银行，131家城市商业银行，135家农村商业银行，22家农村信用合作银行，67家农村信用社，包括村镇银行、贷款公司和资金互助社在内的三类新型农村金融机构共364家，46家外资银行，68家信托公司，186家财务公司，27家金融租赁公司，19家汽车金融公司，5家货币经纪公司，6家消费金融公司，4家金融资产管理公司，106家证券公司，129家保险公司。

从以上统计数据可以看出，中国目前金融机构的种类是比较齐全的，主要包括银行、证券、保险三大类金融机构，以及信托公司、金融租赁公司等非银行类金融机构。其中，银行机构金融资产占整个金融资产总量的78.69%，表明整个金融体系结构是典型的银行主导型结构。而在这其中，由国有商业银行改制而来的大型股份制商业银行，无论是资产规模还是网点设置以及人员的配备，都处于绝对的主导地位。此外，以招商银行为代表的全国性股份制商业银行由于经营理念更为先进、管理制度更加灵活，因而在银行业务领域的表现也越来越突出。我国证券公司的主要业务是证券经纪业务，即代客买卖证券，此外也开展自营业务。保险公司经过多年发展，虽然也具备了一定的数量和规模，但由于对保险的正确认识还有待普及，因而保险业务的发展还有很大的空间。除了人们普遍熟知的金融机构外，信托公司、租赁公司、消费金融公司、汽车金融公司等也开始进入人们的视野，但由于起步晚并受人们思想意识的限制，其业务开展范围非常有限。

2. 金融市场结构现状

中国的金融市场于20世纪末蓬勃兴旺起来，经过多年的发展，现已成为金融体系的重要组成部分。截至2015年5月底，中国沪深两市上市公司共有2593家，股市市值已超10万亿美元，沪市成为仅次于纽约证券交易所和纳斯达克股票交易所的全球第三大股市。而中国债券市场余额也在2015年达到46.4万亿元，全球排名第三，仅次于美国和日本。

统计数据显示，我国原生性金融市场发展比较完善，品种比较齐全，但衍生品市场发展相对滞后，品种有限且成交量不高。资本市场中股票市场占主体地位，且以场内交易为主；货币市场中银行间债券市场占主体地位，债券回购和票据市场发展较快，且融资对象以国有经济部门为主；外汇市场和黄金市场有一定发展但占比低。虽然我国股市市值全球排名第三，但股票筹资额却相对较低。这说明我国股市投机现象比较严重，且泡沫化程度较高。

3. 金融资产结构现状

我国金融资产已经从早期的单一银行资产，向证券化、市场化方向发展，呈现了金融资产结构多元化的局面。当前货币类金融资产占比最高，其主要构成部分就是储蓄，但储蓄的主体由以前的政府和国有企业转换为居民。占比第二位的是以股票和债券为主的证券类金融资产，这与人们可支配收入的增加和逐渐提升的投资理财意识有着直接的关系。保险类金融资产虽逐年提升，但规模不大，占比也不高。总体上讲，我国金融资产比较单一。

4. 融资结构现状

在我国金融体系发展初期，融资渠道体现为单一的国有商业银行贷款。随着金融市场的向前发展，这一情况有所改观。

表3.7　　　　　2015年中国社会融资规模存量统计　　单位：万亿元人民币

项目	存量
社会融资规模存量	138.14
其中：人民币贷款	92.75
外币贷款（折合人民币）	3.02
委托贷款	10.93
信托贷款	5.39
未贴现银行承兑汇票	5.85
企业债券	14.63
非金融企业境内股票	4.53
其他	1.04

数据来源于人民银行统计数据。

从表3.7中数据不难看出,我国当前融资结构仍以间接融资为主。在2015年,社会融资规模存量达138.14万亿元。其中,以人民币贷款为核心的各类贷款总计达112.09万亿元,占总规模的81.14%。而企业债券和股票等直接融资的规模合计为19.16万亿元,仅占总规模的13.87%。这种现状的形成与我国金融机构结构有着直接关系。在我国以大型商业银行为主导的金融体系框架下,形成以间接融资为核心的融资结构也是必然的结果。这种融资结构的优势在于通过众多的银行网点,广泛地动员社会闲散资金,以及有效地降低资金成本和经营风险。

二、吉林省新型城镇化建设的金融困境

吉林省社会、经济的发展在近些年取得了一定的成绩,新型城镇化建设也在有序地进行。但总体来看,在金融支持方面仍存在一些问题,对新型城镇化建设的推进形成了阻力。

(一) 金融功能困境

所谓功能,是指事物所能发挥出的有利作用,简单地说就是功效、效用、作用、效能、效应。金融作为伴随经济发展而出现、演进并不断发展的一种事物,自然有其自身的功能。基于金融与经济之间的密切关系,金融功能在本质上必然体现为金融对经济所发挥的功效、效用、作用。吉林省目前的金融功能困境主要体现在以下几个方面。

1. 金融效率不高

金融效率可以从两个层面理解,在微观层面指的是金融业本身投入和产出的关系;宏观层面则是指在金融体系的运作下,金融资源的投入与经济产出之间的关系。近些年来,吉林省银行业资产质量逐步提升,不良贷款比率从2011年开始持续下降,盈利能力逐年提升,资本充足率早已符合国际银行业标准的要求,运营效率也呈上升趋势。但吉林银行作为地方性的商业银行,其经营状况不容乐观,在2013年出现不良贷款"双升"的现象,全年新增不良贷款2.16亿元,2014年情况稍有好转,新增不良贷款0.4亿元,不良率为1.07%,且这一比率一直持续到2015年中。此外,宏观层面也出现效率低下的现象,表现在金融危机过后大量的信贷投放并没有带来实体经济的相应增长。在2013年和2014年,吉林省信贷投放量分别增长了16.55%和17.49%,但同期GDP的增长率却只有9.27%和5.8%,表明大量金融资源的投入未能

第三章 金融支持吉林省新型城镇化的问题及成因

有效刺激实体经济的发展,宏观层面的金融效率低下,同时也反映出金融功能尚未充分发挥。

此外,对于吉林省农村地区而言,无论是经济的基本面还是金融功能的实现都无法满足新型城镇化建设的要求。虽然在农村地区也存在各种类型的金融机构,并且近年来新型农村金融机构也在各地涌现,但这些机构在资源配置等方面显然处于弱化地位。此外,吉林省农村金融资源流失严重,导致农村金融供给能力偏低。而原有的一些大型金融机构不断从农村地区的撤并,更使农村地区调整产业结构的要求无法得到满足。

2. 资源分布不均衡

首先,金融资源在全国各地区分布不均衡。如表3.8所示,我国近年贷款余额多分布在东部发达地区,且有逐年上升的态势。而在这种不均衡的态势中,东北地区则处于劣势,虽贷款余额连年上升,但在全国贷款投放总量中,始终占比较低。而金融支持城镇化建设的条件之一,就是需要充足的金融资源并加以合理的利用。但金融资源的相对缺乏无形中制约了金融功能的发挥,对经济结构的转型和居民消费模式的转变都产生了不利的影响。

其次,在城镇化进程中,农业以及集中于乡镇的小微企业等无疑需要大量的资金支持。表3.8中的数据显示,2011—2014年,在国家政策的引导下,我国涉农贷款余额和小微企业贷款余额在绝对值和相对值上均呈上升趋势,但在全国投放的各类贷款中,还只占有少数比例。吉林省的情况与全国类似,以2014年为例,全省涉农贷款保持较快增长,增速高于贷款平均增速6.6个百分点,小微企业贷款增速高于贷款平均增速2.8个百分点,增量也不低于上年,但在全省各类贷款投放中占比并不高。

表3.8 涉农及小微企业贷款投放情况

时间	涉农贷款余额	涉农贷款占比	小微企业贷款余额	小微企业贷款占比
2011	13.91	0.239044509	9.59	0.164804949
2012	17.64	0.262187872	11.6	0.172413793
2013	20.88	0.272584856	13.25	0.172976501
2014	23.6	0.271920728	15.3	0.176287591

最后,银行的信贷资金更倾向于生产领域,而对于与民生直接相关的消费领域的投放却明显不足。2010-2014年吉林省金融运行报告的数据显示,伴随着信贷投放总量的逐年增加,个人消费贷款的投放也在上升,从2010年的

742.1 亿元增加到 2014 年的 1818.9 亿元，所占比例也从 10.3% 上升到 14.45%，但总体来看对消费领域的信贷支持依然不足。

著名经济学家向松祚曾撰文表示，在城镇化的金融支持中，大力发展个人消费金融是核心内容之一。全面的消费信贷服务是拉动内需的关键，当通过分期付款去购买耐用消费品、农机具等商品成为一种触手可及的选择时，才能真正助力农业现代化的发展以及农民向市民的转变，而不仅仅是停留在城镇基础设施的建设上，这才是新型城镇化建设的精神所在。因此，吉林省在消费领域信贷资金投放的不足，会直接影响省内消费需求的拉动，不利于促进农民向市民的转变，形成了推进城镇化建设的一道障碍。

3. 风险管理的问题

尽管吉林省商业银行的资本充足率在 2011 年底首次全部超过 8% 的底线，从静态数据来看已经满足国际银行业标准的要求，但这与之前的资产剥离和高利差的政策环境有直接的关系，因而这种状态并不具备可持续性。我国当前仍属于银行主导的金融体系，间接融资占比高。因而，为了保证对经济的信贷投放，必须保持较高的资本充足率。由此看来，吉林省商业银行在未来还面临着补充资本的压力。此外，风险管理理念的落后、管理类型不全面、管理流程不完善等也是商业银行面临的突出问题。

从具体业务来看，吉林省商业银行中小企业贷款的风险管理是目前比较突出的一个问题。在城镇化进程中，中小企业扮演着重要的角色，但融资难却使许多中小企业陷入困境。商业银行作为中小企业资金来源的重要渠道之一，在发展战略和风险管理体系等方面均存在一定的问题。首先，在发展战略上，商业银行在经营管理、风险控制等方面都是针对大客户进行的设计，而对中小企业客户认识不足，没有进行有针对性的产品研发和风险计量，因而容易引发信贷风险，形成不良资产。其次，在风险管理体系的建设上，就吉林省目前的情况看，基本以主观定性评价为主，缺乏对客户成长性、还款能力等的深入分析，并且贷款定价方法比较落后，利率不能真实反映风险水平。

（二）金融结构困境

金融结构是一个比较复杂且庞大的概念，国内外学者从不同角度进行过描述。概括而言，金融结构就是金融体系内部各个构成部分的排列和组合的方式，具体表示的是一国在某一特定时刻存在的金融工具、金融机构、金融组织与金融市场以及它们之间的相对规模、比例和相互关系与配合的状态。金融结构也可分为微观层次与宏观层次。在微观层次上,是指各个组成部分内部的构成、比例和相互关系;而在宏观层次上,则是指金融机构、金融工具、金融业务、金融资产等各个组成部分的比例、相互关系。所谓最优的金融结构,是指金融体系内部各个构成部分的排列和组合的方式要与所处的社会环境和经济发展阶段相适应,并能进一步对社会的进步和经济的发展产生积极的推动作用。横向比较而言,不同国家因国情不同,适用的最优金融结构也有所不同。纵向而言,随着一国产业结构的升级、技术水平的进步、社会环境的演化,与之相匹配的最优结构也会随之发生变化。

当前吉林省金融结构困境主要表现在中小金融机构发展不足、民间金融发展受限、股票债券市场融资结构不合理、农村金融机构职能缺失等方面。

1. 中小金融机构发展不足

城镇化过程中伴随着农业人口向城镇的聚集、城乡空间结构的变迁、产业结构和就业结构的转化。同时,城镇化也是加快第二、第三产业发展的有效载体,能够促进工业发展,提高人民生活水平,拉动内需,推动经济增长。中小企业凭借其生产灵活、组织多样等优势,在城镇化进程中扮演着非常重要的角色。"温州模式""苏南模式"等实践证明,中小企业在促进就业增长、调整消费结构、带动地方经济发展的过程中可以发挥极其关键的作用。但中小企业融资难的问题始终没有得到有效的解决。

Stislizt 和 Wesis (1981) 认为,逆向选择和道德风险的存在使大银行更倾向于为能够提供合格抵押品的企业提供信贷。Begerr 等 (1998) 的实证研究表明,小银行更倾向于为中小企业提供贷款,并提出"小银行优势"假说。这些研究结果说明,银行在经营中将企业按规模分类区别对待,并选择利于自身发挥比较优势的对象为其提供金融服务。因此,在直接融资存在困难的情况下,中小金融机构成为中小企业获取资金的主要来源。而我国目前金融结构的特征之一就是以工农中建为代表的大型商业银行占比过高,中小金融机构的发展明显不足。截至2014年底,四大国有银行的总资产占银行业资产总额比例仍保持在35%以上。而中小型金融机构虽然有不断扩张的趋势,但仍然发展迟缓,与中小企业的庞大队伍并不匹配,客观上造成了中小企业融资难的现状。

对于吉林省中小金融机构而言,除了机构数量和资产规模方面占比较低外,在市场定位、法人治理等方面均存在问题。首先,监管部门对中小金融机构的市场定位存在偏差。以经济效率进行市场定位、分层定位是符合比较优势原则的。国际银行业的经验已经证明,一个稳健的银行业格局关键在于银行业在规模、服务以及产品外延上具有完备的层次结构,即银行体系除了需要大型银行、全国性银行外,还需要中小银行,而且中小银行内部也分出若干层次,各层次银行都在自己的运行空间经营,并相互补充。吉林省中小金融机构从组建到业务开展、从经营整顿到资产重组,都是在监管部门的政策指引下进行的,其中不免存在行政管理的痕迹。张希安(2006)认为政府部门常常混淆管制和管理的界限,在监管措施上通常以易于管理为目的设定考量标准,这使得中小金融机构丧失了在市场中自我发展和自我纠偏的能力,极大地限制了中小金融机构的发展。

其次,中小金融机构自身发展战略定位存在偏差。吉林省许多县域中小金融机构对自身的运行空间、经营环境和业务特点没有充分的认识,导致实际开展业务与其发展方向出现偏离。具体表现为:在信贷业务实际操作中将资金集中于大型工商业项目;农村金融机构将营业网点扩展到城市;排斥在发展落后的偏远地区开展业务,等等。此外,一些中小金融机构热衷跨区经营,其理由是这样可以利用更多资源扩展规模。而这一现象恰恰反映了其经营理念上的误区,既没有充分利用其自身的比较优势,又导致金融资源进一步集中于城市,使自己置身于激烈的竞争环境之中,一方面增加了经营成本,另一方面可能积累过多的潜在风险。这种现象在保险领域也有体现。中小保险机构往往容易出现随大流、一窝蜂现象,近几年还出现了效仿大型保险机构进行扩张的迹象,但结果则不尽如人意。由于经营规模较小、管理水平不高、研发能力有限,中小保险机构并不适合与大型机构开展业务上的竞争,而少数农村地区在保险业上的空白恰恰为其提供了发展空间。因而,需要中小保险机构认清自身的特点,正确地为自己做好市场定位。只有这样,才能求得长远的发展。

最后,产权不清晰和法人治理结构不完善的问题制约了中小金融机构的发展。2003年6月国务院下发了《深化农村信用社改革试点方案》,其中为农村信用社改革提供了三种模式:第一种是以县为单位统一法人,组建省联社;第二种是在合并重组的基础上,采取发起方式设立,将农村信用社改组成为农村商业银行,实行一级法人、统一核算的形式;第三种则是在农村信用社基础上改组成立农村合作银行。而实践中,很多合作性农村金融机构变得有名无实,逐渐违背组织上的群众性、管理上的民主性和经营上的灵活性的"三性"原则。信用社社员原有的使用权、收益权等开始受到限制,更谈不上参与经营决策,有些农信社甚至因为社员股金占比下降而彻底取消了社员股,导致所有者缺位。在产权界定不明晰的情况下,农村信用社要想实现自主经营、自负盈亏则成为空谈，进而在有些地方甚至出现由政府掌握农信社经营权和决策权的现象。

除了产权不清晰之外，多数农村信用社的法人治理结构也不够完善，甚至出现内部人控制较为严重的现象。具体表现为"三会"制度（社员代表大会、董事会以及监事会）徒有虚名，社员大会本应成为农信社最高权力机构，却失去应有效力无法发挥选择并任命的作用。激励与约束机制的缺失严重制约了中小金融机构的发展。

2. 民间金融发展受限

民间金融，是相对于正规金融而言，指没有纳入国家金融管理体系但从事资金融通活动的组织。正规金融虽然强大，但其提供的信贷资源毕竟有限，且存在一定的门槛，无形中为民间金融的发展提供了机会。从理论上讲，民间金融应该是正规金融的有力补充。但就中国的情况而言，民间金融因内部的缺陷和外部的制约，至今尚未充分发挥其作用。

首先，民间金融易被混淆于非法金融。人们在意识形态上没能正确地看待民间金融现象，对其多半抱有排斥心理，甚至将其与高利贷、地下钱庄和非法集资活动联系在一起，认为民间金融属于违法行为。事实上，民间金融是一种正常的经济现象，它可以突破空间的限制，通过市场对信贷资源进行有效配置，可以部分解决中小企业资金需求得不到满足的问题，并且建立在真实意愿基础之上的民间金融行为是受《合同法》保护的。

其次，民间金融监管制度不完善。虽然不属于违法行为，但由于民间金融与高利贷和非法筹款有一定的相似性，所以其发展往往由于对后者的严格监管而受到抑制。同时，由于没有专门根据民间金融特点制定的法律，导致其法律地位不明确，管理起来无据可寻。此外，由于民间金融分散于民间进行，没有一个统一的平台对数据进行统计，监管人员无法掌握全面的信息，从而无法进行有效的监督管理。

再次，民间金融发展环境滞后。国家的相关政策间接地抑制了民间金融的发展，如《非法金融机构和非法金融业务活动取缔办法》中明确规定"未经中国人民银行依法批准，任何单位和个人不得擅自设立金融机构或者从事金融业务活动"等。此外，农村征信体系建设的落后，以及网络信息的梗塞，均不利于民间金融的发展。

最后，民间金融易产生法律纠纷。具体来说，我国民间金融组织形式上不够规范，没有专门的机构设置，没有专业的管理人才，一旦出现经营困境或是遇到法律问题，一走了之的情况时常发生，较高的运行风险也随之而来。此外，民间金融更多的是依托亲朋关系、业内关系，有一定的地域限制，因而其规模和范围难以扩大，抗风险能力较低。很多情况下，民间借贷都是在半公开状态下自发进行的，具有盲目性和分散性，且凭口头承诺或出具借据即可达成，缺乏保障机制，不易监管。所有这些均导致吉林省近年来民间金融活动中的法律纠纷时有发生。

3. 股票债券市场融资结构不合理

我国的股票市场和债券市场虽然在总量上很庞大，并且名列世界前茅，但其具体的构成却不尽合理。由于历史的原因，我国股市的融资对象在很长一段时间内都是国有企业，或是由国营改制的企业，或是实力雄厚的大型企业。加之上市条件比较严格，中小企业难以通过股市融资。为了解决这个难题，我国针对中小企业陆续开办中小板和创业板，但规模非常有限。截至 2014 年底，股市总市值为 372546.96 亿元，其中主板市值为 299637.81 亿元，占总市值的 80.43%，中小板市值为 51058.2 亿元，占总市值的 13.71%，创业板市值为 21850.95 亿元，仅占总市值的 5.87%。债券市场结构也存在一定的问题。至 2014 年底，我国国债期末余额 107275 亿元，金融债券期末余额为 125489 亿元，包括企业债和公司债在内的公司信用类债券期末余额为 116214 亿元。虽然公司信用类债券的发行和余额较之前均有所增长，但在总量中也仅占 33.3%，并且其中大部分以国有大中型企业为发行对象。中小企业很难通过债券市场融资。

在这种大环境下，吉林省股票债券市场融资结构现状也并不乐观。2015 年，吉林省证券交易额 51627.74 亿元，虽较前一年有大幅增长，但仅占全国交易总额的 0.65%，其中有 76.85% 为股票交易额。至 2015 年末，拟上市再审企业 6 家，仅占全国再审企业总数的 0.88%，反映出吉林省后备资源相对较少的现状。而"新三板"的情况也不乐观。至 2015 年末，吉林省共有 41 家"新三板"挂牌公司，仅占全国挂牌公司总数的 0.76%。2015 年全年省内 10 家挂牌公司合计融资 3.25 亿元，仅占全国挂牌公司融资总额的 0.26%，所占比重偏低，在全国处于中下游水平。挂牌公司数量与融资情况即使在东北地区也仍处劣势。

4. 农村金融机构职能缺失

首先，作为政策性银行，农业发展银行要贯彻执行国家的农业经济政策，在农业领域从事政策性的融资活动，以促进农业的发展和农民收入的提高。但自农业发展银行成立以来，其资金来源渠道较为狭窄，且资金来源与贷款时限不匹配，影响了其职能的发挥。而且从目前的情况来看，农业发展银行对

第三章　金融支持吉林省新型城镇化的问题及成因

"三农"的服务主要体现在粮油收购和管理上，对城镇化进程中基础设施等建设的支持尚未体现出来。其次，大型商业银行已经大量撤并在农村设置的机构网点，加之商业性金融机构在开展业务过程中存在的逐利性，导致农村金融需求难以得到满足，且收益相对较低的农村融资项目很少被受理。再次，由于立法滞后等原因，非正规金融机构和民间金融机构的处境较为尴尬，社会认同度不高和潜在的巨大风险也致使其发展受到一定的限制。最后，保险公司在农村的发展也落后于城市，无法在新型城镇化建设过程中发挥保险功能。一项针对吉林省农村保险市场的调查显示，由于在农村进行保险营销和管理的成本较高，且开发农村保险市场风险大，加之通信、交通不便等因素，大部分保险公司更愿意将有限的资源投放于城市，即便是涉足农村的几家老牌保险公司，也未进驻到乡镇一级。与此同时，还存在保险险种单一、保险市场专业人才匮乏、保险市场价格过高等问题，严重影响了保险业在吉林省农村地区的推广。

5. 农村金融产品单一

目前，农村金融产品主要针对的是农户种养殖业的信贷需求，对关系到农业现代化的农村第二、第三产业，以及对农户的生活信贷需求、消费信贷需求关注得不够。而且，金融机构在农村地区提供的金融服务种类非常有限，仍然以传统业务为主，而一些在城市常见的理财产品、用于规避风险的期货等衍生产品还没有大量投放到农村。此外，即便是在传统业务中，由于农户无法提供符合要求的抵押品，也只能申请小额贷款，而这并不能满足城镇化进程中日渐增加的资金需求。

6. 新型农村金融机构存缺陷

新型农村金融机构在近些年有了一定的发展，但仍然存在一些缺陷。对于村镇银行而言，由于主发起行在经营管理、监督、执行等方面有绝对的话语权，因而自身的法人独立性不强，导致公司治理弱化。加之信用认可度低，农村信用体系不健全，客观上制造了村镇银行的经营风险。而融资杠杆度低、资金来源受限等问题也阻碍了小额贷款公司的发展。

（三）金融创新困境

通常我们所谓的金融创新主要是指金融机构或者是金融管理者为了获得目前金融体制和金融工具，所无法获得的微观或者宏观方向上的相关利益，对现有的金融体制进行重新修改、变更，构建出全新的金融产品、金融工具或金融制度等一切变更活动。金融创新的本质主要是金融元素的重新组合。

新型城镇化建设是我国城镇经济转型，同时使城乡协调发展的重要举措之一，随着新型城镇化的不断发展深入，其在建设过程当中的农业产业化，基础设施建设等众多城镇化建设项目，需要大量的金融服务，但现存的金融方案并不适合农村金融体系，难以为农村发展提供金融供给。创新变成了推动金融行业发展进行的引擎，因而针对新型城镇化建设中金融创新成了目前炙手可热的研究项目。虽然随着时间的不断增加，新型城镇化建设过程中，我们累积了大量经验，但目前吉林省在金融创新过程当中仍旧存在着一定的困境。

1. 创新不足

首先，新型城镇化建设，主要强调的是城镇化工业化，是现代农业与城市经济发展的协调统一，因此就需要金融机构去创造适合新型工业、现代农业的新产品新服务，去积极推动新型城镇化建设，并且这种金融创新还要广泛地考虑农村人口的接受程度和接受能力，保证金融创新的结果能够得到城镇化建设当中人们的认同，得到推广和使用，不至于使金融创新的结果被搁浅。

其次，新型城镇化建设当中的金融创新不可以盲目地根据金融工具进行随意更改套用，必须根据城镇化建设当中的独有特色来进行金融创新，这就要求创新者深入城镇化建设当中去，全面了解城镇化建设中的金融需求，从而进行金融创新。但是目前吉林省新型城镇化建设中的金融创新力明显不足，导致金融创新成果在建设过程中没有起到根本作用，无法帮助解决目前的新型城镇化建设当中的金融难题。

再次，新型城镇化是一个漫长而复杂的过程，期间会为整体经济和社会带来十分深刻的影响，按照目前我国国情，新型城镇化的建设还将保持着几十年的发展，因而在发展的过程当中，金融需求是不断产生变化的过程，因此就需要持续性金融创新，这不是一蹴而就的事情。

最后，有人建议借鉴发达国家在进行城镇化建设当中所使用的金融体系。虽然已经完成城镇化建设的发达国家金融体系有一定的借鉴意义，但却无法直接引用。第一，由于社会性质的不同，金融体系在各个国家所产生的影响、达到的效果和能够起到的作用都无法确定。第二，随着国家形势的发展，整体情况和发达国家当时城镇化都有极大的不同，因而其金融体系难以应用。

总体来说，目前吉林省新型城镇化建设中最大的问题就是金融创新性不足，从而导致目前城镇化建设过程中，新旧问题不断涌现，金融风险影响较为巨大，城镇化建设举步维艰。

2. 缺乏适合的金融工具

目前的金融工具并不能满足城镇化建设中的所有环节，再加上新型城镇化

第三章　金融支持吉林省新型城镇化的问题及成因

过程中的金融困境较为复杂，因而缺乏适合的金融工具成为阻碍新型城镇化建设的难题。

随着新型城镇化进程的逐步加快，催生了大量的金融服务需求，在城镇推进过程中必然有农村人口向城镇转移，从而带动了农村第二产业和第三产业的发展，使农村金融需求的主体变得多元化不再是曾经单一需求主体。这就需要金融机构创造更多适合于农村金融需求主体的金融工具，根据需求主体的不同，有针对性地进行金融服务。但是由于国情限制，目前在新兴城镇化建设过程中，依旧缺乏有效推进建设进程的金融工具。

从目前我国城镇化建设的历史来看，还没有一个成功案例提供一定的参考，各地区城镇化建设的金融创新都处于摸索阶段，出现的问题难以解决，导致群众对于金融工具产生一定的抵制，拒绝金融工具的使用，从而影响了城镇化建设的进程，更多的是对于新推行的金融工具难以接受，可以说金融工具的不适用造成了一种恶性循环。

总而言之，在目前吉林省城镇化建设的过程中，缺乏适合的金融工具，使得目前巨大的资金缺口和金融需求主体难以得到满足，阻碍了城镇化建设的步伐，因此金融创新还需要落实在地区本身，创造出适合于本地区的金融工具。

3. 金融创新的目标和策略缺乏

我国金融创新者在以往的研究中，往往更倾向于开发满足城市中有投资理财等需求的相对高端的客户，因而在进行金融创新当中无法精准把握农村城镇化的需求。再加上目前农村金融机构相对单一，覆盖率低下，人们对于金融机构的接受程度也各不相同，因而造成金融创新者难以把握创新的金融工具使用情况。因而对于新型城镇化建设中金融需求主体的定位不精准，造成了金融产品难以推行的窘境。

虽然吉林省金融机构都给予金融创新极大的重视，但是由于新型城镇化建设的金融创新缺乏科学的战略规划，创新者并不了解实际情况中"为什么创新"和需要"什么样的金融创新"，很难将金融创新产品和实际建设需求联系到一起，大多是看别人推出什么样的产品就进行融合，开展同类产品，这在新型城镇化建设中弊端较大，并不能为加快建设提供助力。

4. 创新激励政策的落实问题

虽然有很多人充分了解新型城镇化建设中金融需求主体的整体意愿，但是由于金融创新的难度性和专业性较强，导致这类人群无法针对金融创新提出更有利的意见，只能寻求于金融创新者的自我发现。但正是由于金融创新者的工作环境和服务人群，导致其对于新型城镇化建设金融需求主体的了解难以深入或了解时间较长,使得金融创新的结果仍旧不如人意。再加上为了加快推进新型城镇化建设的步伐,很多地方性政府对于金融机构的金融创新予以奖励支持,导致金融机构对于创新者也实行了一定的创新激励机制,进而使众多创新者急于求成,设计出的金融创新产品并不符合新型城镇化建设的要求,继而引发的金融风险也导致新型城镇化建设遭遇更多难题。

5. 金融创新难以实施

随着新型城镇化提出实施到如今,金融创新可以说是举措众多,但是实际上真正落实到建设当中去的寥寥无几。以养老金问题而言,国际标准上,城镇化的标准是农村人口在城镇居住满六个月以上就是城镇人口,逐步扩张城镇范围以达到全面城镇化。根据这样的标准,2014年我国城镇化就可以达到53.7%,但事实上这样的人口在城镇居住,由于我国户籍制度,导致他们无法享受到城镇的优惠待遇,养老金、医疗保障金等都和城镇人口享受的待遇不同,实际上依旧无法算作城镇人口。这就造成了表面城镇化实际依旧有所区别,不但城镇化建设没有得到良好发展,还降低了农村人民的幸福感。

再看我们推出的农村人口城镇买房贷款优惠政策,虽然在理想设计当中,这样的政策可以推进农村人口定居,但是由于我国农耕需求较大,且由于某些地域情况限制,无法进行机械耕种,所以很多农村人口仍旧需要以人工耕种来获取很大部分家庭收入。这就使得由于农村人口收入来源较为单一,因此其家庭收入存款较少,即使在城镇买房贷款有所优惠,但家庭收入仍然不足以支撑。并且由于农村农耕收入受到自然因素影响较大,因此就使得农村人口收入具有极大的不稳定性,因而虽然有农村人口城镇房贷的优惠政策,对于促进新型城镇化建设的推行并没有达到预期效果。

6. 缺乏对金融风险的预判和控制能力

农村居民和城市人口的收入来源不同,很多以农耕为收入的居民,其收入受到环境影响较多,遭遇自然灾害,其对于金融行业的影响也较为巨大。这就导致金融机构和金融创新者对于金融风险存在一定的预判,并且能够通过一定的方式将金融风险控制在金融机构能够接受的范围之内,不至于对金融机构整体造成影响。

但是,目前我国在新型城镇化建设当中的金融机构,并没有一定的风险预判能力和控制能力,虽然目前还没有出现由于环境影响而导致新型城镇化建设中金融机构破产的事件,但是在金融产品的设计中可以看出,金融机构对于这一方面的考虑还是有所欠缺的。

综上所述,可以看出,目前金融创新形式和内容虽然较为繁多,但实际上的效果并不明显,并不能真正达到预期效果,本书提到的也仅仅只是部分情况,不可一概而论,但也可以反映出金融创新目前的困境,金融创新帮助推进新型城镇化建设依旧需要金融创新者的更多努力和各界人员的积极配合。

(四)金融法律困境

1. 相关法律法规的缺失

新型城镇化建设过程中,法律法规的缺失导致了建设进程的难以推进,极大地影响了农村地区新型城镇化建设。因而了解在这一方面的法律法规缺失有助于完善法律法规,尽可能地解决金融法律方面的问题,支持新型城镇化的建设。

(1)准入制度制定和实施问题

由于农村人口的金融需求和金融消费能力要远远小于城市人口,因而很多正规金融机构在农村地区的网点分布极少,再加上正规金融机构的金融创新方向上一直都以城市人口为主,并且由于需要严格遵守我国银行法,导致其金融创新的产品难以在农村人口中实施,这就催生了一系列的非正规金融。

由于我国的非正规金融的准入门槛较低,因而非正规金融在农村地域上反而得到了更大的扩展空间,再加上很多将要进行新型城镇化建设的地区,为了加快建设步伐而放宽了本就不高的非正规金融准入门槛。这就导致一些实际上资质不合格的非正规金融机构大行其道,从而带来一系列负面影响。可以说金融行业准入制度的制定与实施在实际上是不相符合的。

(2)金融监控制度缺失

目前,国家对于金融机构制定了一系列有关监控制度的法律法规,也相应地采取了一定的措施,在一定程度上能够防范金融风险的发生。目前我国金融监控制度的监管职责主要是维护金融业的稳健发展。不可否认,这一监管原则对于整个金融业的发展是非常必要的,但是这样的单一主体并不能全面概括越来越复杂的金融行业。监管制度不可局限于仅仅维持金融行业的稳定。

当然,我国的监管制度也并不是万能的,还存在一些问题,监管不当会导致金融机构的成本上涨,然后导致金融机构的发展受到阻碍。因而金融监管也存在一定的原则性,在原则范围内去实现监管并达到理想的监管结果。此外,金融监管不仅仅存在于金融机构成立之后,在金融机构准入之时就应该开始行使监管职能。提高金融机构的准入门槛可以避免日后出现的很多问题。

在新型城镇化建设当中监管法律制度最大的缺失是法律责任规定的不明确,从目前金融监管的实际情况来看,在城镇化建设当中,很多非银行金融机构都进行投机性的建设，导致金融违法行为有了不断增多的趋势，但是监管机构却没有相应的应对措施。对于金融监管方向上的法律责任界定不够明确，导致职权滥用和金融腐败，尤其在城镇化的农村地域，这样的情况更是屡禁不止。并且在很多农村地方，民风彪悍，金融监管也会遇到一定的阻力，本就行使不到位的监管职能会变得更难实施。

（3）资产法律保护

我国在金融法律上并没有建立资产保障机制，《中华人民共和国中国人民银行法》规定，商业银行破产时，在支付职工的工资和劳动保险费用之后，需要优先支付个人储蓄存款的本金以及利息。但是就实际情况而言，商业银行在破产之后剩余的资产必定是有限的，实际上是很难弥补社会民众的存款缺失。但是毕竟国家整体对于商业银行的追责和管理还相对较为严格，再加上我国对商业银行的破产有资产保护机制，能够相对弥补银行类金融机构破产所带来的负面影响。

但是在新型城镇化建设当中，对于普遍存在的非银行金融机构，国家并没有建立相应的资产保护机制，所以资产安全性要远远低于银行类金融机构，并且由于其建立的准入门槛较低，因而一旦破产，剩余资产相比于商业银行就更是少的可怜，是否足以支付职工工资等还存在问题，就更难提及偿还社会民众的损失，因而造成的恶劣影响要远远高于商业银行破产。商业银行的不同就在于其客户群较为广泛，利益受众群体较多。而非银行金融机构的受众较小，社会影响范围较小。

可以说对于非正规金融，资产保护制度的缺失在一定程度上对于民众金融选择有一定的影响。而且，金融行业变幻莫测，当破产情况频繁出现之后，民众对于金融机构的信任感便会降低。

2. 其他法律问题

（1）法律意识薄弱

新型城镇化建设所涉及的农村人口，由于受教育程度的限制和信息接受的闭塞，导致其思维较为古板和僵化。在法制社会建设相对完备的今天，很多农村百姓对于法律维权依旧有着很强的抵触心理，再加上对于金融机构的了解程度较浅，在一定程度上容易受到其他人的蒙蔽造成一定的损失。

例如在农村信用社刚刚建立之时，很多农村百姓并不理解其和国有银行之间的差别，在不理解担保本质的情况下，被犯罪分子以金钱诱使为他人做担保。可以说这种现象对农村信用社业务的开展产生了非常大的负面影响，农村百姓对于这类金融机构的信任感逐渐降低。再加上认为法律维权是一种丢人的事情，导致很多金融案件不了了之，使犯罪分子逍遥法外。

法律意识的薄弱，使农村百姓目前对于金融机构存有一定的抵触，导致新型城镇化发展出现问题，本来可以帮助建设的金融机构反倒成为建设中的问题。但是由于新型城镇化建设的资金需求较大，政府难以承担，只能依靠金融机构的帮助，可以说法律意识的淡薄不但对于百姓自身利益有所损害，对于国家政策方针的实施也存在一定的影响。因此，民众相关法律意识薄弱的问题也应该纳入新型城镇化建设的法律建设中。

（2）法律援助保障

目前我国对于农村人口的法律援助优惠政策还是比较人性化的，比如免费咨询、低价律师都普遍存在于城镇化建设过程中。但是在实际法律援助的实施过程中仍然存在一定的难度。

第一，是律师驻地问题。在对于有法律需求的农村百姓所在地域，由于处于偏僻地区，律师费用较为低廉，律师行业无法长久生存，因此使得律师普遍存在于二线城市以上，这对于进行法律援助造成一定困难。律师行业本身就是一个时间需求量较大的行业，而金融案件的追责时间又相对较长，再加上案件开庭所属地的偏远，导致律师接手案件花费的时间精力较多，很多律师因此不愿意接受这样的案件。

第二，我国很大一部分金融案件都委托公诉人来解决，但是由于公诉人的工作性质限定，导致其受理的案件要比一般的律师多，众多繁杂的案件压力之下，很多公诉人没有时间对于案件进行整理和分析调查，因此很多案件并没有进入程序，受害人没有得到应有的帮助，在一定程度上，使得类似案件的受害人对法律援助存在一定的质疑。

法律援助是一项利国利民的好政策，但是如果在实施过程中不能尽善尽美，其效果将大打折扣。我国农村百姓心中，律师、庭审是一件神圣而严肃的事情，律师需要长时间与其进行沟通，深度了解百姓心中诉求，最大程度上将法律援助做到最好。

三、吉林省新型城镇化建设中金融支持不足的原因

根据上述对吉林省新型城镇化建设中金融困境的分析不难发现，吉林省在金融支持新型城镇化建设的过程中还存在很多不足之处，导致出现金融支持不足的原因可以归结为以下几个方面。

（一）农村金融市场不健全

1. 金融机构竞争不充分

金融组织结构不合理是农村金融市场效率低下的主要症结所在。吉林省农村地区存在农村信用社"一社独大"的局面，使市场缺乏充分的竞争环境，具体表现如下。

（1）农村信用社支农力度不足

农村信用社是信用合作机构，是由农民入股组成并由入股农民自主管理的一种金融组织形式，主要职责是将农村闲散资金转化为投资，为农业、农民和农村经济的发展提供金融服务。但当前农信社出现了业务"非农化"倾向，资金更多地流向了盈利性较强的部门，而不是分散且数额较小的涉农业务，导致有迫切资金需求的农户和小微企业无法得到贷款支持。

（2）商业性金融机构支农弱化

自1997年开始，几家大型商业银行陆续撤销其在县域及以下地区设置的机构网点，商业性金融机构在吉林省农村市场处于缺失状态。虽然农业银行于2007年重返农村市场，但无论是在机构设置、网点布局还是在服务能力上都很难实现实质性进展。而建设银行、工商银行、中国银行、交通银行等均将城市作为其经营的主要方向。

（3）政策性金融机构支农领域狭窄

在国家现有的三大政策性银行中，唯有农业发展银行是政策性金融机构。虽然农发行吉林省分行近年来在各方面进行了新的探索，但其介入的领域依旧以粮食生产和流通为主，未能改变"粮食银行"的状况。

（4）新型农村金融机构发展受阻

关于新型农村金融机构的界定，一般是指按照《关于调整放宽农村地区银行业金融机构准入政策，更好地支持社会主义新农村建设的意见》等规定设立的村镇银行、贷款公司和资金互助社三类新型农村金融机构。其中，村镇银行是一种具有地缘性质的土生土长的金融组织机构，主要服务于当地农民和中小型企业。小额贷款公司是一种立足于农村金融市场，只在县域内经营的信贷组织形式。与其他非正规金融机构不同的是，其所有业务行为都受到法律的保护，但此类金融机构不得吸收公众存款，不得非法融资。资金互助社也是一种民间金融组织形式，由农民入股形成。与前两者不同的是，资金互助社吸收资金和发放贷款的对象必须是已经入股的社员。这三类新型农村金融机构的特点是：市场准入门槛低、利率灵活机动、放款及时，方式多样，弥补了传统农村金融机构种类单一、数量不足、资金供给能力有限的不足。

截至2014年末，吉林省有法人农村合作金融机构52家（省级联社1家，农村商业银行21家，县级联社29家、农村合作银行1家）。新型农村金融机构45家，其中村镇银行40家、贷款公司1家、农村资金互助社4家。各类金融机构的营业网点总数达到近3000家，从业人员超过3万人。吉林省正在形成商业性金融、政策性金融、合作金融以及保险等机构共同组成的多层次、广覆盖，功能互补、相互协作、适度竞争的农村金融服务体系。但在取得这些可喜成绩的同时，也存在着很多问题。

①社会认可度不高

新型农村金融机构出现的时间较短，对于农村地区的广大农户和企业而言是一种新生事物，其社会认可度远不及已有的大型商业银行和农村信用社。有的民众甚至对其合法性产生质疑，认为身边的农民成为"银行股东"是件靠不住的事情，而在农村居民中又普遍存在受教育程度低、对新鲜事物接受缓慢的情况。因此，吉林省广大农村地区对新型农村金融机构的认可需要经历一个过程。

②吸储能力低

作为银行类金融机构，充足的资金是保证其生存和发展的必要条件。但由于农民对新型金融机构持有怀疑态度，加上农村地区居民收入水平较低、闲置资金较少，直接导致了存款信用不足。曾有学者对此进行抽样调查，结果显示79%的人认为新型农村金融机构没有国家作为后盾，经营风险较大，为确保安全而不愿将钱存入这类金融机构。这其中有35%的民众表示会选择原国有商业银行办理存款业务，25%的民众会选择邮政储蓄银行或农村信用社。另外，有9%的民众出于助其发展的目的愿意选择此类金融机构，10%的民众则出于获得贷款优惠的目的而选择此类金融机构。

③服务能力低下

一方面，新型农村金融机构受到了各方面的经营限制。对于村镇银行而言，银监会的相关意见中明确规定了各方的持股比例，这在一定程度上阻碍了民间资本的介入。如果普通存款业务不能顺利开展，单靠地方政府财政存款的支撑是长久不了的。对于小额贷款公司而言，其资金来源主要是银行注资和股东的资本金，而且它不能向央行申请再贷款。此外，"只存不贷"的原则也导致了小额贷款公司的资金紧张。对于资金互助社而言，其主要限制来源于不得向非社员吸收存款的规定，并且得不到政府对金融机构的优惠政策。

另一方面，机构服务人员的素质有待提高。由于社会认可度不高，这些机构往往无法引进高素质的复合型专业人才，部分员工缺乏专业知识，操作技能较差，加之组织部门对专业培训的重视度不够，这些不利因素都极大地影响了新型农村金融机构的快速发展。

④监管混乱

从监管层面看，三类新型金融机构存在监管主体不同、监管职能划分不清的乱象。以小额贷款公司为例，地方人民银行、区县工商局、地方金融办都有权利对其进行监管，但彼此之间却没有管理职能的明确划分，直接导致了监管无序现象的出现。如果各家监管单位同时进行监管，小额贷款公司将无所适从；反之，如果监管单位互相推诿，小额贷款公司将成为监管空白。此外，监管力量不足、监管链条过长、缺少专门的监管办法等，都是新型农村金融机构监管混乱的表现。

⑤政府扶持性政策缺失

对于新生事物而言，政府的扶持性政策有着举足轻重的作用。而吉林省政府在税收和货币政策等方面，并没有给予新型农村金融机构足够的支持。在2009年财政部出台的《中央财政新型农村金融机构定向费用补贴资金管理暂行办法》中提出，对于相关经营指标达到银监会要求的机构要给予一定的补贴。但这项政策在吉林省却没有得到很好的实施。而且，根据财政部的文件，村镇银行在企业所得税以及营业税等税目的缴纳方面，可以按照农村信用社的标准进行，但实际执行起来却有一定困难。此外，发展较成熟的农信社的营业税都可以减半征收，而小额贷款公司却要求全额征收，这种做法显然有失公平。

（5）辅助金融机构过少

所谓辅助金融机构，是指为金融交易行为提供公开、公平、公正服务的企业，包括各类事务所、资产评估公司、信用担保公司、投资咨询公司、保险评估公司、金融租赁公司、汽车金融公司、消费金融公司等，这些辅助金融机构对金融发展起着重要作用。这些专业金融服务企业的参与可使金融交易效率提高，风险降低，促进金融业的发展速度。目前，吉林省在银监会备案的辅助金融机构有2家财务公司，1家汽车金融有限公司，另有在吉林省工商局注册的金融租赁公司1家、资产评估事务所、信用担保公司、投资咨询公司多家，但尚无保险评估公司和消费金融公司。在已有的这些机构中，多数规模较小且业务能力低下。总的来说，吉林省金融业在这个领域还存在一定的空白，制约金融业对经济增长的支持作用的发挥。

2. 金融市场政策性壁垒较高

金融机构以货币为载体提供服务和产品，经营的特殊性直接影响着经济、社会的安全稳定。因此，国家及相关监管部门从未放松对金融机构的监管，尤其在经济金融欠发达的农村地区，严格实行审批制和许可制，有的甚至需要国务院的批准，对机构和人员的设置以及准入资格和申请资料等都提出了较高的要求。这虽然确保了金融机构的平稳运行，但也抑制了金融市场效率的提升，促进了金融市场的垄断。

表3.9　　　　　　　　农村中小金融机构设立条件

项目	农村商业银行	农村合作银行	村镇银行
注册资本	不低于5000万元人民币	不低于2000万元人民币	县（市）不低于300万元人民币；乡（镇）不低于100万元人民币
资本充足率	达到8%	核心资本充足率达到4%	不低于8%
从业人员	有具备任职所需的专业知识和业务工作经验的高级管理人员	有具备任职所需的专业知识和业务工作经验的高级管理人员	有具备任职所需的专业知识和业务工作经验的高级管理人员
分支机构设置	拨付各分支机构营运资金总额不得超过农村商业银行资本总额的60%	拨付各分支机构营运资金总额不得超过农村商业银行资本总额的60%	不受拨付营运资金额度及比例的限制

从表3.9中不难看出，国家对农村金融市场设置的准入条件还是比较严格的。虽然后期国家降低了发起行的持股比例以鼓励民间资本进入新型农村金融机构，但仍然存在一些相对苛刻的条件。

除了市场准入条件苛刻之外，国家对于金融机构的退出也保持着审慎的态度。一方面，金融机构倒闭所带来的社会动荡、民众恐慌等负外部性会直接增加政府承担的社会成本；另一方面，介于农村金融在农村经济发展中的重要作用，对于本就缺乏有效金融服务的农村地区，任何一家机构的退出都会带来极大的负面影响，而且相关研究也证实了机构的撤并会造成农村金融的空缺。因而，目前对于农村金融机构而言，其退出市场的政策性壁垒较高，这导致了许多低效运行的机构长期滞留市场，直接造成资源的损失和浪费。

3. 利率市场化水平较低

按照凯恩斯的货币理论，当实行扩张的货币政策时，人们手中持有的现金量随货币供给的增加而增加，当现金持有量超出其愿意持有的数量时，人们便会选择购买债券，从而使债券需求量增加债券价格上涨，同时导致利率的下降。利率下降诱发投资需求进而导致总需求的增加、国民收入的增加。因而，利率市场化的意义便在于促进利率随货币供给的变化而变化，进而影响投资需求、社会总需求以及国民收入，并且国民收入的变化可以反作用于总需求及利率，形成一个循环往复的连锁反应。

在吉林省农村金融市场，管制的存在限制了利率传导机制作用的发挥，扭曲了利率的变化。首先，只有弹性利率才能适应贷款目的和还款能力不同的农户，以及风险级别不同的乡镇企业，而实际执行起来又往往缺乏利率弹性。其次，结息方式单一致使农户和中小企业无法依据自身需求灵活地进行资金调配，严重限制了农村市场的贷款需求。

（二）金融产品创新不足

伴随着经济的发展，吉林省金融创新与发展取得了一定的成效。在银监会先后制定了一系列针对农村金融的指导性文件后，吉林省银行业积极响应号召开展支农惠农活动。2010年，吉林省首创直补资金担保贷款，以农户粮食直补和农资综合直补资金为质押，吉林省农村信用社创设了"直补保"贷款，农业银行吉林省分行创设了"粮农宝"贷款，建设银行和邮储银行吉林省分行也先后开展了粮食直补资金担保贷款业务。此外，吉林省还在全省推广林权、大型农业机械、农村住房及宅基地抵押贷款，扩大了农户贷款担保范围，有效缓解了非信用户、种养大户、农村小商户的贷款难问题。在证券业，证券公司经营的业务种类也在悄然发生变化。以东北证券为例，其开展的业务除了传统的证券经纪业务、证券承销与保荐业务、证券自营业务、证券资产管理业务外，还出现了证券投资咨询（含财务顾问）业务、代办股份转让和报价转让业务、介绍经纪商业务、直投业务、融资融券业务等新型业务。此外，吉林省还积极参与场外股权交易市场建设。尽管如此，吉林省金融行业仍然存在创新不足的问题。

1. 商业银行表外业务发展缓慢

对于商业银行而言，存贷利差是主要的收入来源。但在近年来实际负利率长期存在，且资本监管日趋严格的情况下，银行需要开拓其他的业务领域以保证经营收入。在这样的背景下，商业银行开始发展理财产品等表外业务。表外业务的快速发展一方面解决了商业银行自身的经营问题，另一方面也增加了对地方资金的供给。

相比于发达省份，吉林省银行业的创新脚步比较缓慢。一方面，吉林省金融行业的创新大都只停留在基础产品的流程上，而对衍生产品的创新还处于刚刚起步的阶段，并缺乏对融资租赁等先进方式的有效运用。另一方面，金融机构开发的产品中自主创新的成分很少，而相互模仿的成分较多，导致市场上充斥着某类同质产品，但在其他需求领域却难以形成有效供给。目前，吉林省银行业所运用的金融工具多为传统的存款、贷款、信用凭证等，而保函、银行承兑汇票等金融工具则占比较少。

2. 贷款抵押形式单一

一般情况下，金融机构在发放贷款时要求提供的抵押品主要是土地、房屋等不动产，而针对林权和农机做抵押的创新贷款在实践中很难实现。具体表现为：首先，办理"四权"抵押贷款业务，涉及很多环节，主要有抵押登记、抵押物评估、抵押公证等，但要素市场机制的不健全导致实践中缺少对业务拓展的扶助。其次，根据现行《土地承包法》《物权法》《担保法》等法律法规，宅基地不能作为抵押物，土地承包经营权抵押只局限于通过招标、拍卖、公开协商方式取得。全程农机化示范区农机具5年内不允许转让、变卖，享受一般补贴的农机具2年内不允许转让、变卖。因此，贷款抵押形式在理念上有很多创新，但在法律上抵押担保方式缺少必要的支持，导致法律风险普遍存在于处置土地承包经营权、农民住房和宅基地等抵押物的过程中。最后，涉农抵押品有很多不同于普通抵押品的特征，普遍存在价格波动性大、流动性快、保质期短、监管难度大等问题，无形中增加了贷后抵押品管理的难度。

此外，农户和农村小微企业的贷款需求比较分散且所需额度较小，很难在抵押品的问题上满足金融机构提出的要求。而金融机构又不能有针对性地推出有效的贷款发放形式，因而也抑制了农村地区的贷款需求。

3. 农村金融产品匮乏

吉林省农村金融在多年的发展中取得了一定的成绩，但受到经济条件等客观因素的影响，很多金融服务如信息咨询、票据融资、个人理财等在农村地区还没有很好地推广开来。在2013年银监会召开的一次关于农村中小金融机构监管的会议上，相关人士指出，部分农村金融机构严重偏离"支农支小"的政策定位，涉农贷款和小微企业贷款占比较低。

目前，农村地区贷款需求出现了明显的多元化、大额化的趋势。但除传统种植业贷款需求基本得到满足外，农村养殖业大户、农民专业合作社、涉农小企业和产业化龙头企业贷款需求满足率偏低。吉林省农业生产仍以农户家庭经营为主，经营规模小，经济状况有限，有效抵押资产仍然不足，现有的金融产品尚不能充分满足农户扩大生产规模、农村产业结构调整和农业产业化的需求。

同时，农村企业和农民的金融意识淡薄，没有开通网上银行、没有办理过自助业务、甚至没有银行卡的客户不占少数。

(三) 资本市场结构不完善

资本市场在现代经济发展进程中的重要作用是毋庸置疑的,其在资源配置、风险管理、价格预测等方面所发挥的功能至关重要。资本市场的健全和强大象征了一个国家或地区的发达,也衡量了其经济的成熟度,为国民经济的健康发展提供了有力的金融支持。

1. 吉林省资本市场发展现状

在全国资本市场迅猛发展的同时,吉林省资本市场的建设也取得了一些成绩。截至2014年,吉林省在国内上市的公司已达40家,其中沪市18家,深市22家。上市公司分布在制造业、房地产业、水电煤气业、信息技术业、批发零售业、金融业、交通运输业及公共设施管理业。A股上市公司总股本284.70亿股,总市值达3489.07亿元。2014年全年境内直接融资额达128.77亿元,其中可转债17亿元,公司债10亿元,中小企业私募债3亿元。目前,总部设在省内的证券公司有2家,总部设在省内的期货公司有2家。

2. 吉林省资本市场发展存在的问题

虽然吉林省资本市场在多年的建设中取得了一定的成绩,推动了地方经济的发展,但整体来看还存在很多问题。

首先,资本市场整体规模偏小。2015年在各省上市公司排名中,吉林省虽已有40家上市公司,但仅占全国上市公司总量的1.4%,排名第19位;上市公司境内总市值仅占总量的0.9%,排名第22位;资产证券化率34.67%,而全国资产证券化率为78.58%。这些数据表明,吉林省资本市场的规模在全国排在靠后的位置,其资产证券化率也不及全国总水平的一半。偏小的规模势必会制约资本市场功能的发挥,其对经济的促进作用也受到客观的限制。

其次,资本市场结构不合理。根据表3.10中的数据可知,吉林省社会融资主要依赖的是金融机构贷款,即间接融资为主直接融资为辅。在直接融资方式下,债券筹资额明显高于股票筹资额。

表 3.10　　　　吉林省各类渠道融资规模　　　　单位:亿元

年份	当年国内股票(A股)筹资	当年国内债券筹资	当年新增本外币贷款
2011	18.6	126.7	961.3
2012	59.6	92.6	1029.6
2013	50.1	135.7	1534.7
2014	99	99	1890.1

最后,资本市场发展不平衡。从地域分布上看,在40家上市公司中,有

20家是长春市的企业,剩余20家公司分布于吉林市、通化市、辽源市和延边州,而其他地区则没有上市公司。在吉林省内的119家证券营业部中,有56家设置于长春市,20家设置于吉林市,剩余43家分布于通化等7个市。从行业分布来看,有27家上市公司集中于制造业,其余13家则分布在房地产等7个行业。

(四) 金融生态环境质量不高

金融生态环境一词最早是由人民银行行长周小川提出的,它形象地模仿了自然生态系统的概念,具体指的是在一定的社会政治、经济、文化、法律等基础上形成的金融生存的外部环境和基础条件的总和。正如自然生态环境对生物的繁衍生息起着至关重要的作用一样,金融生态环境也深刻地影响着金融业的发展和变革。它是一个复杂庞大的系统,包含多方面不同的环境因素,具体有经济环境、法制环境、信用环境、政府服务环境等。

吉林省金融生态环境的质量在近些年有了稳步的提升,但在信用体系建设、法制建设、金融机构发育程度等方面仍存在一些问题,形成了新型城镇化建设进程中的障碍。

1. 经济金融环境现状

经济环境是金融生态环境的核心要素,经济的发展程度决定了金融业的发展结构、规模和质量。以经济总量衡量,吉林省GDP一直呈上升趋势,2015年总产值达14274.11亿元,全省人均产值为51851.55元,高于全国平均水平的49228.73元。但从全国各省份排名的位次上看,吉林省近些年一直处于第21、第22的位置,发展水平比较落后。此外,产业结构和发展状况也可以反映经济发展程度。

表3.11　　　　吉林省2005—2014年三次产业产值　　　　单位:亿元

年份	第一产业	第二产业	第三产业
2014	1524.56	7287.26	4991.99
2013	1509.34	6858.23	4613.89
2012	1412.11	6374.45	4151.26
2011	1277.4	5601.2	3652.11
2010	1050.15	4417.39	3109.52
2009	980.5	3491.96	2730.72
2008	916.7	3064.63	2442.73
2007	813.48	2389.87	2022.73
2006	686	1886.59	1676.64
2005	607	1605.13	1402.79

表 3.11 中的数据表明，纵向来看，吉林省三次产业的产值在近十年始终保持着良好的上升态势。在 2014 年，第一产业的产值达到了 1524.56 亿元，是 2005 年的 2.5 倍，第二产业的产值达到了 7287.26 亿元，是 2005 年的 4.5 倍，第三产业的产值达到了 4991.99 亿元，是 2005 年的 3.6 倍。而通过横向比较不难发现，三次产业之间的发展并不均衡。发展较快的是第二产业，而第一产业发展较为缓慢。

表 3.12　　　　　　　　　吉林省金融资源指标

年份	金融深化指标	金融开放度
2005	2.1	0.026
2006	2.066	0.031
2007	1.821	0.033
2008	1.743	0.033
2009	1.999	0.033
2010	1.94	0.033
2011	1.798	0.0302
2012	1.831	0.031
2013	1.969	0.032
2014	2.117	0.034

表 3.12 中给出了吉林省近十年来的金融资源指标。其中，金融深化指标为吉林省银行存贷款总额与地区生产总值的比值，金融开放度是吉林省实际利用外资额与地区生产总值的比值。这两项指标能同时反映出地区金融业的发达程度。从表中数据可知，吉林省十年来在金融深化程度方面没有取得进展，并且在 2006—2011 年还呈现了一定的恶化趋势。金融开放程度在 2005—2007 年缓慢上升，2007—2010 年则保持稳定，之后有下降迹象，但从 2012 年开始稳步回升。总体来看，吉林省金融发展情况不容乐观。

2. 法制环境现状

法律存在的意义在于监管和约束，而不仅仅是惩罚。法律环境的优劣直接影响经济建设的顺利开展和金融业的正常运行。从案件总量来看，2014 年，吉林省法院共受理各类案件 315499 件，审执结 274408 件，比上年分别增长 6.5% 和 7.1%，其中审结刑事案件 21080 件，民商事案件 168965 件，行政案件 2652 件，执行案件 56236 件，减刑假释、申诉复查、国家赔偿等其他案件 25475 件，结案率也逐年上升。但这并不能改变吉林省农村金融法制环境建设相对滞后的事实。虽然银监会颁布了《村镇银行管理暂行规定》等针对新型农村金融机构的法律规定,但农村居民缺乏金融知识和法律常识是不争的事实,因而实践中难免会出现有法不依、知法违法、执法不严的现象。这些都影响了农村地区金融业务的开展,制约了金融生态环境的建设。

3. 信用环境现状

信用是金融业的灵魂,没有良好的信用环境,金融业务无法开展,金融生态环境也将持续恶化。统计数据显示,吉林省的不良贷款率处于较高水平。2015年各家银行公布的年报显示,吉林省不良贷款率达到3.68%,在已公布数据的各省份中是最高的。表3.13中数据显示,近年来信用环境有所改善,金融信用信息数据库收录的数据越来越全面。但这些只是停留在形式上,无法满足日益增长的金融需要。农村中小企业信用意识淡薄,拖欠金融机构贷款的情况较为常见。虽然民间借贷在一定程度上解决了金融供给不足的问题,但由于缺乏必要的担保和抵押品,其中蕴含的风险也是不容忽视的。

表3.13 　　　　吉林省金融信用信息数据库建设和使用情况

年份	收录企业信息	收录自然人信息	金融机构查询次数
2011	14万户	1655万人	298万次
2012	14.8万户	1696万人	314万次
2013	15.6万户	1743万人	280余万次
2014	16.4万户	1783万人	300余万次

目前,吉林省农村信用环境建设基础依然较差,突出地表现为农户信用意识比较淡薄,部分农户依然抱有小农思想,没有意识到逃废债务、合同违约等问题的严重性,商品交易主体之间失信现象较多,严重影响了贷款合同履行及贷款清收工作的正常进行。同时,部分农户对涉及自身隐私的指标较为敏感,不愿填报或少填报,直接导致涉及信用、工商、保险等信息难以获得。此外,农户搬迁和外出打工造成流动人口的日益增多,也给农户贷款调查和信息的更新造成较大阻碍。

总体来讲,缺乏完善的信用担保体系是造成吉林省农村信用建设不力的主因,具体体现为:缺乏失信惩戒和守信奖励机制,无法保护农户和中小企业讲求信用的积极性;征信建设滞后,对分散产生的信用信息无法做到动态追踪和全面采集;信用评级未成体系,评级机构单一,评级标准不规范,评级人才缺乏;担保制度不完善,政策性担保公司数量少、担保资金不足,无法满足农村产业结构调整、升级的担保需求,并且突出地表现在土地收益保证贷款业务中。

4. 政府服务现状

良好的政府服务环境是经济和社会快速发展的坚实基础。而政府服务的质量在一定程度上可以通过固定资产投资及在各项公共事业上的财政投入情况来反映。

表3.14　　　　　　　　　　吉林省投资情况　　　　　　　　单位：亿元

年份	社会固定资产投资	第一产业投资	第二产业投资	第三产业投资
2011	7441.7	131	3489.6	2660
2012	9711.4	152	4550.5	3527.2
2013	9880	246.4	5446.9	4186.8
2014	11254.8	356.5	6318.4	4706

表3.14中的数据显示，近年来吉林省全社会固定资产投资以及各产业的投资均呈上升趋势，反映出政府提供服务的数量有一定的提高。

表3.15　　吉林省2012—2014年各项财政支出占总支出的比重

年份	一般公共服务	公共安全	教育	科学技术	文化体育与传媒	社会保障和就业	医疗卫生	农林水事务
2012	10.10%	5.49%	18.25%	1.01%	1.92%	12.30%	6.49%	11.79%
2013	9.74%	5.38%	15.38%	1.36%	2.06%	13.12%	6.61%	11.59%
2014	8.46%	5.00%	12.95%	1.98%	2.99%	6.49%	3.51%	12.93%

表3.15中的数据反映了2012—2014年吉林省各项财政支出占总支出比重的变化。其中，农林水事务的支出维持在12%左右。与其他各项相比，农业支出占比属于较高的一项。但其中用于粮食生产和流通储备的支出较多，而用于农业科技和农业教育的支出则较少。这种情况自然可以提高农民生产的积极性，并刺激粮食产量的提高，但对于提升农业生产的科技含量、实现农业生产现代化以及新型城镇化建设，都无法产生积极的推动作用。

从以上四个方面的情况来看，吉林省金融生态环境的质量并不乐观，从而也在新型城镇化建设的进程中形成了一定的阻力。

（五）竞争主体对农村城镇化认识不足，金融服务缺失

新型城镇化建设绝对不是片面地追求城市规模和空间的扩张，而是重点提升城市文化和公共服务质量，关键是完成农民到市民的转变，即突出"人的城镇化"而非单纯的"物的城镇化"。人本理念的引入可以让我们更深入地认识城镇化，也可以更全面地处理金融对城镇化进程的支持。首先，农民工在自

主创业、购买自住产权房等方面需要融资帮扶，接受农民工子女入学的民办学校需要政府给予经费补贴；其次，对于来自农村的高校毕业生，一方面要放宽其在大中城市落户的条件，另一方面为提高其就业水平要提供多元化的资金支持；再次，对于农业种植、研发人才，要提高其工资水平和福利待遇；最后，对于转换身份后的新市民，还要增加其在学历、文化素质提升等方面的资金投入。但目前，吉林省金融业在城镇化进程中更多的是对基础设施等硬件建设的支持，而对涉及人的软件建设所提供的服务却比较少。

（六）农村金融排斥现象明显

1. 金融排斥概述

金融排斥这个概念最初出现在20世纪90年代中期，也可译作金融排除。根据国外学者给出的定义，所谓金融排斥指的是直接或间接排斥一部分人获得金融服务的状态。这种现象是由于获得金融服务的通道、条件、价格和市场营销方面的问题或自身负面的金融服务经历和看法而产生的，尤其是当遭受诸如失业、技能差、低收入、住房差、高犯罪环境、身体不健康、贫穷和家庭分离等相互关联问题的组合时就发生金融排斥。国内学者在分析我国的金融排斥现象时，将其界定为多维动态的复合概念，包括地理排斥、评估排斥等六个方面。

2. 吉林省农村金融排斥现状

（1）地理排斥

地理排斥是指基于金融机构地理分布的客观条件，导致客户无法就近获得金融服务。因此，地理排斥的情况与金融机构网点的分布密度有着直接的关系。银监会公布的《中国银行业农村金融机构服务分布图集》显示，吉林省2011年末（由于银监会后期不再编制该图集，所以无法获取最新数据），农村地区银行业金融机构网点的总量为2604个，占全省机构网点总量的58%。从平均水平来看，每个乡镇银行业金融机构网点数量为7.94个，每1.99个行政村才分布1个。县及县以下平均每万人拥有银行业金融机构网点1.27个，拥有银行业金融服务人员18.46个。

表3.16　　吉林省银行业金融机构网点数量情况

机构类别	2011年	2012年	2013年	2014年
大型商业银行	1499	1555	1578	1592
国家开发银行和政策性银行	49	60	60	61
股份制商业银行	36	61	83	121

续表

机构类别	2011 年	2012 年	2013 年	2014 年
城市商业银行	340	352	357	362
农村合作机构	1553	1556	1560	1574
财务公司	0	0	1	1
邮政储蓄	1056	1076	1088	1087
外资银行	0	0	1	2
新型农村金融机构	0	28	0	87
合计	4533	4688	4728	4887

（2）评估排斥

评估排斥是指金融机构出于稳健经营和降低风险的目的而设计出完善的评估体系，只有通过评估的客户才有资格享受到金融服务，反之则被排斥在金融服务之外，实际上相当于设置了准入限制。而农业属于弱质产业，面临的自然风险较高，生产周期较长且不稳定。同时，由于农户缺乏合格的抵押品以及信息不对称等客观情况增加了金融机构的放贷风险。因此，农户在申请信贷的过程中往往要经过比较严格的筛选，从而导致一些农户被排斥在信贷服务之外。根据银监会公布的数据，吉林省 2011 年末银行业金融机构的贷款支持农户数为 2853839 户，占农户总数的 56%。

（3）条件排斥

条件排斥是指金融机构在提供金融服务时，附加了一定的条件，客户由于无法满足这些不尽合理的条件而不能获得相应的产品和服务。农村金融机构在提供信贷服务时，除了要求农户提供抵押品之外，往往还要求有担保人以及收入证明，并且还对贷款用途、还款时间和方式等提出一些要求。这些要求对于金融机构而言是必要的也是合理的，但是对于农户而言，由于农业生产包含诸多不稳定因素，加之农村征信体系的不健全，很难满足这些要求，也自然被排斥在金融服务之外。

（4）价格排斥

价格排斥就是金融服务的价格水平超过了客户的承受能力，导致其被排斥在金融服务之外。出于对农业发展的支持和对农民生产积极性的保护，世界上很多国家都实行农业补贴政策，以降低农户的生产成本。我国也不例外，每年都有大量的财政支出用于农业补贴。但对于农民而言，到手的种粮补贴多半被高企的投入品价格所吞噬，经营效益并没有明显提高。另一方面，对于活跃在农村金融市场的主力农村信用社而言，为了追求经济效益，往往会在政策允许的情况下上浮贷款利率,从而增加了农户的借款成本,降低了农户获得信贷资金的可能性。

(5) 营销排斥

营销排斥是指金融机构在根据自身的经营目标而设计的营销方案中,将某一类人群作为营销的对象,同时也就自然将其他人群排斥在外。在农村金融市场上的表现就是农户被划定在金融机构的营销范围之外。以村镇银行为例,作为典型的新型农村金融机构,其贷款流向主要是乡镇企业而非广大农户,这就是典型的营销排斥。

(6) 自我排斥

自我排斥是指客户由于自身经历和心理因素,而不愿接近金融机构,自然被排除在金融服务之外。吉林省农村地区受教育程度普遍较低,传统观念根深蒂固,一些偏远地区比较闭塞,加之金融知识宣传不到位,许多农户自然无法获取金融服务,或者根本不知道存在利用金融服务解决困难的机会,从而主动放弃申请的尝试,把自身排斥在金融服务之外。

从以上六个维度来看,吉林省农村地区的金融排斥现象还是比较明显的,从而在新型城镇化建设进程中形成了障碍。

第四章 吉林省城镇化与金融发展的相关性研究

中国的城镇化是21世纪人类社会发展的两大有深刻影响的事件之一,"城镇化"这一词语最早出现于1867年,时至今日,该词不再仅仅表示人口转移的含义,而已演变为一个概括经济、社会和文化等诸多方面动态变化的过程。城镇化发展可以促进经济增长,降低经济发展对出口的依赖,可以优化产业结构,有利于城乡经济统筹发展,创造新农村建设的条件等。因此城镇化发展已成为解决"三农"问题、消除城乡差异的重要途径。

与此同时,作为现代经济核心的金融业在优化资源配置、促进城镇化发展中起到了举足轻重的作用,因此全方位地分析、研究区域金融竞争力,对正确认识和评价城市金融发展目标、合理构造金融发展布局、加快城市金融化进程、推进区域城镇化发展具有重要意义。

本章将全面分析和评价吉林省城镇化和金融竞争力发展水平,研究两者之间的互动关系,以期为金融支持城镇化发展提供决策依据。

一、数据来源及模型构建

大量研究结果显示,区域金融对城镇化具有正向效应,在推动城镇化过程中的作用主要体现在三个方面:支持城镇经济发展、支持城镇建设、支持农村居民城镇化。对中国和吉林省而言,城镇化过程中伴随着金融水平的不断提高,考察城镇化水平和金融发展水平互动特征,首先需要构建衡量两者状态的指标体系,以反映其发展水平。

(一)指标构建

1. 城镇化水平(CI)

城镇化水平是区域经济发展程度的重要标志,反映城镇化达到的水平,目前学术界关于城镇化的含义基本认为包含三种意思：城镇人口所占的比重、城市人口和用地面积、集聚程度达到称为"城镇"的居民点的数目。处于数据的可获取性考虑，本书选择第一层含义，用城镇人口占总人口的比重来反映城镇化水平。具体定义如下：

$$城镇化水平\ CI = 城镇人口/总人口$$

2. 金融发展水平（FD）

对金融发展水平的理解往往带有极大的主观性，不同的研究者给金融发展的定义以及构建的指标体系也不甚相同。本研究中金融发展水平，是从金融融通资金的角度对该区域金融资源配置能力的考量，是对资源的吸引力和对资源的转化能力的研究。因此，在构建金融发展模型时，也着重考虑选择能够代表本经济区对金融资源的吸引能力及转化力的指标。对金融资源的吸引能力，主要包括吉林省金融生态环境对金融资源的吸引能力以及吉林省金融市场规模对金融资产的容纳能力；而对金融资源的转化能力主要反映在经济区内金融市场的配置效率上。

基于以上构建思路，本研究从金融生态、金融规模以及金融效率三个方面来衡量金融的发展状况和金融资产的配置能力，构建的金融发展水平模型如图4.1所示。金融生态竞争力主要体现在该区域的经济实力和区域开放程度上；金融规模竞争力主要体现在银行业、证券业和保险业的规模上；金融效率竞争力则从宏观和微观两个方面来衡量。其中金融生态竞争力、金融规模竞争力和

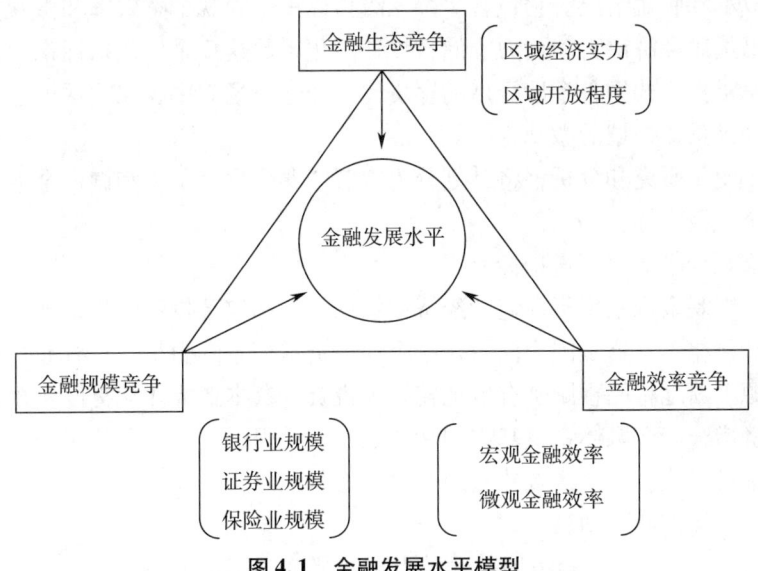

图4.1 金融发展水平模型

金融效率竞争力为金融发展的二级指标。

（1）金融生态竞争力（FE）

金融生态竞争力用以考察一个区域内部金融生态环境的情况，分析整个经济环境对金融产出能力的影响。它包含2个三级指标——区域经济实力和区域开发程度。本研究选用各个地级市的GDP总量、人均GDP、财政收入、社会固定资产投资、人均固定资产投资、城镇人均可支配收入、农村人均纯收入等这些总量和均值指标来合成区域经济实力指标；与此同时，选用各个地级市的实际利用外资额、进出口总额这2个四级指标来衡量该地域与外界经济的开发程度，即区域开发程度指标。

（2）金融规模竞争力（FS）

金融规模竞争力用以考察一个区域内部金融市场的规模情况，分析金融市场对金融资产的容纳能力。它包含3个三级指标——银行业规模、保险业规模和证券业规模。本书选用金融系统存款余额、金融系统贷款余额和城乡居民储蓄余额等总量指标来代表并合成银行业规模竞争力指标；选用各个地级市的保险公司保费收入和保险赔付额这2个四级指标来衡量该地域的保险市场发展的状况；选用当年国内股票（A股）筹资额和年末国内上市公司数这2个四级指标来分析该地区的证券业的发展情况及其企业的上市情况。

（3）金融效率竞争力（FR）

金融效率竞争力用来考察一个区域内部金融运行的效率，分析整个金融运行中的成本和收益情况。它包含2个三级指标——宏观金融效率和微观金融效率。本书选用经济储蓄动员力、储蓄投资转化系数这2个比例指标来合成宏观金融效率指标；选用各个地级市的存贷比、证券市场效率、保险深度这3个四级指标来衡量该地域的微观金融效率。

为了便于研究和分析，将其划分为宏观金融效率竞争力和微观金融效率竞争力两个三级指标。

①宏观金融效率衡量指标

衡量宏观金融效率指标包括经济储蓄动员力和储蓄投资转化系数。两个指标均与储蓄相关，这是因为储蓄是一个地区资本积累的源泉。只有通过适当的渠道源源不断地将储蓄顺利有效地转化为投资，资本形成才能得以实现，进而促进经济增长。金融体系最基本的功能之一就是促进这一过程的实现。因此这两个指标可以代表一个区域的宏观金融效率状况。

其一，经济储蓄动员力。

$$经济储蓄动员力 = 储蓄总额/GDP$$

第四章 吉林省城镇化与金融发展的相关性研究

储蓄总额代表着金融资源的规模；用储蓄总额除以GDP所得的经济储蓄动员率就代表了区域经济对区域内货币资源的动员力。储蓄总额占区域GDP的比重越高，经济储蓄动员力越大，则宏观金融效率越高；反之，则宏观金融效率越低。

其二，储蓄投资转化率。

$$储蓄投资转化率 = 储蓄总额/资本形成总额$$

储蓄投资转化率表示多少单位的储蓄能够贡献出单位资本。该指标反映了储蓄总额对资本增长的拉动效应，也反映了金融体系动员国内储蓄的能力，体现了金融体系资源配置的效率。储蓄投资转化率越小，单位投资所需要动用的储蓄资源越少，储蓄资源的使用效率越高，则宏观金融效率越高；反之，则宏观金融效率越低。

②微观金融效率衡量指标

微观金融效率主要指市场微观主体即金融机构的经营效率。考虑到数据的可得性以及技术处理的方便，本书分行业衡量微观金融效率，共使用3个四级指标：银行业的效率使用存贷比来衡量；证券业的效率使用上市公司流通A股总市值占GDP的比率来衡量；保险业的效率使用保险深度来衡量。下面详细介绍3个指标与3个行业金融效率的关系。

其一，银行业经营效率。

该指标用存贷比指标反映，存贷比 = 贷款额/存款额

之所以从存款余额占GDP比重、贷款余额占GDP的比重以及存贷比3个指标中，选择了存贷比指标代表银行业的金融效率，是因为较前两个指标而言，存贷比指标综合性更好。存贷比表示一单位存款中有多少比例转化为贷款，不仅涵盖了银行的两大主营业务，而且反映了银行业通过实现中介功能来满足用户贷款需求的能力。从银行盈利的角度讲，存贷比越高越好。贷款是银行的资产业务，能带来利息收入。较高的存贷比意味着用较少的存款发放较高的贷款，银行的盈利能力就较高。但从银行抵抗风险的角度讲，存贷比例不宜过高。为了应付广大客户日常现金支取和日常结算，银行需要留有一定的库存现金存款准备金。如存贷比过高，该部分资金不足，就会导致银行的支付危机，也会损害存款人的利益。所以央行常常就银行存贷比做出规定。目前规定商业银行最高的存贷比例为75%。因此，在银行业监管红线内，存贷比越高，银行业的经营效率越高，进而银行业的微观金融效率越高；反之，则银行业的微观金融效率越低。

其二，证券市场融资效率。

证券市场融资效率＝当年股票（A股）筹资额/GDP

证券市场配置资源功能的发挥，主要取决于市场的融资效率。上市公司流通A股总市值代表了某地区上市公司在证券市场上的融资规模。上市公司流通A股筹资额除以GDP所得的比值就代表了区域经济对证券市场资金资源的动员力，即证券市场融资效率，该比重越高，证券市场融资效率越高，进而其微观金融效率越高；反之，则其微观金融效率越低。

其三，保险公司经营效率。

该指标用保险深度来反映，保险深度＝保费收入/GDP

保险深度反映了一个地区保险业在整个国民经济中的地位。该指标的大小取决于区域经济总体发展水平和区域保险业的发展速度。保险业发展的速度越快，保费收入越高，则保险深度越大，从而保险业效率越高；保险业发展速度越慢，保费收入增加缓慢，则保险深度越小，从而保险业效率越低。

综上所述，衡量吉林省金融发展水平的评估指标体系可总结如表4.1所示。

表4.1　　　　　吉林省金融发展水平评估指标体系

一级	二级	三级	四级
吉林省金融发展水平指标体系	金融生态（FE）	区域经济实力	GDP、人均GDP、财政收入、社会固定资产投资、人均固定资产投资、城镇人均可支配收入、农村人均纯收入
		区域开放程度	实际利用外资额、进出口总额
	金融综合竞争力（FD） 金融规模（FS）	银行业规模	金融机构存款余额、金融机构贷款余额、城乡居民储蓄余额
		保险业规模	保险公司保费收入、保险赔付额
		证券业规模	国内股票（A股）筹资额、本地区年末国内上市公司数
	金融效率（FR）	宏观金融效率	经济储蓄动员力、储蓄投资转化系数
		微观金融效率	存贷比、证券市场效率、保险深度

（二）数据来源及处理

研究中反映吉林省城镇化水平及金融发展水平的指标数据来源于历年《吉林省统计年鉴》、国家统计局网站、《吉林省国民经济和社会发展统计公报》以及《吉林省金融运行报告》，样本时间为2000—2014年。

在进行分析之前，为消除数据量纲差异以及数据自身的变异影响，均经过了标准化处理，使各指标值都处于同一个数量级别上。

（三）研究方法及研究思路

为较为全面地综合反映吉林省历年城镇化、金融发展水平及变化趋势，本研究将立足于吉林省实际，首先对吉林省城镇化及金融发展的现状进行描述性研究；接下来借助因子分析方法，分别从金融生态竞争力、金融规模竞争力和金融效率竞争力三个方面对吉林省历年金融发展水平进行度量，最后利用回归分析探寻城镇化与金融发展之间的动态关系。

在度量金融发展水平时，之所以采用因子分析方法，是因为考虑到表征这三方面水平的指标体系中包含的指标过多，指标间可能会存在共线性问题，主成分分析可有效对指标层降维，其基本原理如下：因子分析的目的是用几个不可观测的隐变量来解释原始变量之间的相关关系，通过将具有错综复杂关系的变量综合为数量较少的几个因子（不可测），以再现原始变量和因子之间的相互关系，同时根据不同因子还可以对变量进行分类。它通过分析事件的内在关系，抓住主要矛盾，找出主要因素，使多变量的复杂问题变得易于研究和分析。

二、吉林省经济运行情况

近年来，吉林省经济发展保持了中高速增长，取得显著成绩。特别是从2003年开始启动实施振兴战略后，吉林省经济社会进入了加速发展的崭新时期，一系列制约吉林改革发展的难题逐步得以破解，老工业基地举步维艰的困难局面得以扭转，很多指标位次开始前移。振兴战略实施以来，吉林省经济是东北三省中发展变化最大的，也是全国发展速度最快的地区之一。经过近几年的调整，吉林省的经济结构逐步趋于优化，三次产业比重为11.0:52.8:36.2，第二产业比重不断上升，对经济增长的贡献率提高到50%以上。农业生产在全国具有突出优势，2014年全省粮食产量达到706.56亿斤，创历史最高水平，粮食商品化率始终居全国首位。工业主导地位继续提升，规模以上工业增加值比2010年增加了近2倍，培育形成了具有吉林省鲜明特色的汽车、石化、农产品加工三大支柱产业以及医药、电子两大优势产业，产值已占到全省工业产值的近70%。

（一）吉林省经济实力总量及增量分析

从总量来看，尽管近年来吉林省国民经济实现了健康快速发展，但经济总量依然偏低。一方面，与全国 GDP 总量相比，吉林省经济规模相对较小。2014 年吉林省 GDP 总量占全国 GDP 总量的比重仅为 2.17%。另一方面，与经济发达省份相比，吉林省经济发展差距较大，而且在东三省经济总量中，吉林省经济规模最小，占东三省 GDP 总量的比重仅为 24.02%。具体情况如表 4.2 所示。

表 4.2 吉林省经济总量与发达省份及东三省比较

省份		2014 年	
		GDP 总量（亿元）	吉林省与之的比率
全国		635910.0	2.17%
发达省份	广东省	67809.85	20.36%
	山东省	59426.59	23.23%
	浙江省	40173.03	34.36%
	江苏省	65088.32	21.21%
	上海市	23567.70	58.57%
东北省份	辽宁省	28626.58	48.22%
	黑龙江省	15039.38	91.78%
	吉林省	13803.14	100.0%
	东三省合计	57469.1	24.02%

从增量来看，吉林省经济发展势头良好。如图 4.2 所示，2000 年以来，吉林省 GDP 增速在大部分年份都高于全国水平。特别是 2014 年，面对错综复杂的国际国内环境，吉林省实现地区生产总值 13800 亿元，比上年增加 6.5%，经济增长速度位居东北三省首位。这充分说明，近年来，吉林省充分利用老工业振兴的基地优势、国家商品粮基地优势、延边近海优势、生态资源优势和科技教育事业优势，着力稳增长、转方式、调结构，主动融入"一带一路"战略，实现了经济良好发展。

（二）吉林省城镇化发展情况

1. 城镇化水平快速提高

近年来，吉林省立足老工业基地和农业大省的基本省情，以"人的城镇化"为核心，努力提升城市群核心竞争力，走出了一条城乡互动、协调发展的吉林特色城镇化道路。如图 4.3 所示，进入 21 世纪以来，吉林省城镇化水平快速提高，由 1999 年的 47.14% 提高到 2014 年的 54.83%。以 2000—2010 年为例，城镇人口由 1331.1 万人增加到 1464.8 万人，增加 133.7 万

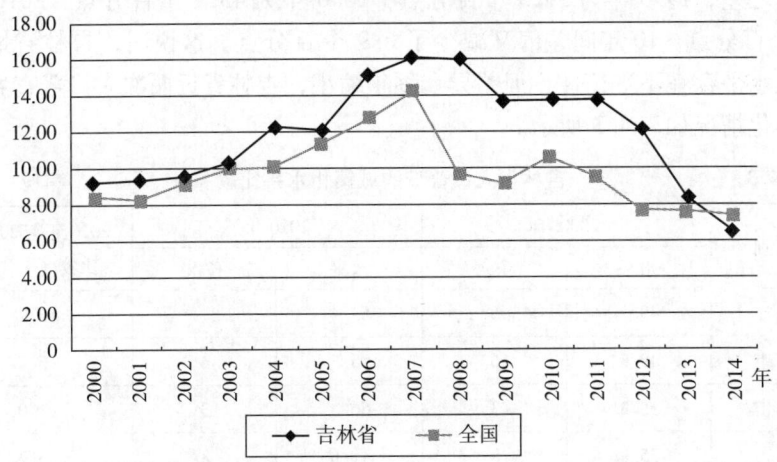

图 4.2 2000—2014 年吉林省与全国 GDP 增长趋势对比

人，增长 10.1%，年平均增长率为 0.96%。城镇人口年均增长速度是总人口的 4 倍。其城镇化水平由 49.7% 扩大到 53.4%，提高 3.7 个百分点。纵观吉林省近年来城镇化发展情况，不论总人口还是城镇人口，其总量均呈增加趋势，但从增长速度看，城镇人口的增长速度比总人口增长速度高 7.6 个百分点。城镇人口的增长速度大大快于总人口增长速度，故使吉林省城镇化水平在不断提高。

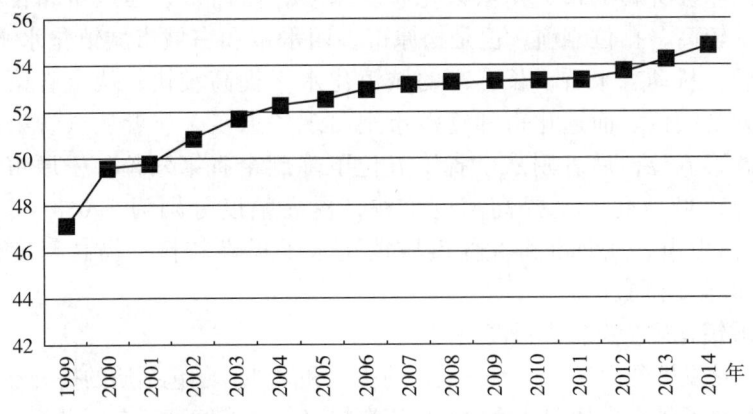

图 4.3 1999—2014 年吉林省城镇化水平变化趋势

2. 地区间城镇化水平差异在缩小

从我国人口普查数据可以得出，吉林省 9 个市、州城镇化水平的最大值与最小值之差,1990年为59.5个百分点,2000年为43.1个百分点,2010年为36.2个百分点,10年间差值又减少了6.9个百分点。这说明,吉林省地区间城镇化水平存在不平衡性,但差异在逐年缩小,吉林省近两次人口普查城镇化水平变化情况如表4.3所示。

表4.3　　　　　　吉林省人口普查的城镇化水平比较　　　　　单位:%

地区别	2000年		2010年		2010年与2000年比较(+、-)
	水平	位次	水平	位次	
全省	49.7		53.4		3.7
长春市	49.8	6	55.5	4	5.7
吉林市	55.3	3	56.3	3	1.0
四平市	35.9	8	41.6	8	5.7
辽源市	50.3	5	50.7	6	0.4
通化市	50.9	4	53.3	5	2.4
白山市	74.7	1	74.8	1	0.1
松原市	31.6	9	38.6	9	7.0
白城市	46.7	7	48.4	7	1.7
延边州	67.2	2	70.4	2	3.2

从吉林省所属的市、州城镇化状况来看,白山市、延边州和吉林市城镇化水平较高,排位靠前,但是松原市、四平市和白城市城镇化水平较低,排位靠后。从动态来看,长春市的城镇化水平提高较快,从全省第六位上升到全省第四位。而通化市和辽源市则出现了退步,前者从全省第四位下降到全省第五位,后者则从全省第五位下降到全省第六位。松原市、四平市和长春市城镇化水平提高速度最快,提高幅度分别为7.0%、5.7%和5.7%。白山市、辽源市和吉林市城镇化水平提高较慢,提高幅度分别为0.1%、0.4%和1.0%。

3. 城镇化质量有很大提高空间

城镇化发展的内涵要求不仅是量的积累和增加,还包括质的提升和结构的优化。虽然近年来吉林省城镇化水平逐渐提高,并持续高于全国平均水平,但城镇人均可支配收入和职工平均工资等指标都在全国平均水平之下,具体情况如下表4.4所示。

表4.4　　　　　　城镇化水平与收入及工资水平比较　　　　单位:%，元

地区	2010年			2000年		
	城镇化水平	城镇人均可支配收入	职工平均工资	城镇化水平	城镇人均可支配收入	职工平均工资
全国	49.68	19109	37147	36.22	6280	9371
广东	66.18	23898	40358	55.00	9762	13823
浙江	61.62	27359	41505	48.67	9279	13076
江苏	60.22	22944	40505	41.49	6800	10299
福建	57.09	21781	32647	41.57	7432	10584
内蒙古	55.50	17698	35507	42.68	5129	6974
吉林	53.36	15411	29399	49.68	4810	7924
重庆	53.02	17532	35326	33.09	6276	8023
海南	49.80	15581	30483	40.11	5358	7408
山东	49.70	19946	33729	38.00	6490	8772
湖北	49.70	16058	32588	40.22	5525	7565
山西	48.05	15648	33544	34.91	4724	6918

（三）吉林省金融市场发展情况

1. 吉林省银行业发展情况

金融是现代经济发展的核心。近年来，吉林省银行业规模继续壮大，各项存贷款余额持续增长，各类金融机构数量不断增多，政策性银行、大型商业银行、股份制商业银行、外资银行、新型农村金融机构等竞相发展。截至2015年末，吉林全省金融业资产规模32300亿元，比2010年增长19146亿元，年均增长19.70%；银行业机构各项贷款余额14580.49亿元，比2010年增长7300.87亿元，年均增长14.85%。

（1）吉林省存、贷款余额总量及增量分析

首先，在存款方面，受经济发展影响，金融机构存款余额的总量保持了较快增长，而且增长速度越来越快。如图4.4所示，吉林省金融机构各项存款余额由1999年的1928.252亿元增加到2014年的16400.1亿元，年均增长904.50亿元。从东北三省情况来看，在1999—2014年，吉林省金融机构存款余额总量普遍低于辽宁省和黑龙江省，而且与辽宁省的差距逐渐在拉大。这说明，受经济规模制约，吉林省金融机构存款余额总量并不是很大，未来有进一步提高的空间。

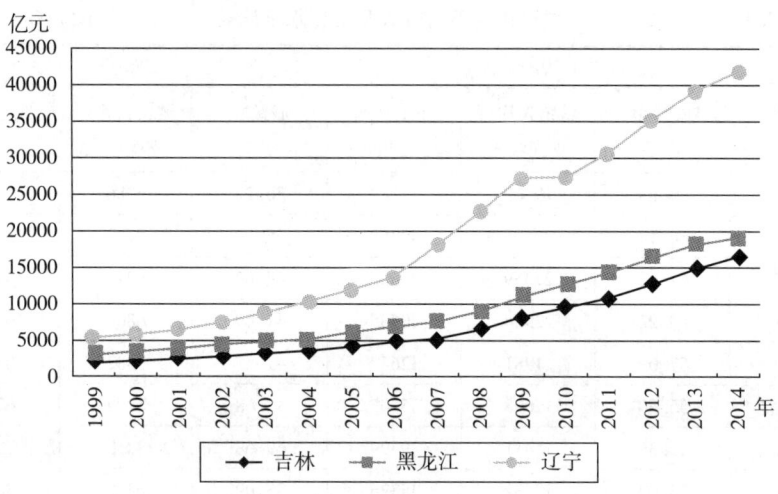

图 4.4　1999—2014 年东北三省金融机构存款余额变化趋势

其次，在贷款方面，近年来，吉林省主动打破融资"瓶颈"制约、促进金融创新，努力满足各类金融主体的融资需求，金融机构各项贷款余额总量增长较快，而且增长速度也在提高。如图 4.5 所示，吉林省金融机构各项贷款余额由 1999 年的 2580.4095 亿元增加到 2014 年的 12831.03 亿元，年均增长 640.67 亿元。从东北三省情况来看，在 1999—2014 年，一方面，吉林省金融机构贷款余额总量在大部分年份低于辽宁省和黑龙江省，与辽宁省的差距逐渐在拉大。另一方面，吉林省金融机构贷款余额总量与黑龙江省的水平较为接近，差距在收窄，甚至在 2008 年、2009 年，超过了黑龙江省。这说明，吉林

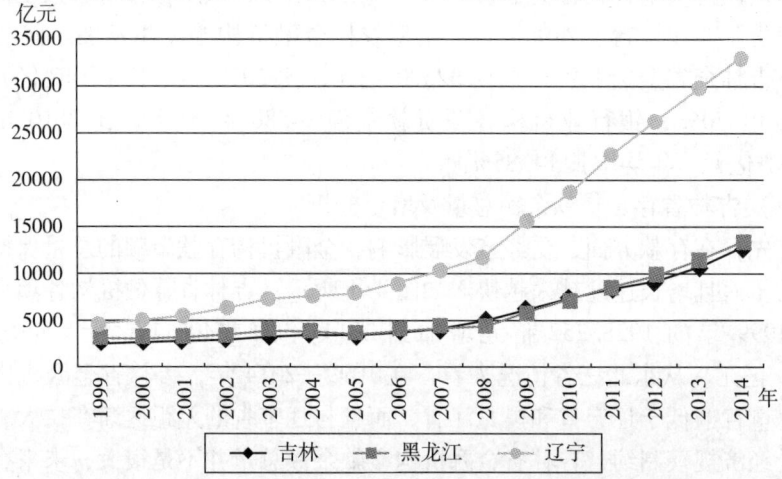

图 4.5　1999—2014 年东北三省金融机构贷款余额变化趋势

省各类金融机构主动适应发展方式转变和经济结构调整的需要，在金融支持实体经济方面取得了显著成绩。

（2）吉林省金融机构存贷款差额分析

一直以来，吉林省由于资本积累和外来注入有限，经济发展中金融需求较多依赖于金融机构的信贷支持，所以，资金匮乏始终是阻碍吉林经济健康发展的一大障碍。然而，从2003年开始，金融机构存贷款差额开始由负向转变为正向，金融机构存款高于贷款的现象普遍出现，成为金融发展的新常态，而且存贷差扩大的趋势逐年显现。如表4.5所示，1999—2002年，虽然金融机构贷款高于存款，但存贷款差额逐渐在降低，由1999年的-652.1575亿元降低到2002年的-179.4255亿元。2003—2014年，金融机构存贷款差额开始由负转正，金融机构存款高于贷款，而且存贷款差额逐渐在升高，由2003年的18.4324亿元扩大到2014年的3569.07亿元，十余年时间里增加了192倍。

首先，上述金融机构存贷款差额急剧扩大，反映出由于经济发展和各类经济主体收入水平的持续提高所带来的企事业单位存款和居民储蓄刚性增长。其次，金融机构存贷款差额的急剧扩大，也反映出银行等金融机构过多闲置资金的存在，造成资本利用效率降低，挤压金融机构的利润空间。最后，金融机构存贷款差额的增加也反映出金融市场供求双方的失衡。一方面是急需融资的企业获取不到信贷支持，另一方面是大量闲置资金沉淀在金融机构中，影响实体经济发展。

表4.5　1999—2014年吉林省金融机构人民币存贷差额变化情况　　单位：亿元

年份	各项存款合计	各项贷款合计	存贷款差额
1999	1928.252	2580.4095	-652.1575
2000	2236.7061	2651.1847	-414.4786
2001	2484.2294	2828.2514	-344.022
2002	2878.2761	3057.7016	-179.4255
2003	3307.3	3288.8676	18.4324
2004	3683.5	3435.0248	248.4752
2005	4270.5	3401.29	869.21
2006	4963.7	3921.57	1042.13
2007	5318.6	4361.08	957.52
2008	6362.48	4891.01	1471.47
2009	8318	6300.4	2017.6

续表

年份	各项存款合计	各项贷款合计	存贷款差额
2010	9606.7	7279.6	2327.1
2011	10874.2	8240.9	2633.3
2012	12706.1	9270.5	3435.6
2013	14781.4	10805.22	3976.18
2014	16400.1	12831.03	3569.07

(3) 吉林省金融机构存贷比总量及增量分析

存贷比是指银行的存款总额与贷款总额的比值。该指标一方面反映银行盈利水平，如果金融机构存款很多、贷款很少，即存贷比高，就意味着它成本高，收入少，银行的盈利能力就较差。该指标另外一方面也反映出实体经济的繁荣状况。如果存贷比较低，则说明当前市场处于繁荣期；相反，如果存贷比过高，则说明市场出现萎缩，居民的购买欲望不高，市场需求不足，经济增长放缓等。如图4.6所示，1999—2014年，吉林省金融机构存贷比总量持续升高，这说明该阶段吉林省金融机构资产安全性虽然较高，但盈利性低，服务区域经济发展的程度不强。横向来看，在1999—2011年，吉林省金融机构存贷比低于同期的辽宁省和黑龙江省，表现较好。

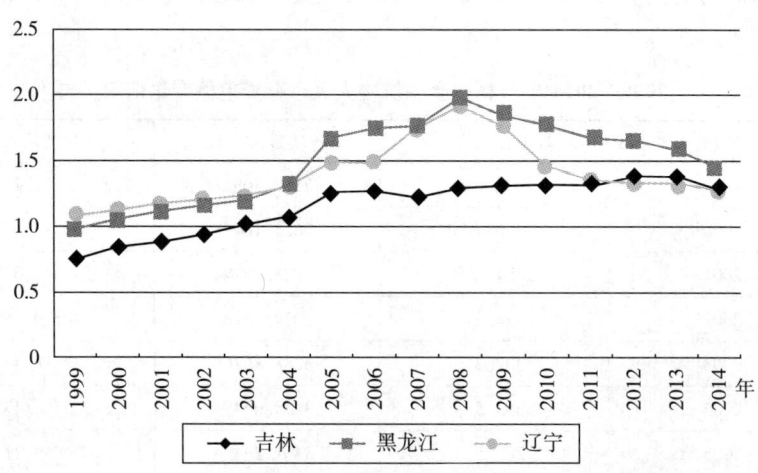

图4.6 1999—2014年东北三省存贷比变动趋势折线

存贷比的增量变化反映了当年金融效率的提升或降低。如图4.7所示，吉林省金融机构存贷比增速在2012年之前大部分处于上升态势，只是在2007年出现了短暂下降，这说明吉林省金融机构资金利用效率不容乐观。但是，在

2012年之后,吉林省金融机构存贷比增速在趋于下降,说明金融机构的竞争力和资金利用效率在增强,金融服务实体经济的能力在提高。横向来看,2011年以后,吉林省金融机构存贷比增速高于黑龙江省和辽宁省,同样不容乐观。

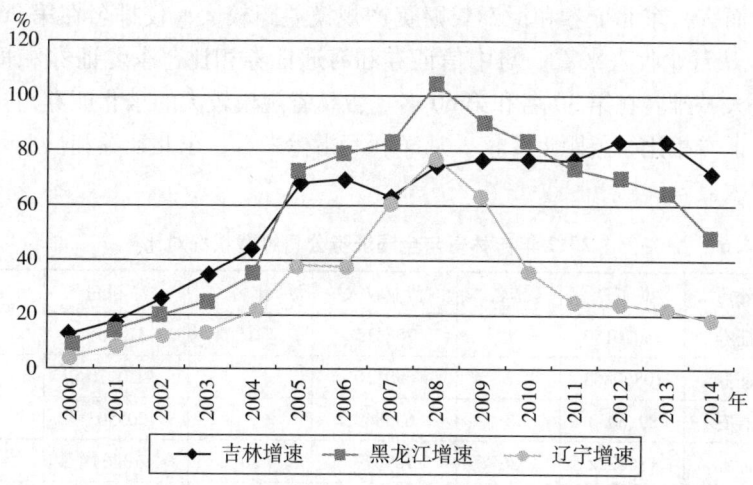

图 4.7　2000—2014 年东北三省存贷比增速对比

2. 吉林省证券业发展情况

近年来,吉林省不断推动实施金融发展新举措,强化市场竞争,完善金融体系,着力实施"企业上市培育工程",支持和推动运作规范、业绩突出的上市公司采取增发、配股、发行可转换债券、公司债券等方式,扩大融资规模,取得了显著成绩。截至2014年末,全省共有上市公司49家,A股上市公司总资产3291.58亿元,总市值3489.07亿元。但从全国同业对比情况看,吉林省证券业资源匮乏、规模不大、存量不优、创新不足、规范不严等现象依旧存在。

(1) 证券业发展速度较快,但水平偏低

近年来,吉林省证券业发展势头良好。中国证券业协会统计数据显示,2012年,吉林省代表性证券公司东北证券和恒泰长财证券取得很大成绩,其在全国证券公司总资产排名中,分别位列第26名和第55名,而在2011年,这两家证券公司的排名分别是第32名和第93名。从营业收入来看,东北证券和恒泰长财证券2012年在全国证券公司中排名分别为第30名和第60名,相比2011年的第48名和第94名,业绩大幅提高。从净利润角度来看,东北证券和恒泰长财证券2012年在全国证券公司中排名分别为第48名和第49名,而在2011年,排名则分别为第111名和第86名。综合以上排名来看,吉林省证券业经营状况良好,各项指标均有很大进步。

但是,在肯定成绩的同时,我们也应看到吉林省证券业发展水平偏低的现实问题。如表4.6所示,从总资产指标来看,相对于排名靠前的中信证券和海通证券而言,东北证券和恒泰长财资产规模差距较大,仅排名在第26名和第55名。从营业收入来看,与中信证券和海通证券相比,东北证券和恒泰长财差距更大,排名在第30名和第60名。吉林省规模较大的东北证券与排名首位的中信证券相比,差距近8倍。从净利润指标来看,东北证券和恒泰长财差距依然很大。

表4.6　　　　2012年吉林省与全国证券公司经营状况对比　　　单位:万元

证券公司	总资产	排名	营业收入	排名	净利润	排名
中信证券	13020150	1	788315	1	313065	1
海通证券	10860803	2	690110	2	270170	2
国泰君安	8986033	3	635849	3	205503	3
东北证券	1562222	26	109077	30	13464	48
恒泰长财	840507	55	60807	60	12831	49

资料来源:中国证券业协会统计数据。

(2)证券业从业人员数量偏少,投资者参与度较低

近年来,吉林省证券业虽然发展速度很快,但从证券业从业人员数量和比重来看,吉林省证券业从业人员数量较少,而且在全省从业人员、服务业和金融业从业人员中所占比重偏低。不容忽视的是,受行业发展水平制约,上述指标近两年有降低的趋势如表4.7所示。

表4.7　　　　2007—2012年吉林省证券业从业人员状况　　　单位:人,%

年份	证券业从业人员数	金融业从业人员数	服务业从业人员数	全省从业人员数	证券业占全省从业人员比重	证券业占金融业从业数比重	证券业占服务业从业数比重
2007	1419	80242	4583000	12661000	0.011	1.77	0.031
2008	1310	82570	4657000	12814000	0.01	1.59	0.028
2009	2152	86552	4667000	12973000	0.017	2.49	0.046
2010	2589	90273	4812000	13116000	0.02	2.87	0.054
2011	2629	97838	4937000	13377800	0.02	2.69	0.053
2012	2503	109330	5158000	13559000	0.018	2.30	0.049

资料来源:吉林省统计年鉴2013。

如表4.8所示，来自中国证券业协会统计数据显示，吉林省投资者参与A股市场交易情况不容乐观。与经济发达地区的江苏、山东、广东和浙江等省份相比较，吉林省投资则无论在沪市的新开户数，还是在深市的新开户数，均处于劣势地位，而且差距较大。

表4.8　　　　　　　　　2013年末A股开户地区对比

相关省份	沪市			深市		
	新开户数	开户总数	比重	新开户数	开户总数	比重
吉林	2078	1428856	1.57	2084	1383997	1.54
江苏	13744	7075615	7.78	13278	7012048	7.78
山东	13969	5275988	5.80	11928	5210185	5.78
广东	23008	7878868	8.66	20777	9324563	10.35
浙江	11569	4951912	5.44	10357	5665584	6.29

资料来源：中国证券业协会统计数据。

（3）上市公司经营业绩有待提高

如表4.9所示，2008—2012年，吉林省上市公司平均每股收益分别为0.24元/股、0.36元/股、0.35元/股、0.29元/股、0.35元/股，而全国水平分别为0.34元/股、0.41元/股、0.49元/股、0.55元/股、0.55元/股，由此可见，吉林省上市公司平均每股收益低于全国水平。从净资产收益率来看，2008—2012年，吉林省上市公司净资产收益率分别为2.21%、1.32%、4.35%、8.48%、10.91%，而全国平均水平分别为11.52%、12.14%、12.71%、14.99%、13.53%，由此得出，吉林省上市公司净资产收益率同样低于全国平均水平。综合上述数据来看，由于经济发展水平和民营经济不发达等因素的制约，吉林省上市公司盈利水平还处于落后状态，未来有很大的提高空间。

表4.9　　　　　　　2008—2012年吉林省上市公司盈利水平

年份	每股收益（单位：元/股）		净资产收益率	
	吉林省	全国平均	吉林省	全国平均
2008	0.24	0.34	2.21%	11.52%
2009	0.36	0.41	1.32%	12.14%
2010	0.35	0.49	4.35%	12.71%
2011	0.29	0.55	8.48%	14.99%
2012	0.35	0.55	10.91%	13.53%

资料来源：中国证券业协会统计数据。

3. 吉林省保险业发展情况

（1）吉林省保险业发展规模与速度分析

改革开放后，吉林省保险业得以恢复和发展，保险业务迅速扩大，保险市场逐渐建立和完善。特别是近年来，随着全省经济的持续健康发展，保险业进入跨越式发展阶段，保险公司保费收入和保险公司赔款给付均取得显著成绩。

如图4.8所示，1999—2014年，吉林省保险公司保费收入和保险公司赔款给付增长较快。保险公司保费收入由1999年的29.08亿元提高到2014年的330亿元，增加了10倍多；同时，保险公司赔款给付额由1999年的5.94亿元提高到2014年的112.01亿元，增加了18倍多，增长速度更快。

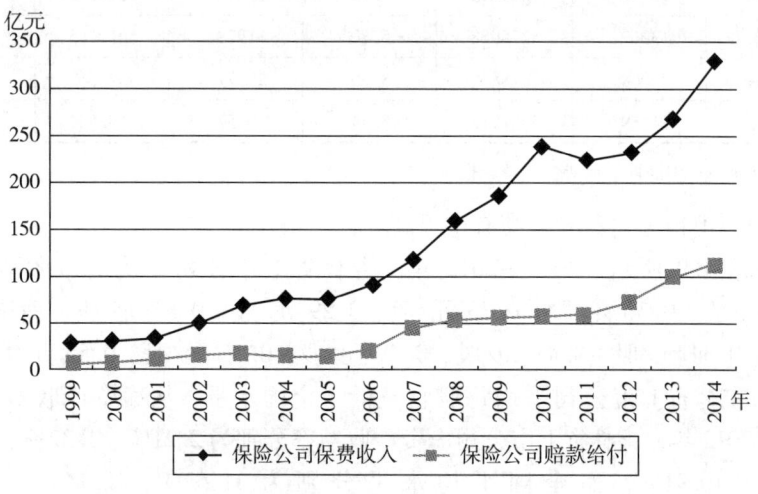

图4.8　1999—2014年吉林省保费收入与支出变动趋势

（2）吉林省保险密度和保险深度分析

保险密度和保险深度是衡量一个地区保险业发展规模的重要指标。其中保险密度是指按当地人口计算的人均保险费额，反映该地国民参加保险的程度，而保险深度是指某地保费收入占该地区生产总值之比。

如表4.10所示，从保险密度来看，吉林省2012年保险密度为845.91元/人，不但远低于发达地区的北京、上海和浙江的保险密度水平，而且低于全国平均水平。如果从东北三省来看，吉林省2012年保险密度最小，低于辽宁省和黑龙江省，甚至低于经济发展水平相似的内蒙古、湖北省和陕西省。从保险深度来看，吉林省同样处于落后状态，2012年其保险深度为1.95%，同样低于大部分省区和全国平均水平，仅仅高于经济发展水平相似的内蒙古。由此可见，尽管吉林省保险业发展速度较快，但保险规模水平低、保险市场狭窄的问题广泛存在,未来需要进一步推动吉林省保险市场的多元化发展和规模化建设。

表 4.10　　　　　2012 年吉林省与其他省区保险密度和保险深度对比

省区	保险密度 (元/人)	保险深度 (%)	省区	保险密度 (元/人)	保险深度 (%)
全国	1135.90	2.57	北京	3496.54	5.19
吉林	845.91	1.95	上海	3496.54	4.08
辽宁	1284.61	2.27	浙江	1802.30	2.85
黑龙江	897.63	2.46	湖北	926.21	2.40
内蒙古	998.16	1.55	陕西	976.03	2.53

资料来源:中国保险业统计年鉴2012。

三、吉林省金融发展力分析

本节将从金融生态竞争力、金融规模竞争力和金融效率竞争力三个方面综合评价吉林省历年的金融发展力。全部运行结果均在 SPSS17.0 中实现。

(一)金融生态竞争力综合评价

依据前面构建的指标体系,金融生态竞争力包含两个三级指标:区域经济实力和区域开放程度,对金融生态竞争力的评价可从上述两个方面展开。

1. 区域经济实力评价

(1)指标处理

对 2000—2014 年吉林省区域经济实力指标体系中指标数据进行标准化处理,选用 7 个指标均属于正向指标,为消除量纲影响,以 1999 年为基年,将所分析的变量数据用其增长率数据来代替。同时考虑到 GDP 与人均 GDP,以及全社会固定资产投资与人均固定资产投资者之间的高度相关。本节考察区域经济实力时,在上述两对指标间均选择一个指标,选择结果见表 4.11。

表 4.11　　　　　　　　区域经济实力指标体系

区域经济实力指标	人均 GDP (x_1)
	财政收入 (x_2)
	人均固定资产投资 (x_3)
	城镇人均可支配收入 (x_4)
	农村人均纯收入 (x_5)

(2) 变量的相关性分析

因子分析的前提是观测变量之间有较强的相关关系，因此需要对有关变量进行相关分析。采用相关系数矩阵、巴特利特球度检验和 KMO 检验均可测度变量间的相关程度，从而检验是否可以对原有变量进行因子分析。相关系数检验、Bartlett 球度检验和 KMO 检验如表 4.12 和表 4.13 所示。

表 4.12　　　　　　　　原有变量间的相关系数矩阵

	x_1	x_2	x_3	x_4	x_5
x_1	1				
x_2	0.992	1			
x_3	0.990	0.972	1		
x_4	0.997	0.983	0.987	1	
x_5	0.995	0.994	0.981	0.991	1

由表 4.12 中可以看出原有变量之间的相关系数比较高，保持在 0.95 以上，说明变量间线性关系很强，适合做因子分析。

表 4.13　　　　　　　KMO 检验和巴特利特球度检验

KMO		0.748
巴特利特球度检验	近似卡方	579.647
	df	14
	Sig.	0.000

由表 4.13 可以看出，KMO 的值为 0.748，高于 0.70，适合做因子分析；巴特利特球度检验也显示出同样的结论，其检验统计量的值为 579.647，概率 p 值接近 0，在 5% 的显著性水平下，拒绝原假设，说明相关系数矩阵与单位矩阵之间存在显著性差异，所以适合做因子分析。

(3) 提取因子

依据原有变量间的相关系数矩阵，采用主成分分析可以提取因子，选取单位根大于 1 的特征根。但因子分析的初始解显示城镇人均可支配收入（X_4）和农村人均纯收入（X_5）两变量能被因子解释的信息仅有 60% 左右，信息丢失严重。再次指定提取两个因子后，分解结果如表 4.14 所示。

表 4.14　　　　　　　　两因子分析的初始解

	初始	提取
人均 GDP（X_1）	1.000	0.931

续表

	初始	提取
财政收入（X_2）	1.000	0.947
人均固定资产投资（X_3）	1.000	0.956
城镇人均可支配收入（X_4）	1.000	0.758
农村人均纯收入（X_5）	1.000	0.918

由表4.14结果第三列可以看出，指定2个因子后，所有变量间的共同度都比较高，各个变量的信息丢失较少，提取结果较为理想。

（4）因子解释原有变量总方差的情况

表4.15给出了提取出的两个因子对原有变量方差的解释情况，从表4.15中可以看出，两个因子累计解释了原有变量总方差的90.197%，其中第一个因子解释了原有变量总方差的58.052%，第二个因子则解释了32.145%。图4.9"高山脚下的碎石"也充分显示提取两个因子是合适的，在第三个因子后的特征根丢失很小，解释原有变量方差的贡献率很低，基本可以忽略。

表4.15　　　　　　　因子解释原有变量总方差的情况

成分	初始特征值			提取平方和载入			旋转平方和载入		
	合计	方差的%	累积%	合计	方差的%	累积%	合计	方差的%	累积%
1	3.792	75.847	75.847	3.792	75.847	75.847	2.903	58.052	58.052
2	0.717	14.349	90.197	0.717	14.349	90.197	1.607	32.145	90.197
3	0.316	6.323	96.520						
4	0.110	2.207	98.727						
5	0.064	1.273	100.000						

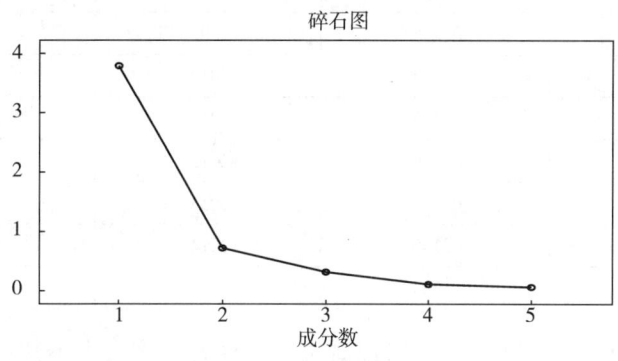

图4.9　高山脚下的碎石

（5）计算因子得分

表4.16　　　　　　　　因子得分系数矩阵

	成分	
	1	2
人均GDP（万）	0.186	0.181
财政收入（万）	0.398	-0.162
人均固定资产投资（万）	-0.370	0.916
城镇人均可支配收入（元）	0.131	0.220
农村人均可支配收入（元）	0.494	-0.347

提取方法：主成分分析法。旋转法：具有Kaiser标准化的正交旋转法。

由表4.16可以计算两个因子的得分，具体计算公式为：

因子F1 = 0.186×人均GDP + 0.398×财政收入 - 0.370×人均固定资产投资 + 0.131×城镇人均可支配收入 + 0.494×农村人均可支配收入

因子F2 = 0.181×人均GDP - 0.162×财政收入 + 0.916×人均固定资产投资 + 0.220×城镇人均可支配收入 - 0.347×农村人均可支配收入

（6）吉林省历年区域经济实力评价

利用两因子的得分，可以综合评价吉林省2000—2014年区域经济实力。采用因子加权总分法，其中权重以表4.15中两因子的方差贡献率为标准，则区域经济实力的综合计算公式为：

F = 0.58052×F1 + 0.32144×F2。计算结果如表4.17所示。

表4.17　　　　　　　　吉林省历年经济实力评价

时间	经济实力	时间	经济实力
2000	0.064	2008	0.174
2001	0.158	2009	0.295
2002	0.083	2010	0.139
2003	0.195	2011	0.336
2004	0.109	2012	0.129
2005	0.270	2013	0.217
2006	0.140	2014	0.055
2007	0.354		

从表4.17经济实力得分中可以看出，吉林省经济实力不甚稳定，处于波动状，但变化微弱，近几年略有下降。

2. 区域开放程度评价

运用上述因子分析模型和方法，对吉林省 2000—2014 年的区域开放程度指标体系进行综合评价分析，指标构建如前所述，因子分析后历年开放度评价结果如表 4.18 所示。表中出现负值并非是开放度为负，而是反映开放程度水平较低，由表 4.18 可以看出吉林省历年开放度的变化情况，但没有明显规律。

表 4.18　　　　　　　　吉林省历年开放度评价

时间	开放度	时间	开放度
2000	-0.559	2008	-0.055
2001	-0.457	2009	-1.072
2002	-0.299	2010	-0.714
2003	-0.051	2011	-0.898
2004	-0.336	2012	-0.883
2005	-0.169	2013	-1.001
2006	-0.125	2014	-1.751
2007	-0.012		

3. 金融生态竞争力综合评价

将反映金融生态竞争力的所有指标作为整体，综合考察吉林省 2000—2014 年金融生态竞争力水平。因子分析方法同样适用，同样分析方法，可得因子得分矩阵如表 4.19，其中两因子对原有变量方差的解释能力分别为 53.645% 和 31.814%，由此可计算金融生态竞争力的综合评分如表 4.20 所示。

表 4.19　　　　　　金融生态竞争力因子得分系数矩阵

	成分	
	1	2
人均 GDP（x_1）	0.267	-0.067
财政收入（x_2）	0.228	0.110
人均固定资产投资（x_3）	0.209	-0.138
城镇人均可支配收入（x_4）	0.244	-0.081
农村人均纯收入（x_5）	0.199	0.168
进出口总额增长率（x_6）	-0.025	0.432
实际利用外资额增长率（x_7）	-0.072	0.449

表 4.20　　　　　吉林省历年金融生态竞争力综合评分

时间	金融生态竞争力	时间	金融生态竞争力
2000	0.039	2008	3.277
2001	0.374	2009	3.844
2002	0.255	2010	4.186
2003	0.611	2011	5.533
2004	0.342	2012	5.883
2005	1.489	2013	7.116
2006	1.678	2014	7.340
2007	2.998		

表 4.20 显示了吉林省历年金融生态竞争力的综合水平，由该表可以观察出，自 2000 年至 2014 年，虽然金融生态竞争力两个三级指标经济实力和开放度均无明显规律可循，但金融生态综合竞争力却呈现明显的变化规律，逐年上升。

（二）金融规模竞争力综合评价

金融规模竞争力是另一个用以衡量金融竞争力的二级指标，这个指标意在从规模这个角度对金融竞争力进行量化，其中共包括了银行业规模、保险业规模和证券业规模三个三级指标。

1. 银行业规模竞争力指标综合评价

继续利用因子分析法，对吉林省 2000—2014 年银行业规模指标进行综合分析，得到 2000—2014 年吉林省银行业规模竞争力评价结果，如表 4.21 所示。

表 4.21　　　2000—2014 年吉林省银行业规模竞争力评价结果

时间	银行业规模竞争力	时间	银行业规模竞争力
2000	0.091	2008	1.351
2001	0.200	2009	1.863
2002	0.287	2010	2.221
2003	0.425	2011	2.610
2004	0.543	2012	3.164
2005	0.716	2013	3.741
2006	0.912	2014	4.347
2007	1.005		

对比吉林省历年银行业规模竞争力的综合评价结果，可以看到金融规模竞争力逐年平稳递增，未出现较大波动。

2. 保险业规模竞争力指标综合评价

2000—2014年保险业规模竞争力水平计算结果如表4.22所示，保险业规模竞争力与银行业规模竞争力呈现大致同样的规律，基本上也是逐年上升。与银行业规模竞争力相比，保险业规模竞争力变化速度更快，变动也较大。

表4.22　2000—2014年吉林省保险业规模竞争力评价结果

时间	保险业规模竞争力	时间	保险业规模竞争力
2000	0.698	2008	13.916
2001	2.419	2009	13.406
2002	3.047	2010	9.024
2003	2.683	2011	12.267
2004	0.650	2012	17.516
2005	0.314	2013	29.972
2006	2.970	2014	30.707
2007	12.990		

3. 证券业规模竞争力指标综合评价

证券业规模竞争力依靠国内股票筹资额和年内上市公司数量两个指标体现，相关部门从2006年才开始公布上述指标，考虑数据的可获取性，这里仅考虑2006—2014年的发展状况，上述指标的历年数值如表4.23所示。受国际金融危机影响，国内股票筹资额在2009年出现一最低点，随后逐渐活跃2012年达到59.6亿元，2014年则高达99亿元。年内上市公司数逐年增加，基本每年增加1家。2014年为40家。

表4.23　2006—2014年吉林省证券业规模竞争力指标变化趋势

时间	国内股票筹资额（亿元）	年内上市公司数
2006	0	32
2007	25.4	34
2008	14.34	34
2009	0	33
2010	15.3	35
2011	18.6	37
2012	59.6	38
2013	50.1	39
2014	99	40

4. 金融业规模竞争力综合评价

将反映金融业规模竞争力的指标看作整体，采用因子分析法可对吉林省历年金融业规模竞争力进行综合评价，评价结果如表 4.24 所示。从历年数据评价结果来看，金融规模竞争力逐年增加，2007 年后更有大幅度提高。

表 4.24　　　　吉林省历年金融规模竞争力综合评价

时间	金融规模竞争力	时间	金融规模竞争力
2000	0.272	2008	18.000
2001	1.458	2009	18.783
2002	3.245	2010	21.195
2003	4.494	2011	19.892
2004	3.885	2012	22.110
2005	3.607	2013	30.500
2006	5.989	2014	34.382
2007	13.766		

从金融规模角度来看，吉林省银行业体系逐步完善，截至 2014 年底，省内有 8 家农村商业银行和 9 家村镇银行，法人金融机构达到 105 家，银行组织体系更为完整；信贷投放合理均衡，经营性贷款增多，信贷对实体经济和社会经济的支持力度持续。这些都提升了吉林省银行规模竞争力。

(三) 金融效率竞争力综合评价

一个地区具有金融竞争力，不仅意味着该地区金融业在量上的扩张，而且意味着金融业在质上的提高，即金融竞争力的提高不仅在于金融机构规模的扩大、从业人数的增多，而且在于金融行业效率的全面提高。因不能完整获取国内股票筹资额数据，在第一节设定的指标中，不再考虑证券市场融资效率，即当年股票筹资额/GDP 比重这一指标。因子分析结果如表 4.25 所示。

表 4.25　　　　吉林省历年金融效率竞争力综合评价

时间	金融效率竞争力	时间	金融效率竞争力
2000	1.776	2008	0.336
2001	1.913	2009	0.395
2002	1.753	2010	0.308
2003	1.661	2011	0.315
2004	1.497	2012	0.396

续表

时间	金融效率竞争力	时间	金融效率竞争力
2005	1.274	2013	0.453
2006	0.774	2014	0.355
2007	0.404		

图4.10描述了吉林省2000—2014年金融效率变化趋势图，从图中可以看出，金融效率自2001年开始逐年下降，这种变化趋势和前面分析所得到的金融发展状况存在很大差异，部分原因可能是因为没有充分考虑证券市场效率，因此有必要对金融竞争力进行综合评价，以期能较为全面把握吉林省历年的金融竞争力状况。

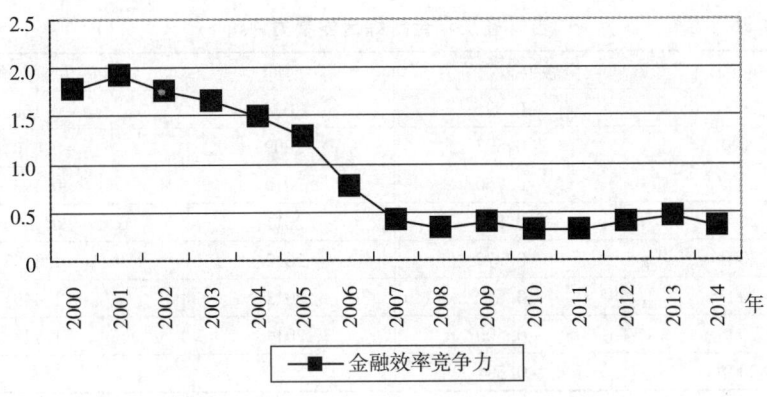

图4.10 吉林省2000—2014年金融效率变化趋势

（四）金融综合发展力评价

1. 变量选取及数据处理

金融综合发展力依靠金融生态竞争力、金融规模竞争力和金融效率竞争力三个指标反映，归根到底取决于所有的四级指标。结合上述研究，考虑数据的可获取性，衡量综合发展力时选取人均GDP、财政收入、人均固定资产投资、城镇人均可支配收入、农村人均纯收入、实际利用外资额、进出口总额、金融机构存款余额、金融机构贷款余额、城乡居民储蓄余额、保险公司保费收入、保险赔付额、经济储蓄动员力、储蓄投资转化系数、存贷比、保险深度16个变量。

未消除数据量纲影响，人均GDP、财政收入、人均固定资产投资、城镇人均可支配收入、农村人均纯收入、实际利用外资额、进出口总额、金融机构存款余额、金融机构贷款余额、城乡居民储蓄余额、保险公司保费收入、保险赔付额 12 个变量用其增长率来代替;同时为消除物价因素影响,增长率采用定基比增长率(1999=100),以便和后四个比率变量的量纲一致。

2. 评价结果

采用因子分析,得到最终的评价结果,如表 4.26 所示,其变化趋势如图 4.11 所示。从图 4.11 可以看出,2000—2014 年期间,吉林省金融综合发展力在 2001 年至 2003 年处于下滑阶段,2003 年陷入最低点,之后开始反转,一直呈现稳步上升趋势。其中 2001—2003 年中国人民银行实施的是紧缩货币政策,受国家压缩银根、降低信贷规模等宏观货币政策调控的影响,吉林省也在同一时期表现出金融综合发展力不够强劲的特征。

表 4.26　　　　　吉林省历年金融综合发展力评价

时间	金融生态竞争力	时间	金融生态竞争力
2000	-0.596	2008	-0.168
2001	-0.597	2009	-0.010
2002	-0.760	2010	0.193
2003	-0.850	2011	0.705
2004	-0.779	2012	1.1158
2005	-0.627	2013	1.449
2006	-0.500	2014	1.729
2007	-0.304		

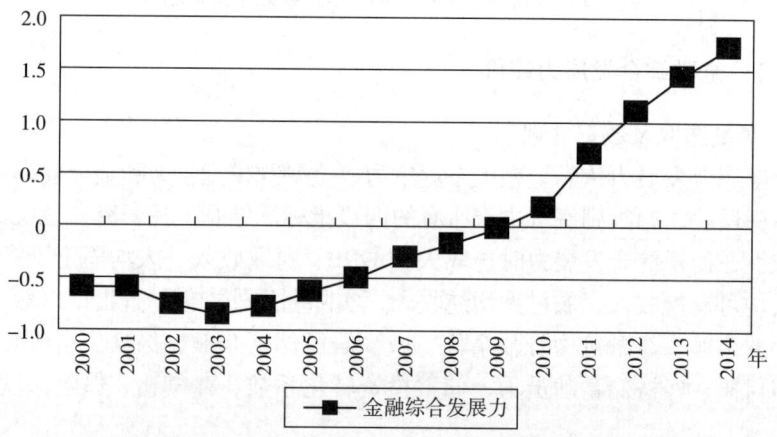

图 4.11　吉林省 2000—2014 年金融综合发展力趋势

四、吉林省城镇化与金融综合发展力的相关性研究

本节将从吉林省城镇化发展与金融综合发展力的现状出发，实证研究两者之间的相关性，金融支持城镇化发展的能力。分析将从两个方面展开，一是考察城镇化与金融生态竞争力、金融规模竞争力以及金融效率竞争力三者之间的关系；二是考察城镇化与金融综合发展力之间的关系，所用指标与前面各节含义一致。金融生态竞争力、金融规模竞争力、金融效率竞争力以及金融综合发展力的数据来源于前述各节因子分析的最后评价结果。

（一）吉林省城镇化与金融综合发展力相关性研究

1. 相关性检验

分析吉林省城镇化水平与金融综合发展力之间的关系，首先需要考察两者之间的相关性。利用前面分析的数据，对两者之间的线性相关程度进行检验，检验结果如表 4.27 所示，从表中可以看出两者是中度相关的。

表 4.27　　吉林省城镇化水平与金融综合发展力之间的相关矩阵

	城镇化水平	金融综合发展力
城镇化水平	1.000	0.745
金融综合发展力	0.745	1.000

2. 数据序列的平稳性检验（单位根检验）

城镇化水平和金融综合发展力的样本空间为 2000—2014 年，因为均为时间序列数据，为避免"伪回归"，需要对数据的平稳性进行检验。采用 DF 和 ADF 检验后，发现两个序列均为不平稳的，而两者的一阶差分系列 DCI、DFD 则是平稳的。检验结果如表 4.28 所示，此处只报告出 ADF 检验的结果。

表 4.28　　城镇化水平 CI、金融综合发展水平 FD 的 ADF 检验

变量	CI	FD	DCI	DFD
检验类型	(T, C, 3)	(T, C, 3)	(T, C, 3)	(T, C, 3)
ADF 值	−2.575	−0.155	−5.091*	−3.686*
10% 临界值	−2.700	−3.420	−3.829	−3.420
P 值	0.1224	0.983	0.007	0.070
结论	不平稳		平稳	

* 表明在 10% 的置信水平下拒绝原假设。

3. 城镇化水平与金融综合发展力之间的短期关系

城镇化水平与金融综合发展力之间的短期关系，可通过构建两者之间的 VAR 模型，并基于此模型的脉冲响应进行分析。

(1) VAR 模型

原序列之间的 VAR 模型的简化形式为：

$$Y_t = C + \Phi_1 Y_{t-1} + \Phi_2 Y_{t-2} + \varepsilon_t \qquad 式4.1$$

城镇化水平和金融综合发展力间 VAR 系统估计的具体结果为：

$$\begin{pmatrix} CI \\ FD \end{pmatrix} = \begin{pmatrix} -0.183 \\ -4.824 \end{pmatrix} + \begin{pmatrix} 0.960 & -0.301 & 0.005 & -0.001 \\ 5.957 & 3.472 & 1.293 & -0.307 \end{pmatrix} \begin{pmatrix} CI(-1) \\ CI(-2) \\ FD(-1) \\ FD(-2) \end{pmatrix} + \begin{pmatrix} \varepsilon_{1t} \\ \varepsilon_{2t} \end{pmatrix}$$

式4.2

(2) VAR 模型的平稳性检验

图 4.12 给出了 VAR 模型的全部特征根，该图显示 VAR 模型存在一个大于 1 的根，说明该模型是一个非平稳系统。

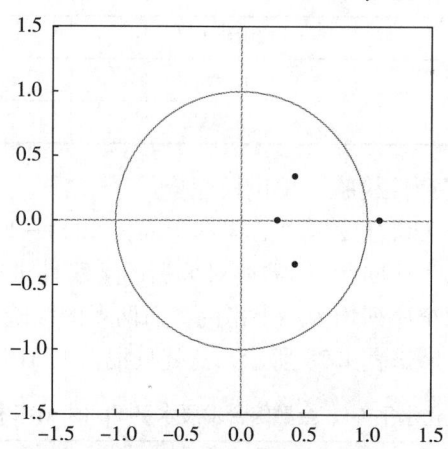

图 4.12　VAR 模型的单位根检验

(3) 脉冲响应

基于 VAR 模型，借助脉冲响应，可以进一步观察城镇化与金融发展之间的互动关系。从图 4.13 脉冲响应的结果来看，10 期之内，对来自于金融综合发展力一个标准差的响应是发散的，影响能力随着滞后期的推移逐渐增强，系统对冲击的响应是不稳定的。但金融发展对城镇化水平提高具有正向效应，且反应较为敏感。

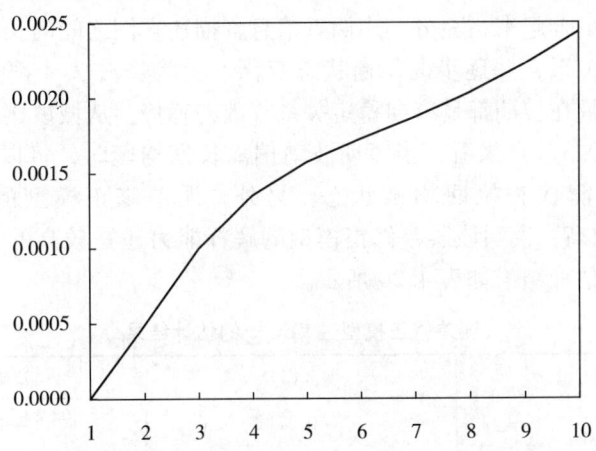

图 4.13　CI 对来自 FD 一个标准差冲击的响应

上述研究显示，短期内，城镇化对金融综合发展力的响应是不稳定的，两者之间并未形成有规律的互动关系。

4. 城镇化水平与金融综合发展力之间的长期关系

城镇化水平、金融综合发展力两个序列均是不平稳的，且在短期内没有形成稳定的互动关系，但考虑到两个序列的一阶差分是平稳的，因此可以通过协整检验和向量误差修正模型（VEC）进一步考察两变量之间在长期内是否存在稳定的互动关系。

（1）协整检验

协整检验可以用来判断不平稳序列之间是否存在长期稳定关系，对城镇化水平 CI 和金融综合发展力 FD 之间的协整检验结果如表 4.29 所示。从结果来看，2000 年到 2014 年这 15 年中，吉林省城镇化发展与金融综合发展之间存在协整关系。

表 4.29　城镇化水平 CI 和金融综合发展力 FD 之间协整关系

原假设	迹检验		最大特征值检验	
协整方程个数	统计量	5%临界值	统计量	5%临界值
没有	29.727*	15.495	27.989*	14.265
至多一个	1.738	3.841	1.738	3.841

*表明在 5% 的置信水平下拒绝原假设。

(2) 向量误差修正模型（VEC）

误差修正模型将城镇化水平、金融综合发展力原序列以及两者对应的一阶差分序列有机结合起来，充分利用两者信息，描述它们之间的长期稳定关系和短期动态调整关系，并逐步向均衡状态变化。误差项△ECM 都是负数，这表明所考察的变量在长期都具有向稳定关系收敛的趋势。从城镇化水平的误差系数估计值（-0.371）来看，当短期波动偏离长期均衡时，将以 -0.371 的调整力度将非均衡状态拉回均衡状态。另外，误差修正模型的拟合优度为 0.888，优度较高，说明该误差修正模型的解释能力还是较高的。误差修正模型（VEC）的估计结果如表 4.30 所示。

表 4.30　　　　　　误差修正模型（VEC）的估计结果

解释变量	D（CI）	D（FD）
△ECM	-0.371 [0.143]	-4.120 [14.340]
D（CI（-1））	0.217 [0.295]	-20.291 [29.475]
D（CI（-2））	0.223 [0.179]	0.531 [19.958]
D（FD（-1））	-0.001 [0.004]	0.488 [0.442]
D（FD（-2））	0.007 [0.004]	-0.046 [0.403]
C	0.001 [0.001]	0.203 [0.132]
$\overline{R}^2$	0.888	0.683
F 值	9.510	12.591

长期均衡方程为：

$$CI_t = 0.526 + 0.013 FD_t \qquad 式4.3$$

$R^2 = 0.754$，$Adj. R^2 = 0.720$，$F = 16.187$，$P（F）=0.001$，FD 对应的 t 值为 4.023，在 1% 的显著性水平下通过检验。从长期来看，金融综合发展力对城镇化水平的推进具有正效应，系数 0.013 说明，金融发展对城镇化发展的效用较低。所选数据年份仅为 15 年，数据较少，也会影响模型的解释能力。

(3) 格兰杰因果检验

由前面的研究可以知道，城镇化率与金融发展水平之间具有相互影响、互为因果的关系,但协整检验只能证明各变量之间具有长期稳定的均衡关系,并不能判断相互之间是否有因果关系,因此,需对各变量进行格兰杰因果检验,以确定它们之间的因果关系。经检验最优滞后阶数为2阶,格兰杰因果检验结果如表4.31所示。

表4.31　城镇化水平CI与金融综合发展力FD之间Granger因果检验

原假设H0	样本值	F统计值	P值
FD不是CI的Granger原因	13	16.342	0.002*
CI不是FD的Granger原因		2.537	0.140

*表明在1%的置信水平下拒绝原假设。

结果显示FD是CI的格兰杰原因在1%的显著性水平下是成立的,而CI却不是FD的格兰杰原因,这意味着金融优化发展会促进城镇化进程的发展,而城镇化进程的发展却不会推动金融的优化和发展,两者之间的良性互动尚未形成。

(二)吉林省城镇化与金融生态竞争力、金融规模竞争力和金融效率竞争力间的相关性研究

按照上述研究思路,进一步研究吉林省城镇化与金融生态竞争力、金融规模竞争力和金融效率竞争力之间的关系。

1. 相关性检验

表4.32　吉林省城镇化水平与金融生态竞争力FE、金融规模竞争力FS和金融效率竞争力FR之间的相关系数矩阵

	CI	FE	FS	FR
CI	1.000			
FE	0.858	1.000		
FS	0.863	0.976	1.000	
FR	-0.892	0.849	0.839	1.000

相关系数矩阵显示,城镇化水平CI与金融生态竞争力FE、金融规模竞争力FS和金融效率竞争力FR之间是高度相关的。但金融效率与城镇化进展之间却是负相关,与理论相悖,产生这一结果可能是由于吉林省金融发展的整体水平滞后,金融效率还没有发挥出其对城镇化发展应有的作用。

2. 格兰杰因果检验

单位根检验同样显示金融生态竞争力 FE、金融规模竞争力 FS 和金融效率竞争力 FR 都是不平稳序列，一阶差分后变为平稳序列；三者与城镇化之间存在协整关系。在上述分析的基础上，通过格兰杰因果检验判断 CI 是否受 FE、FS 和 FR 三变量过去值的影响，还是双方过去行为在互相影响。确定最优滞后期为 2 阶后，格兰杰因果检验结果如表 4.33 所示。

表 4.33　　城镇化水平 CI 与金融生态竞争力 FE、金融规模竞争力 FS 和金融效率竞争力 FR 之间 Granger 因果检验

原假设 H0	样本值	F 统计值	P 值
FE 不是 CI 的 Granger 原因	13	11.456	0.004 *
CI 不是 FE 的 Granger 原因		3.254	0.093 ***
FS 不是 CI 的 Granger 原因	13	2.537	0.040 **
CI 不是 FS 的 Granger 原因		0.462	0.646
FR 不是 CI 的 Granger 原因	13	2.197	0.173
CI 不是 FR 的 Granger 原因		5.546	0.031 **

＊表示在 1% 的显著性水平下通过检验，＊＊表示在 5% 的显著性水平下通过检验，＊＊＊表示在 10% 的显著性水平下通过检验。

格兰杰因果检验显示，金融生态竞争力与城镇化进程互为格兰杰原因，两者之间存在良性发展趋势；金融规模是城镇化的格兰杰原因，但城镇化水平却不是金融规模的格兰杰原因，说明金融规模的提高有利于推动城镇化发展，但城镇化发展却没能有效提高金融规模；金融效率没能发挥出应有的作用，不是推动城镇化发展的格兰杰原因，但城镇化推动却拉动了金融效率的提高。

3. 脉冲响应

图 4.14 分别显示了城镇化水平 CI 对来自于金融生态竞争力 FE、金融规模竞争力 FS 和金融效率竞争力 FR 两个标准差的响应过程。

城镇化水平 CI 对来自于金融生态竞争力 FE 的冲击，随滞后期的增加大致呈逐渐增强趋势，但响应不够稳定，在 8 期时达到最高。在第一、二期就开始显著影响城镇化率，这说明金融生态竞争力的变化是与城镇化率同步变化的，并对城镇化率的提高有正向影响作用。

城镇化水平 CI 对来自于金融规模竞争力 FS 的冲击，在 8 期前后响应方向发生变化，之前是负向的，8 期之后是正向的，9 期达到最大值。这说明一开始金融规模就对城镇化水平产生显著影响，但这一效应是在 8 期之后逐步体现出来的。出现负向响应这一问题，除了与样本容量偏小有关之外，还有一原因

是因为金融生态竞争力、金融规模竞争力进而金融效率竞争力之间存在相关关系，多重共线性问题的存在也是造成这一问题的部分原因。

城镇化水平 CI 对来自于金融效率竞争力 FR 冲击的响应，总体上看是微弱的，不甚显著，在 6 期达到最大值，其对推动城镇化具有正向效应。

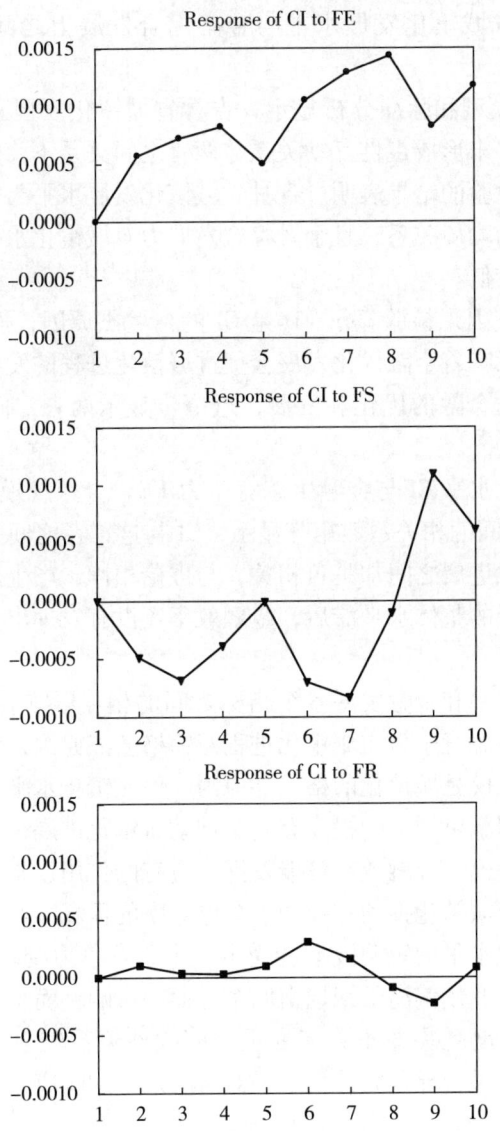

图 4.14　CI 对 FE、FS 和 FR 的两个标准差冲击的响应

（三）实证研究结论

综合分析城镇化水平与金融综合发展力，对城镇化水平与金融生态竞争力、金融规模竞争力及金融效率竞争力的长期和短期互动关系进行研究后，得到如下结论：

其一，吉林省城镇化发展水平与金融综合发展力之间存在高度正相关关系。

其二，VAR 模型和脉冲分析显示，吉林省城镇化发展水平与金融综合发展力之间短期内并未形成良性互动关系，两者之间关系不稳定。

其三，协整检验的结果表明，吉林省城镇化发展水平与金融综合发展力之间存在长期稳定的均衡关系，且金融综合发展力对城镇化水平的推进具有正效应，但推动效用较低。

其四，格兰杰因果检验显示 FD 是 CI 的格兰杰原因，而 CI 却不是 FD 的格兰杰原因，这意味着金融优化发展会促进城镇化进程的发展，而城镇化进程的发展却不会推动金融的优化和发展，进一步显示两者之间的良性互动尚未形成。

其五，城镇化水平 CI 与金融生态竞争力 FE、金融规模竞争力 FS 和金融效率竞争力 FR 之间的相关系数矩阵显示，CI 与这三者之间是高度相关的。但金融效率与城镇化进展之间却是负相关，与理论相悖，产生这一结果可能是由于吉林省金融发展的整体水平滞后，金融效率还没有发挥出其对城镇化发展应有的作用。

其六，城镇化率和金融发展各个指标之间的相互影响效应不是很明显的。具体来讲，金融生态竞争力与城镇化进程互为格兰杰原因，两者之间存在良性互动趋势；金融规模是城镇化的格兰杰原因，但城镇化水平却不是金融规模的格兰杰原因，说明金融规模的提高有利于推动城镇化进展，但城镇化发展却没能有效提高金融规模；金融效率没能发挥出应有的作用，不是推动城镇化发展的格兰杰原因，但城镇化推动却拉动了金融效率的提高。

其七，城镇化水平的短期波动会受金融生态竞争力变动、金融规模波动、金融效率波动和各变量偏离长期均衡四个方面的影响，而金融生态竞争力、金融规模竞争力和金融效率竞争力三变量之间线性关系较强，多重共线性的存在，影响了实证结果，导致城镇化水平对金融效率的响应是负向的。

第五章 金融支持城镇化建设的中外经验借鉴

本章对金融支持城镇化建设的日本、韩国、德国的经验进行了详细的阐述。由于基本财政制度的不同，决定了中日两个地方政府融资模式具有明显的不同。日本的地方税、中央对地方转移支付以及地方债是地方政府融资的三大渠道。韩国城镇化进程中，其金融对城镇化的支持方式是变化的。在城镇化前期，韩国基础设施建设项目主要通过政府财政进行融资，其后则更多地来自本国私人部门和资本市场。德国所采取的政策性银行对中国政府实现城镇化工作目标是一个强有力的借鉴。随后，本章利用不同省份的做法，讨论了我国金融支持城镇化建设的经验启示。

一、世界各国金融支持城镇化之日本经验借鉴

（一）日本经验

1. 日本城镇化建设的过程

（1）第一阶段（19世纪60年代—20世纪20年代）

19世纪60年代，明治天皇定都东京，开启了日本城镇化建设的过程。日本原是农业大国，农村人口比例一直居高不下，直到1920年，城镇人口比例才达到18%，1890年日本三大产业中第一产业的占比达47%，绝大多数人都以农业为生。在这样的背景下，明治天皇学习西方经济政治制度，推动经济金融改革，通过金融手段支持第二产业发展，为工业基础设施、铁路运输网和其他工业部门提供大量资金支持，推动工业全面发展，快速实现了城镇化的工业基础建设。

（2）第二阶段（20世纪20—50年代）

进入20世纪20年代，随着工业基础的完善，日本第二产业产值快速提

升，最终在 20 世纪 50 年代成功超过第一产业，初步完成了工业化。随着工业化进程的加速，大量人口从农村部门向城市部门转移，日本逐渐形成了四大工业经济带。但是，第二次世界大战的历程给日本带来了阵痛，20 世纪 40 年代日本城镇化率已经超过 37%，在第二次世界大战失败后，日本城镇化率下降至不足 28%，直到 20 世纪 50 年代日本城镇化率才恢复到战前水平。

（3）第三阶段（20 世纪 50—70 年代）

日本在第二次世界大战失败后决心发展经济，实现了经济的快速发展，从而加速了城镇化建设的进程。在 20 世纪 50 年代到 70 年代，日本经济快速发展，年均增长率高达 8%。高速的经济发展推动了产业结构的调整，第一产业占比持续下降至 5% 以下，第二产业小幅提升，第三产业飞速发展，占 GDP 比重超过 50%。第二、第三产业的发展带动农村人口快速向城镇流动，四大工业经济带逐步发展成为日本三大经济圈，并延续至今。纵观日本整个发展时期，20 世纪 50—70 年代是日本城镇化进程最快的时期，城镇化率提升近 50%，达到发达国家水平。

（4）第四阶段（20 世纪 70 年代至今）

随着日本进入工业化后期，第三产业发展潜力逐步释放，如今第三产业 GDP 占比已经超过 70%。第三产业与第二产业相比，其吸纳就业能力要高于第二产业，因此在 20 世纪 70 年代到如今的过程中，日本的城镇化率依旧在逐步提升。

在工业化后期，有很多值得研究的情况出现，如中心城区逆城镇化的出现。事实上，在产业结构调整的过程中，第二产业由于附加值逐步降低，逐步由大城市迁至郊区、小城市和国外，第二产业就业人员随着向大城市的郊区、小城市分流，导致中心城区人口密度下降，但是从一个城市连带郊区和邻近城市整体来看人口密度还是在增加的。

2. 日本城镇化进程中政府起主要推动作用

日本政治制度与我国不同，其政府由中央政府与地方政府构成，日本宪法赋予了日本地方政府的地方自治权力，而日本中央政府则负责制度和政策的制定与实施。日本的两级地方政府（相当于我国的省和市）并不是上下级关系，都由当地选民投票选出，各级地方政府通过财政收入保证其自治权力。

由于中央政府的存在，在日本城镇化过程中呈现出政府主导的特点，其表现形式如下。

（1）通过制定相关政策和法律推动城镇化建设

中央政府制定了大量政策和法律推动城镇化相关建设，为城镇化扫清了障碍，如全国综合开发计划、环境基本法、土地基本法等。日本的各级地方政府紧跟中央政府政策制订了基于本地情况的进一步相关法案和城市发展计划。通过日本各级政府的努力，较好处理了日本中心城市在城镇化建设过程中出现的各类城市病，提高了日本的城镇化水平，推动了日本城镇化建设的健康发展。

(2) 依靠中央财政融资和地方政府融资平台筹措城镇化建设所需资金

中央财政融资是日本中央政府推动全国范围内城镇化建设的重要手段。第二次世界大战后，日本成立了"复兴金融公库"，用于民间设备投资贷款，支援战后重建工作。随着"复兴金融公库"运营时间的推移，逐步暴露了很多合规方面的问题，日本中央政府在20世纪50年代成立了日本开发银行，并颁布了关于财政融资的多项补充规定，随后日本中央政府出台了财政融资计划（FILP），全力推广财政融资制度。在日本中央政府的预算中，财政融资规模一直占日本中央政府财政预算的30%~60%。

日本地方政府通过地方政府融资平台作为融资手段，推动当地城镇化建设。地方政府融资平台包括地方公共团体金融机构（JFM）和各级地方政府平台企业。地方公共团体金融机构是由日本中央政府和全部地方政府出资发起的金融机构，2008年日本中央政府退出，地方公共团体金融机构实现由各地方政府100%控股。地方公共团体金融机构把在资本市场获得的资金以长期贷款的形式贷给地方政府用于投资城镇化建设相关的基础设施。地方政府平台企业主要负责如地方道路、土地开发、住宅供给等，通过公司化运营的方式以公司债等形式吸纳民间资本用于基础设施建设和区域开发等领域的资金需求。地方政府平台企业在20世纪80年代后期数量发展至近万家，而在日本经济泡沫破裂后，日本政府对地方政府平台企业进行了整合和清理，近期已经降至7000家左右。

3. 日本地方政府的融资方式

(1) 中央财政融资贷款

20世纪20年代到40年代，日本为了支撑起战争所需，中央政府成立了大量公营企业，通过中央财政融资贷款予以支持。第二次世界大战后，日本为了恢复经济成立了"复兴金融公库"，发行"复兴金融公库债券"用于支持重点发展的工业产业。在20世纪40年代后期，"复兴金融公库"提供了超过70%的民间设备贷款资金。20世纪50年代，日本政府逐步颁布多部与财政融资相关的法律，并成立日本开发银行等政策金融机构。随着时机的成熟，日本中央政府更进一步推出财政融资计划，通过财政融资计划，日本政府筹措大量资金用于发展日本的重点产业，推动日本经济快速发展。日本开发银行先后对电力、船舶、煤炭、钢铁、汽车、机械、化工、运输等产业投放大量资金,为日本工业体系的构建做出了巨大贡献。在日本工业化后期,日本开发银行的重点发展领域从经济领域转向社会发展领域,资金主要投向高科技、能源、基础设施和知识领域。

政府投融资债(FILP 债)已经成为中央政府的主要融资方式,中央政府将这笔钱贷给地方政府用于支持地方政府长期发展计划,实际上是以高信用的中央政府借款降低地方政府融资成本。中央政府借款一直是日本地方政府的主要融资手段,然而近几年日本推动财政改革,地方政府逐渐摆脱了对中央政府资金的依赖性,2012 年地方政府的资金来源只有不到 30% 来自中央政府。

(2) 地方公共团体金融机构(JFM)

地方公共团体金融机构是由日本中央政府和全部地方政府出资发起的金融机构。JFM 可以认为是日本公共事业金融公司的延续。1957 年,日本中央政府成立了日本公共事业金融公司,该公司为日本城镇化建设做出了巨大的贡献。在日本城镇化的进程中,日本公共事业金融公司曾经为供水、电力、污水处理、地方道路、高中建设、地方项目提供资金,几乎涵盖所有公共设施建设。

地方公共团体金融机构由日本地方政府在 2008 年共同出资成立。地方公共团体金融机构退还了中央政府对日本公共事业金融公司的全部投资,并获得了日本公共事业金融公司的全部资产、全部负债和全部资本公积。

地方公共团体金融机构主要筹资手段是发行无担保债券,其债券大部分都是公募债,还少量发行由地方公务员养老金认购的私募债。地方公共团体金融机构债券具有非常高的信用评级,因为其作为所有地方政府共同出资的地方政府融资平台,股东背景决定了其信用等级,通常地方公共团体金融机构债券被称作"超级地方债券"。地方公共团体金融机构通过其债券在资本市场获得资金,以低息贷款的形式贷给地方政府用于地方基础设施建设,主要投向污水处理、自来水工程、公共交通、公共住房、医院等,基本涵盖了所有与民生相关的公共工程项目,为改善民生,推动城镇化建设做出了巨大贡献。

(3) 债券融资

日本各级地方政府通过发行地方债的方式筹集私人部门资金用于当地建设,地方债分为公募债和私募债两种,其中私募债发行量略高于公募债,但是随着日本财政改革,公募债对日本地方政府的融资起到了越来越重要的作用。

对日本各级地方政府发行的地方债再进一步进行细分的话,可以分为面向全国发行的地方公募债和当地公民参与的地方公募债。其中面向全国发行的地方公募债占地方公募债的绝大多数比例。在日本，地方政府不仅可以独立发行债券，还可以联合其他地方政府一同发债，这样的债券被称为联合发行的地方公募债。

联合发行的地方公募债是日本政府在资本市场创新的产物，在传统资本市场中，日本各级地方政府发行债券都需要由日本中央内务府和证券机构决定。后来日本施行双表系统，即东京都与其他各级地方政府单独决定发行条件，东京都独立决定发行地方公募债条件，而其他地方政府则联合决定地方公募债发行条件，通过联合增信的方式提高各地方政府联合发行公募债的信用等级，降低地方政府筹款成本，随着该制度的施行，日本地方政府公募债余额稳步提高，有效地吸收和利用社会资金，推动城镇化建设。

日本各级地方政府针对当地居民发行当地公民参与的地方公募债，用于当地政府服务当地居民改善民生。当地公民参与的地方公募债由日本群马县创新开发的微型公募债演变而来，其特点在于当地公民参与的地方公募债投资建设项目用于服务资金来源者，投资者本身享受投资项目带来的实惠，并了解投资项目对当地居民的重要性，因此对该产品的认购具有极大的热情。该项债务创新极大地推动了地方政府融资的创新型和规模，调动了当地居民对民生设施建设的积极性，推动了城镇化建设的快速发展。

日本各级地方政府同样发行相对较少的私募债，私募债几乎全部针对特定的投资机构和金融机构，这种融资方式占比一度超过地方政府债总量的30%，后因财政改革私募债发行量逐步减少。一般私募债只需与交易对手方达成协议后直接发债即可，较公募发行成本低、用时短，但存在规模较小，融资成本较高的问题。

（4）私人部门融资

日本政府借鉴英国模式推出了私人部门融资，将部分能够在市场上筹集资金的公共项目投入市场，以降低政府财政压力，同时提高基础设施建设效率。日本政府选择有能力在市场上融资的基础设施项目，通过招投标的方式授予中标方特许经营权，并在特许经营权到期后收回该项目。特许经营权一般是30年，中标企业负责建设和运营相应的基础设施项目。该方案大大推动了日本城镇化所需的基础设施建设，激发了市场私营部门对公共项目建设的兴趣，随着私人部门融资项目的快速增多和发展，日本财政压力得到了有效缓解，民生项目数量相应增加。日本政府和金融机构都对私人部门融资项目提供了大量的支持，其中政府部门针对项目前期调研和融资提供大量的补助并对私人部门融资项目提供相应的税收减免，金融机构则提供大量低息贷款支持，以推动私人部门融资项目的开展和持续运营。

4. 日本地方政府债和管理体系

（1）日本地方政府债

日本地方债务规模庞大，在总量上是世界第二大地方债券市场，作为财政资金的主要来源之一，在日本经济泡沫破灭后，日本中央政府支持地方政府大量发行地方政府债券来支持地方性财政支出和工程建设支出，使日本地方债余额在20年的时间里翻了一番。

我们可以从国内市场发行债券和国外市场发行债券两个方面对日本地方债市场进行研究。国内市场方面，中央财政融资计划、地方公共团体金融机构和金融机构共同为日本政府融资提供融资中介的作用。中央财政融资计划、地方公共团体金融机构作为两个公共融资平台，以自身为主体发行中央财政融资计划债和地方公共团体金融机构债，并将筹集的资金以借款的形式借给地方政府使用。除去两大公共平台融资外，日本各级政府还能够以私募债的形式筹集资金，直接从金融机构处获得所需的资金。在资本市场公开发行地方债也是日本各级地方政府在国内市场的筹资手段之一。在海外市场，日本政府发行以本币计价或以外币计价的债券以筹资，地方公共团体金融机构同样能够筹集海外资金，地方政府在海外市场筹资时可以选择直接发行离岸债券或通过地方公共团体金融机构这个平台进行筹资活动。

表5.1　　　　　　　　　日本地方债务筹资结构

种类	发行方式		到期期限	赎回方式	息票设置
私人资金	私募发行	债券，借款	主要为10年，根据与银行的协议也存在其他多种期限，如5年	一次还本付息；分期摊销偿还	地方政府自行决定
	公募发行	债券	5年，10年（也存在20年、30年的超长债券）	一次还本付息	固定利息
公共资金	JFM	借款	5~28年，主要为10年以上的超长期债券	分期摊销偿还	在固定利息与浮动利息之间选择
	中央政府资金	借款	5~30年，主要为20年以上的超长期债券	分期摊销偿还	在固定利息与浮动利息之间选择

日本地方债的持有者按持有量排序依次是银行、保险、政府机构、养老基金、其他机构等，其中银行持有量占比超过40%。

日本地方债券筹集资金主要用于满足地方政府的消费性需求和支持当地公共设施建设。日常消费方面，地方政府可以发行临时财政对策债、减收补充债、减税补充债以及财源对策债。支持公共设施建设方面,地方政府可以相应发行一般公共事业债、一般单独项目债、公营住宅建设项目债、义务教育设施整备项目债、后生福利设施整备项目债等。

(2) 地方政府债管理体系

日本地方政府债管理体系非常严格,每年的地方政府债发债都需要通过地方预算进行管理,地方预算将每年新增的债务当做收入列入地方债务计划,将未来的利息支出和还本支出当做未来各年度的支出列入地方债务计划,通过地方预算对地方债发行进行平衡。而地方债务计划与地方财政计划、中央财政融资计划共同组成一个容纳了中央和地方的融资管理体系。

(3) 地方政府债风险管理

日本中央政府通过以下三个方面来管理地方政府财政风险:中央政府的直接财政支持;债务发行的检查与控制系统;严格的财政纪律控制。严格的财政纪律控制强制要求地方政府按时披露自身财务运行状况,并鼓励外界对政府财务情况进行监管,对财务状况变动进行及时的调整和修复。通过政府财务报告,不单单政府自身对财务报告敏感,与政府相关的企业、居民都会关注政府财务能力指标,并根据自身需要做出相应调整。日本数据显示,2010 年仅有 0.3%的地方政府出现了财务状况预警,可见严格的财政纪律控制效果显著。地方公共团体金融机构的风险控制体系也值得称赞,地方公共团体金融机构开创了综合风险管理模式,该模式能够有效地对各类潜在风险做出反应。地方公共团体金融机构的风险管理系统如图 5.1 所示。

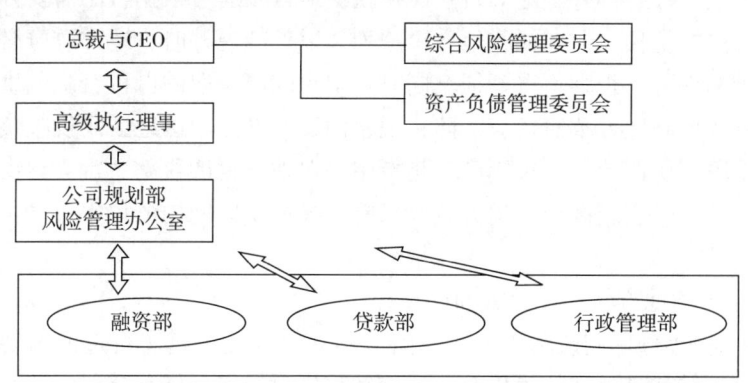

图 5.1 日本地方融资平台 JFM 的风险管理体系

(二) 日本经验借鉴

通过近二十年以扩大地方自治为目标的财政分权改革,日本从一个典型的集权型国家变成了一个集权与分权相结合的国家,这一改革对地方政府融资体制的演变产生了深远的影响。相比之下,我国则一直属于集权型国家,1994年的财政分权改革并没有使地方自治程度得到提高,相反,近几年来地方财政对中央的依赖却越来越大。由此可见,基本财政制度的不同决定了中日两个地方政府融资模式具有明显的不同。一般来说,地方税、中央对地方转移支付以及地方债是地方政府融资的三大渠道,因此,可以从这三方面探究中日融资模式上的差异并借鉴。

1. 地方税收的差异

我国实行的"分税制"分权程度较低,主要体现在:第一,分税不够彻底。国家税收中除了收入划分明确的中央税、地方税外,还存在一种中央与地方共享收入的共享税;第二,税收立法权过度集中于中央。虽然省、自治区、直辖市的人大及其常委会在不与宪法、法律和行政法规相抵触的前提下,可以制定地方性税收规定,但在实际操作中,地方自主性非常小;第三,地方政府无稳定的收入来源。我国地方政府没有确立起能够保证其收入的主体税种,导致其收入来源的稳定性无法得到保证,造成了地方政府对中央的依赖性不断增强。

与此相比,同样实行分税制的日本其分税的特征较为明显,且分税也较为彻底。首先,日本税权划分清晰,税权分配合理,财权与事权较为匹配,凭借税收的自身特征和性质来区分各级政府的税源,保证了稳定的地方收入;其次,日本地方政府具有一定的自主课税权。地方政府可根据自己需要开征地方税法范围内的税种,但在征收地方税法列举以外的税种时,地方政府必须得到中央政府的许可,否则不得开征。同时,中央政府采取的课税否决制度,是中央政府有效控制地方政府税权,防止税率混乱而导致全国地区间税收负担不均的重要手段。所谓课税否决制度,是指中央对地方税的税率通常会给出一个标准税率以及一个实施区间,地方政府只能选择规定区间内的税率,尤其不能超过上限。

2. 中央对地方转移支付方面的差异

自1994年分税制改革以来,我国转移支付制度一直实行过渡性转移支付制度,这种转移支付大体可以分为一般转移支付与专项转移支付,并且特殊转移支付比重超过一般转移支付,这相当于间接限制了地方政府的自主权。转移支付的具体形式包括税收返还、专项补助、原体制补助、转移支付补助、各项结算补助和其他补助六种形式。现行的转移支付存在几个明显的问题:第一,支付结构的不合理导致财政非均衡进一步扩大;第二,中央补助的要求不合理导致地方财政困难加剧；第三，中央对地方的转移支付缺乏专门的法律规范，使支付出现一定程度的主观随意性，进而容易导致政府间财政关系不稳定以及缺乏对转移支付资金使用的有效监督。

相反，日本通过科学合理的转移支付制度较好地解决了地方财政短缺的问题，平衡了财政的纵向和横向的不平衡，弥补了财政体制制度设计的不足。日本中央对地方的转移支付与我国的明显差异主要在于规范程度，表现在其转移支付的法制化和透明化两个方面。日本转移支付制度的相关立法比较完善，对各种形式的转移支付都有明确的法律规定及补充规定。日本现行财政转移支付制度主要由三部分组成：地方交付税、国库支出金和地方让与税。前两者是主要的转移支付形式。地方交付税相当于我国的一般转移支付，以平衡地区间财政收入为目的。它的实质是中央政府代地方政府征税，并将这一部分税收收入返还给地方政府，可以看做地方税收收入的一种。地方交付税作为地方政府的一般财源，由地方政府自由支配，不附加任何条件，主要用于调节地方财力差别和保障地方财源，其比重在各类转移支付中最大。国库支出金是日本中央政府为实现特定的社会经济政策目标，通过向地方政府转移资金并指定支出方向和附加支出条件的财政资金，相当于我国的专项转移支付。其用途主要是基于公平性原则，保证全国重要领域的公共服务均等化，同时鼓励地方政府尝试提供地方亟需且提供起来难度较大的公共服务。除了明确的法律规定及补充规定，为了加强对地方政府行为的监管，日本设置了具有双向职能的总务省，代表中央政府进行财政监督的同时也代表地方政府的利益，防止其上级部门尤其是财政部侵犯地方政府的财政利益。总务省的设置，有利于中央与地方的双向沟通和中央对地方的监督。

3. 地方债体制的差异

我国从 2009 年开始才允许发行地方债，在此之前，我国法律不允许地方政府发债，导致地方政府只能通过地方融资平台绕过法律约束进行融资，而在国际金融危机的大背景下，为了缓解地方经常性收入不足、实行扩大内需的积极财政政策而做出的适时调整，地方债的发行具有经济对策债性质。因此，地方债务发行制度还没有常态化，仍处于非常初级的阶段。由于财政部在地方政府债券从发行到还本付息的整个流程都全程参与并承担着相应的责任，因此事实上我国的地方债也具有准国债的性质。另外，我国地方债的发行并没有实现完全的市场化。虽然市场化的招标方式是我国地方债券的主要发行方式，但证券交易所的市场托管量较银行间债券市场的托管量要小得多，在二级市场交易方面，银行间依然是主力市场并且交易量并不大。最后，地方债的利率决定市场化程度较低。地方债的中标利率经常无法客观反映各地不同的财政状况及地方政府信用风险和流动性风险,很多时候几乎等同于国债。有鉴于此,我国总体非市场化的地方债制度必然影响财政资金的使用效率。

相比而言,日本法律则赋予地方政府发债的权力,并且在一系列财政分权改革下,地方发债的自主性有所提高。为了防范地方政府发债所带来的财政风险,日本对地方政府的债务风险防范制度也越来越成熟,主要体现在:第一,地方债资金来源逐步市场化。日本的投融资改革使早期作为日本地方债务主要来源的中央政府资金和公营公库资金等公共资金的来源开始减少,民间资金逐渐增加,融资渠道逐渐市场化,即地方政府资金的贷款条件开始遵循市场原则而非仅仅是时间的长短。地方债的市场化有效地约束了地方政府的发债行为,要求地方政府在发债时对其项目进行市场化评估并进行成本核算,有效地提高了贷款资金的使用效率。第二,债务风险控制制度越来越严格。除了举债制度市场化本身外,地方政府的行为还要受到严格的外部约束,地方政府完整的财务状况必须定期公开,并接受外部审计师的检查。2008年,为了使地方政府的债务更加公开透明,日本的中央政府开始要求地方政府引入权责发生制政府会计制度,力图更加准确地反映地方政府的财务状况,加强对资产存量的管理。与此同时,为了尽早发现地方财政中存在的问题,特别是隐性债务问题,根据2009年日本"地方公共团体财政健全化法",日本制定了全国统一的衡量地方政府财务状况的"财务健全化"和"公营企业经营健全化"指标体系,对于财务状况超过一定限额的地方政府,将根据其财务状况的恶化程度受到一系列约束。严格的地方债务风险控制大大降低了地方政府财务恶化发生率,有效促进了地方财政的健康运营。第三,发行方式越渐灵活,发行产品越渐多样,融资创新模式也越渐丰富。2001年开始,地方政府除了可以发行普通地方债外,还可以发行一定数量的"临时财政对策债",筹集到的资金作为地方政府经常性开支。2002年开始,日本很多的地方政府改变了以前地方政府债务发行条件完全一样的历史。与此同时,日本2003年多地政府实行的共同发行公募地方债制度使地方政府的债务发行更加多元化,且保证了地方债的流动性,由地方政府共同承担所有债务也提高了政府的信誉。除此之外,日本地方政府共同出资设立了由日本各级地方政府全资占有的地方公共团体金融机构,其目标是通过该机构在资本市场的融资活动,为地方政府筹得低息长期贷款的资金来源,并对这些债务进行有效的管理。

总而言之,作为财政制度的根本,日本在中央与地方之间建立了合理的事权划分和规范的财政分配制度,从日本所实行的地方财政体制可以看出,一方面，各级政府的财权和事权得到了统一，各地方政府财政能力实现了均衡；另一方面，地方政府的独立性和自主性得到了充分的维护，加强了中央对地方政府行业的调节引导作用，保证了国家整体利益及全国统一的实现。

二、世界各国金融支持城镇化之韩国经验借鉴

（一）韩国经验

1. 财政与政府融资

在韩国城镇化前期，基础设施建设融资主要依靠政府财政和政府融资，主要来源是税收、财政融资和发行政府债券等。

（1）财政收入与支出

对于韩国地方政府来讲，在城镇化前期，其主要收入来源是税收和中央政府的财政支持，其中，税收提供了50%的资金来源，中央政府提供了40%的资金来源。随着韩国进入城镇化后期，韩国地方政府成立了大量政府融资平台企业，通过资本市场进行融资，而资本市场创新工具也大量增多，地方政府的资金来源逐步趋于多元化。税收和中央政府资金占地方政府资金来源从90%逐步下降至不到60%。

韩国地方政府财政支出一直保持在高位，自1960年韩国推行城镇化以来，各级地方政府持续高比例投入建设城镇化基础设施，在城镇化后期，地方政府财政预算仍保持中高速增长，主要用于社会福利、基础设施、环境保护、公共管理等方面支出。

（2）财政融资

韩国城镇化的发展离不开财政融资的支持，韩国财政融资由财政部门主导，为有资金需求的企业和部门提供资金。财政融资主要通过一系列政策性金融机构，提供长期、低利率的贷款，为重点行业企业建设提供支持。韩国政府针对工业、农村、住房、小微企业等行业领域设立相应的政策性金融机构。这些金融机构通过债券、贷款的形式吸纳社会闲散资金，也通过海外贷款、政府基金获取资金。政策性金融机构的业务量在韩国城镇化建设的过程中也呈现出不同的趋势，在城镇化前期，国民投资基金和国民住宅基金做出了巨大贡献，而在城镇化后期，小微企业基金则做出了重大贡献。

财政融资重点在于具有公益性、政策性的领域，其中以铁路、公路、水利、煤炭、电力等投资回报率低，社会福利性质的行业领域为主。在城镇化后

期，财政融资逐渐摆脱了传统的铁路、公路、水利、煤炭、电力等领域，为住房、环保、社会福利、中小企业服务、农业科技发展提供资金支持，推动城镇化进一步发展建设。

（3）政府债券融资

韩国政府在城市化前期利用利率和信贷相关的行政手段，大力推动基础设施建设和工业项目融资。在城镇化后期，韩国政府对债券市场的利率和信贷关系控制逐渐减弱。在韩国资本市场中，政府债券对城镇化贡献最大，政府债券的主要投资者是各大金融机构。在2005年以后，韩国政府逐渐减少政府债券融资，增加政府债券融资。

韩国的城镇化过程中，中央政府对地方政府发行政府债进行监管，地方政府自主决定是否发行政府债。韩国政府债券主要分为国库券、市政债、政策金融债等，他们共同对城镇化进程的加速起到了推动作用。

市政债券是由承销机构销售、市级政府利用其筹集的资金推动城镇化建设的债券。在市政债券融资的过程中，市级地方政府多数通过地方政府融资平台企业发行债券，市级地方政府针对交通、通信、住宅、医疗等领域分别设立独立的融资平台公司，依靠融资平台公司发行债券融资，一般地，政府会通过地方财政收入对自身不能产生现金流的融资项目进行担保，而自身能够产生现金流的融资项目政府不会担保。

政策金融债主要是由韩国两大政策性金融机构韩国产业银行和韩国中小企业银行发行的债券，主要用于各自针对的政策性领域低息贷款。

在城镇化后期，地方政府也通过在证券交易所发行证券的方式进行融资，其中绝大多数是通过地方融资平台公司进行融资。发行证券的好处是通过公开的资本市场获取资金，能够有效地降低融资成本。政府证券融资主要用于基础设施、环保、区域开发等领域。

2. 私人部门融资

（1）私人部门融资历程

私人部门融资是韩国政府一直倡导的融资方式，能够有效缓解政府财政资金压力。在韩国城镇化的进程中，韩国政府引导私人部门融资可以分为四个阶段。

第一阶段我们可以称其为间歇性融资阶段。在第一阶段政府引导私人部门融资还很谨慎，仅仅在能够产生现金流的交通运输领域的基础设施项目引入私人部门融资。在这一阶段，政府通过直接或间接的方式引入民间资本，其中直接引入就是以政府融资平台进行融资，而间接融资则是政府成立的国民投资基金在引入民间资本后将资金低息借给需要的融资项目主体。

第二阶段我们可以称其为法制化融资阶段。为了规范间接融资，维护私人部门投资者的权益，韩国政府出台了社会间接融资法案，促进私人部门投资者对政府进行投资。社会间接融资法案推动了BOT、BOO、BTO等新型私人部门资金参与城镇化基础设施建设的融资方式，并规定在交通、通信、供水等领域强制要求使用BTO的方式进行开发建设，在仓库、公交车站等领域可以自由选择建设方式，并由政府负责相应的相关优惠政策的执行。

第三阶段我们可以称其为积极支持阶段。亚洲金融危机对韩国经济造成了重创，韩国政府为了重振经济，推动城镇化发展，特别修改了社会间接融资法案，并规定该法案在同类法案中具有优先的法律效力。新修改的法案不再强制要求交通、通信、供水等领域使用BTO的方式进行开发建设，并对私人部门融资项目提供多项政策优惠，鼓励私人部门投资。成立了专门服务私人部门参与城镇化基础设施投资的民间参与基础设施投资中心，为私人部门参与相关项目提供一条龙式的服务。通过新法案的实施，韩国政府成功激活了私人部门对基础设施投资的兴趣，并推动了城镇化建设。

第四阶段我们可以称其为公私合作多元化阶段。进入21世纪，韩国政府进一步加强社会间接融资法案的执行力度，并对社会间接融资法案进行更新修改。对PPP项目引入了BTL模式并进行推广，在学校、住宅、医院和环保企业等领域进行试点，年限限制为十年到三十年之间。设立相关安排推动PPP项目广泛实施，提高私人部门的参与性，试点通过公募基础设施基金引入私人部门投资。

（2）私人部门融资的变化趋势

私人部门在初期对韩国城镇化建设融资兴趣不大，因为在城镇化建设初期，基础设施建设的各项配套政策保障并不完善，风险收益并不成正比，导致私人部门只对少部分有现金流收入保障的基础设施项目感兴趣。在韩国政府修改社会间接融资法案后，相关法案对私人部门投资者的保护趋于完善，各基础设施建设项目的回报率逐渐能够吸引私人部门的注意，城镇化建设吸纳私人部门融资进入成熟阶段。在后期社会间接融资法案进一步修改，增加了PPP、BTL等新型合作模式，提高基础设施建设对私人部门投资者的吸引力，推动基础设施项目融资额快速增长。

PPP项目从管理上讲可以分为：中央政府管理、地方政府管理和中央政府补贴地方政府管理三种模式。PPP项目融资规模巨大，曾经在2007年金融危机前夕融资规模近12万亿韩元，是韩国政府在21世纪以来最成功的基础设施建设融资模式。

其中，PPP项目由中央政府直接管理的较少，但是中央政府管理的项目普遍单个项目融资额度远大于地方政府管理的PPP项目。因为中央政府的PPP项目一般都是全国性的，而地方政府的PPP项目一般都是以区域性，甚至仅仅是某个小城市的一部分的项目，因此会产生中央政府的PPP项目额度要大于地方政府PPP项目额度的情况。

3. 资本市场融资

随着韩国经济发展，韩国政府逐步开发资本市场的融资能力，越来越多地通过资本市场进行融资。资本市场融资的好处在于，其融资成本较低，融资期限较长，能够将更多的精力置于城镇化建设方面，同时提高政府融资的透明度。

（1）基础设施基金

韩国政府为了通过资本市场融资，特别开发了基础设施基金作为韩国基础设施建设在资本市场融资的融资工具。基础设施基金通过资本市场获取资金后，以股权投资的方式将资金投入到基础设施建设项目中，股权投资的方式使得公司没有还本付息的压力，能够保证公司全力运营发展，对缺乏资金来源的基础设施建设项目来说是非常有利的融资方式。在韩国政府完善社会间接融资法案后，私人部门对基础设施基金的兴趣大大增强，基础设施投资基金的规范性大大提高，各运营环节得到规范。后来，韩国政府将资本市场六大法案统一起来，并推出了韩国市场金融投资和资本市场服务法案，所有基金都在同一个法案的规范下运行，以保证公平公正。

韩国基础设施投资基金由政府设立的公司进行管理，分别是韩国产业银行、麦格理新韩、达比韩亚三个基金管理公司。韩国产业银行目前是韩国最大的基金公司之一，其主要股东是韩国政府，持股比例高达80%，主要投资能源、电力、交通等基础设施建设项目。2013年韩国产业银行管理规模突破50亿美元，成为韩国管理规模最大的基金公司。麦格理新韩基金公司在2002年成立，其主要股东是麦格理银行和新韩银行。麦格理新韩基金主要运营城市道路基础设施建设项目，融资规模庞大，并创新发行韩国第一支公募基础设施基金，同时在韩国和美国上市，融资规模超过13亿美元。达比韩亚基金成立于2006年，其主要股东背景为达比海外投资公司和韩亚金融集团。达比韩亚基金主要投资交通、环保、通信等基础设施建设项目，并为私人部门投资者提供全流程服务。

韩国基础设施基金还有一类是专门用于投资基础设施项目的投资基金。这类投资基金一般都是通过私募构成,投资形式通过投标获得政府基础设施建设项目 BTO 或 BTL 的建设经营权。在过去的十年中,这类基础设施投资基金的增长速度年均高达 60% 以上,是增长最快的私募基金品类之一。

(2) 基础设施债券

作为基础设施项目直接融资模式,基础设施债券由政府融资平台公司发行,直接通过债券市场筹集资金,用于各个基础设施项目建设。自韩国修改社会间接融资法案后,基础设施建设项目融资得到了规范,同时基础设施债券也成了一个有效的融资手段。该法案对基础设施建设项目发行债券需要银行担保进行了修改,使基础设施建设债券变成了无担保债券,有效地降低了由债券作为关联的银行和融资主体之间的风险公担机制,激活了债券市场的发展潜力。在法案通过后,韩国债券市场上无担保债券规模迅速增加,进入 21 世纪以来韩国有担保债券融资比例长期低于 2%。

值得思考的是,基础设施债券的存续期与一国经济状况有关。在金融危机时期,韩国基础设施债券发行量大大降低,同时,基础设施债券的存续期也都大大缩短,平均存续期不足三年。在 21 世纪初经济快速发展的时期,韩国基础设施债券发行量快速增长,同时基础设施债券的存续期大大延长,平均存续期长达 13 年之久。

(3) 基础设施证券

韩国政府通过资产证券化的方式,将能够产生现金流的基础设施建设项目的收益权制作成证券,在资本市场上进行融资。在韩国城镇化后期,得益于基础设施证券能够筹集有效资金长期支持城镇化建设,基础设施证券成为了韩国推动城镇化建设中最常用的金融手段之一。资产证券化可以分为股权资产证券化和债权资产证券化两种,其中股权资产证券化是将资产证券化标的的股权权益转化为类似于股票的资产,持有股权资产证券化份额的证券持有人将会享受到标的资产每年度相应的股息;而债权资产证券化是将资产证券化标的的债务债券实现证券化,相应的证券持有人能够享受标的资产的年度生息,通常持有人会通过加杠杆的方式放大债权资产证券化证券的收益。韩国政府在金融危机后为了快速恢复经济活力,保证金融危机的破坏性不再继续向实体经济蔓延,特专门针对大量不良资产债权实施证券化方案,实现对各级风险的分割处理。后来,韩国政府逐步将证券化标的从不良资产转向基础设施项目,鼓励地方政府融资平台自主实现证券化,鼓励相应的融资担保机构成立,并给予一定的政策支持。

韩国经验表明,基础设施项目资产证券化融资中,最成功的是道路设施建设融资。因为道路设施建设的周期相对较短，资金需求量较大，而能够相应产生现金流收入的能力非常强，无论是通过债权方式实现证券化还是通过股权的方式实现证券化都能够保障证券持有人的利益。在韩国道路资产证券化实施的5年间，其融资规模超过2.5万亿韩元，是韩国基础设施项目融资规模中最大的。

（二）韩国经验借鉴

20世纪60—90年代，韩国政府通过政策性金融机构和政府财政融资，实现了经济快速发展和韩国城镇化率的快速提升，其间韩国城镇化率提升了近50%，达到发达国家水平。21世纪以来，韩国基础设施建设通过资本市场进行融资，满足资金需求，保证了韩国城镇化率一直处于高于80%的高位。

韩国城镇化进程中，其金融对城镇化的支持方式是变化的。在城镇化前期，韩国基础设施建设项目主要通过政府财政进行融资，当城镇化进入后期，韩国基础设施建设项目的资金来源更多地来自本国私人部门和资本市场。

1. 制定长期规划，完善法律支持

韩国在金融支持城镇化的过程中，每个阶段都有重要法案对其支持，这些法案涵盖金融支持工业优先发展、金融支持地方项目、引导民间资本参与建设、创新资本市场融资等不同的阶段，保证了金融支持城镇化的高效性。反观中国，通过立法确保金融支持城镇化的制度安排尚不健全，加之立法缺失，极易产生资金使用不透明、利益分配不合理等问题，且此类现象在中国政府基金和BOT项目融资中已经出现。此外，即便是有法可依，便由于行政干预，中国企业发行债券在实践中仍困难重重，难以推广。因此，法制基础在建立金融支持城镇化的长效机制中至关重要。

2. 融资主体多元化，资金使用高效化

韩国在城镇化的进程中，中央政府、地方政府、私人部门、国有企业等行为主体都发挥了重要的作用，并在一定程度上有效利用了海外资金。而中国无论是在国际金融市场发行基建债券的规模还是从世界银行和其他开发性金融获取的低息建设资金都较少，未来中国应将从国外获取城镇化所需资金作为一条重要的渠道。此外，为了提高资金的使用效率，政府应以稳健的投资来支持地方城镇化项目，并严格评估项目的合理性。近年来，中国部分地方政府的盲目投资使资源分配极不合理，已使一部分行业出现产能过剩，而另一部分行业却供不应求。因此，增加资金来源固然重要，切实提高资金的配置效率才能从根本上解决问题。

3. 进一步引导私人部门投资

在韩国，城镇化建设鼓励私人投资，民间资本已进入大多数的基建领域，很好地弥补了财政预算的不足，同时又利用私人部门的创造力和高效管理提高其市场敏感度与资金运行效率。而中国从总体上来说，利用民资支持城镇化仍处于探索性阶段，虽然中国在公路、邮政等领域已经成功引进了民间资本，且2014年以来，更计划在石化、港口、金融等基础设施行业加大私人部门参与的力度，但在PPP立法、各类形式界定与规范、成立PPP管理中心等方面，中国亟须借鉴韩国经验。其中的核心环节，是建立不同建设主体的利益分配机制；短期内吸引民资的重要举措，是建立民资参与建设的最低收入保障机制。

4. 有效利用资本市场的金融创新与多元化工具

一个高效的资本市场可以创新出不同的投资工具来促进融资，进而促进城市化建设，其中，市场化改革与有效监督是极为重要的两个方面。韩国在1981年之前，债券市场发行的主体、方向、规模、利率都由政府计划控制，以企业为发行主体的基础设施基金、基础设施证券也几近空白，但经过17年的市场化改革之后，韩国最终在亚洲金融危机的冲击下"不破不立"。而目前中国的债券市场与改革前的韩国十分相似，如政府监管过严、债市基础设施不健全、第三方信用评级不足、企业债市规模过小等问题。因此，中国要借鉴韩国经验，加快债券、证券等领域的市场化改革，通过资本市场的金融创新和多元化工具，来支持城镇化的长期可持续发展。

5. 强化金融支持城镇化过渡阶段的政策协调

韩国金融支持城镇化的过渡阶段大约用了7年（1994—2000），期间，PPP规范化与金融市场化改革同步完成。目前，中国也即将进入金融支持城镇化的过渡阶段，在这一关键阶段，中国需要各项财政政策和金融政策紧密协调。财政部门要加快完善PPP的利益共享、风险共担机制，对PPP的总体设计、项目储备、招投标管理、争议协商等方面出台法规和具体实施方案。"一行三会"则要在"金融脱媒"、债市放开和利率市场化等方面，与财政部门PPP创新和地方政府发债机制改革的步伐协调，只有这样，才能为高级阶段的发展奠定坚实的基础。

三、世界各国金融支持城镇化之德国经验借鉴

德国在第二次世界大战结束后的建设经验值得学习，与日本和韩国不同，德国是在城镇化水平相对较高的基础上继续建设，成为当前城镇化率最高的国

家之一，城镇化率达到惊人的96%。对德国经验进行研究，有助于我们在城镇化率已经相对较高的情况下继续进行城镇化建设的有效借鉴。德国经验具体如下。

（一）德国经验

1. 政府的科学合理规划

与我国政府五年规划类似，德国政府与欧盟制订相应的七年规划，对经济、社会、环境和未来发展制订出相应的指导性计划。根据最新的2014年至2020年计划，德国计划大力发展边远地区，提高环保产业发展速度，优化产业结构，持续加强城镇建设，对民生项目提供大量资金等。就像我国国家制订五年规划，地方政府也制订五年规划一样，德国地方政府也相应制订七年规划，积极支持德国政府和欧盟制订的七年规划，重点推进小城镇发展，提高占据德国绝大多数就业的小城镇经济能力，释放更多的就业岗位，从而推动地方城镇化建设和经济发展。

2. 提高社会服务的公平性

德国倡导全国各区域同步发展，依靠政策推动城镇和乡村能够享受同样的社会福利政策，提高社会的公平性。由于历史原因，德国西部比德国东部发达很多，德国政府每年都有专项的经费用于推动德国东部发展，此外，德国每年还对农业提供大量的支持，用于提高农村居民的收入。同时，德国政府还设立相应的政策机构，用于为农村和城市郊区居民提供相应的政策性贷款，以及创业企业中小企业的政策性低息贷款。

3. 财政结合政策性金融机构

德国政策性金融机构以政策性银行为主，政策性银行的主要高管都由德国政府直接任命，而其他职业则通过社会招聘的方式聘任。政策性银行的主要任务是执行德国政府制定的相关金融扶持政策，为农户、郊区居民、中小企业提供大量政策性贷款。同时，政策性银行还为一系列非营利性质基金提供资金支持。德国政策性金融机构的资金来源以德国政府财政拨款为主，同时通过德国财政担保的方式在资本市场上发行债券筹集相关资金。

4. 政策性银行推动德国城镇化建设

在德国城镇化进程中，政策性金融机构为城镇化进程提供了非常强大的动力。政策性金融机构德国复兴信贷银行可以说与德国政府一起成长，联合德国农业银行，为农村居民、基础设施、房屋改造、能源、小城镇企业等多个领域提供大量长期低息资金，提高相关领域发展速度，有效地推动德国城镇化建设。

(二) 德国经验借鉴

我国正处于城镇化快速化发展的关键时期，常住人口城镇化率为53.7%，比发达国家的平均水平低了26.3个百分点，而较与我国相近的发展中国家低了6.3个百分点。由此可见，我国的城镇化水平还有很大的发展空间，应继续大力推进城镇化进程，在此过程中，资金量的需求会空前增加，资金回收期长，加之大部分资金回报低，甚至为零，很难引入商业化的资金，因此，德国所采取的政策性银行将成为我国政府实现工作目标的一个强有力的调控措施。我国应从德国的经验中探索出一个借助政策性银行支持城镇化建设的合理模式。

1. 发挥政策性银行在顶层设计中的主导作用

农业发展银行是我国唯一的农业政策性银行，近年来已逐渐形成了"建设新农村的银行"的品牌，在支持农村基础设施建设、农业综合开发、农业企业可持续发展、保障农民利益方面都发挥了其不可或缺的作用，为了促进城镇化的进一步开展，有关部门应该研究制定政策性金融专项支持政策，使其更好地体现国家的政策意图。

一是在立法中强调政策性银行的关键地位。我国从1994年建立三家政策性银行至今，相关的法律制定仍停留在规章制度、经营条例等层面上，而相应的法律保障和规范则严重缺失。因此，制定政策性金融专项支持政策的第一步就是出台相应的法律法规，明确政策性银行的性质、组织架构、治理结构、经营范围、运作模式、利润分配、监管考核等，只有给予其清晰的定位才能充分发挥其专项金融的职能。

二是探寻政策性银行的公司治理结构。其中董事会和监事会成员可由发改委、财政部、农业部、人民银行等相关部委官员或专家组成，主要职能是贯彻落实国家政策，协调与政府各部门的关系，有利于国家政策的有效传导和执行。

三是加强财政、货币政策与银行信贷资金的紧密合作。首先，为了解决城乡发展不均衡的问题，中央政府应联合地方政府设立"城镇化建设发展基金"，以财政资金设立，采用一次性补贴的形式，最终由农业发展银行统一拨付；其次，对于重点支持的大型城镇化项目，各地区政府应有权发行定向或特种债券，然后由农业发展银行将募集资金进行划拨；最后，放松农业发展银行再贷款额度的限制，增大整体规模使其至少不低于其他金融机构年度贷款增长的平均水平，面对城镇建设这类政策性很强的业务，应予以定向再贷款。

2. 明确支持城镇化建设重点，加强信贷资源优化配置

围绕"两轮驱动"战略，从"促进生产、发展实业、稳定民生、深化服务"四个方面着手，以城镇化建设信贷为切入点与着重点，以四化同步、协调发展为目标，打造全方位支持城镇化建设的新格局。

一是加速推进农业现代化进程，将确保国家粮食安全作为推进城镇化的重要基础。在收购主体多元化与执行目标价格的新形势下，农业发展银行应继续发挥粮棉油收购资金供应的主渠道作用；积极配合政府粮棉油等储备政策的执行，以稳定市场价格；大力支持基本农田、生态保护和环境治理等工作，逐步提高农业综合生产能力；加快建立农产品仓储、冷链物流、农产品批发市场、农村连锁配送等市场流通网络；探索支持家庭农场、农民合作社等新型经营主体规模经营，以金融杠杆推动土地流转，推行大型农业机械等融资租赁，促进农业集约化、高效率生产。

二是大力扶持涉农企业，奠定城镇化建设的产业支撑。发展以粮棉油收储、加工、流通为重点的全产业链信贷业务是"两轮驱动"战略中的重要一轮。产业链金融模式是不二之选，依靠核心企业，针对粮棉油种业、基地建设、精深加工、仓储流通等上下游各环节，设计以个性化、标准化为特点的金融服务产品，为产业链上的所有企业提供灵活的金融产品和综合金融方案，促进农业产业化水平和农业整体经济效益的提高，进而增强城镇吸纳农村劳动力就业的能力。坚持业务品种创新，进行定向风险投资或建立产业基金，大力支持农业科技创新型企业的发展与成长，鼓励资产实力雄厚的农业企业"走出去"。

三是落实农村基础设施建设，提升城乡一体化水平。积极响应国家新型城镇化建设规划，鼓励大中城市周边和城乡一体化基础好的农村土地整理开发项目，大力支持农村新型社区建设，以及涉农棚户区改造、农民危改房、游牧民定居工程，改善居住环境；扶持省级以上政府投资的水利建设项目、中央财政补贴和地方财政预算安排的公路建设项目；重点开发中央和省级政府投资的基础设施项目，适度支持集中联片扶贫开发项目，大力改善贫困地区的农村生产生活条件。

四是实现公共服务均等化，建设绿色和谐新农村。农业发展银行应充分发挥政策性优势，实现业务延伸，开发支持城镇环境治理和生态建设的项目、城镇化科教文卫项目、城镇商业服务设施建设项目，为新型城镇化建设提供均等完备的公共服务，大力改善进城农民的生活环境。此外，农业发展银行可以利

用合作银行、商业银行的分支机构进行转贷，由其自身提供低利率贷款，大力支持农户或新型农业组织，体现其支农职能的同时也为其自身增加了贷款业务量，由合作银行承担转贷管理责任，进一步降低了政策性银行风险，最终促进了城镇化的进程。

3. 适时推出外部配套政策，稳固可持续发展基础

一是争取国家政策补充资本金。按照国际通行惯例，各国政策性银行的资本充足率一般都高于本国银行业的平均水平，通常都借助财政注资等方式建立资本正常增长机制或是每年利润积累转资本金。而根据测算，截至 2014 年 6 月末，农发行的资本充足率若要达到 10.5% 的要求，则需要补充 923 亿元的资本金，在资本金的补充方式中，较为理想的方式是由中央一次性足额补充，但这样做会使中央财政面临预算平衡的压力。因此，更为理想的方式则是采取农业发展银行内源融资与国家注资相结合的方式，并由银行利润和所得税等内生资源进行资本转增，由国家财政补充不足的部分，进而增强风险的抵抗能力。

二是确保政策性金融资金来源。根据测算可以发现，全国各级地方政府的财政收入总额难以满足国家城镇化建设的资金需求，因此，为了满足要求，需要银行信贷给予支持，关键问题是政策性银行需要具有稳定且期限合理的资金来源。而目前农业发展银行的资金来源半数以上需要通过市场发债来筹集，发债成本随着利率市场化改革的深化不断提高，加之较短的发债平均期限难以满足支持城镇化建设中长期的资金需求，当前的资金筹措困难重重。为解决现有问题，可以借鉴德国经验，为降低筹资成本，可以对政策性银行发行债券的利差损失给予一定的贴息补助，或允许优先在境外发债，在国际市场寻找价格较低的资金。就期限问题，允许发行城镇化专项金融债券并做好长短期限的匹配。最后，为保证政策性银行支持城镇化建设拥有稳定的资金来源，可将商业银行存款的一定比例转存至政策性银行或者购买债券。

三是减免存款准备金和税收。目前，农业发展银行需要缴纳存款准备金，且缴存比例远高于同类银行，但农业发展银行和其他政策性银行的性质类似，并没有吸收公众储蓄存款，主要资金来源以发债筹集为主且全部运用于"三农"领域，却执行着与商业银行相同的存款准备金率，大大增加了其资金成本与流动性管理的难度。因此为扶持涉农信贷，应取消农业发展银行的存款准备金缴存，或缴纳比例参照农信社。此外，农业发展银行的营业税也应免征或比照农信社涉农贷款的优惠政策，按优惠税率征收，提高贷款损失准备金税前提取比例，并将农发行缴纳所得税用于建立"共管基金"。

四是建立风险分散和补偿机制。对于城镇化建设贷款，农发行在与政府签

订一揽子合作协议时，要充分考虑到基础设施、公共产品较大的潜在风险，做好项目准入与区域准入，设立区域最高融资限额，并制定业务亏损占贷的认定机制，稳定各级政府补贴来源，以保障后期风险补偿准备工作的顺利实施。为此，由政府牵头组建政策性担保机构，为城镇化项目的借贷提供担保，如建立由政府出钱，农民与农村企业参股的商业担保公司或股份制担保公司，努力探寻农村集体经营性用地、集体农用地承包经营权抵押等担保模式，并积极推出新型担保种类，扩大有效抵押品的范围。最后，大力推进农业保险体系的建立，加速改善商业性保险与农业政策性保险的制度安排，为农业信贷风险提供有效的分散补偿机制。

四、中国金融支持城镇化的经验借鉴

（一）金融支持城镇化的经验模式

1. 新型城镇化中保障性住房融资模式

随着我国经济的快速发展，2013年我国城镇化率达到53%，进入城镇化发展中期阶段。然而，城镇化率的快速提升无法掩饰我国户籍制度带来的实际户籍人口城镇化率不足36%，远低于实际人口城镇化率，这意味着我国有将近两亿人在城镇中工作，为经济发展做贡献，但是并没有享受到城镇中的福利待遇。这些人的工作福利没有保障，在城镇中属于低收入群体，他们在城镇化过程中需要更加公正的待遇，也需要更多保障性住房以实现定居在城市的梦想。

同时，保障性住房的建设周期因为资金问题、拆迁问题等因素要比商品房的建设周期长1~3年。过长的开发周期导致保障性住房的数量设计滞后于实际发展速度，政府在多年前开发的保障性住房的供给无法与多年后的实际需求相匹配，多种因素叠加就导致了保障性住房的供给远远小于保障性住房的需求。

目前我国保障性住房均由当地市政府财政出资建设，社会资本几乎没有进入保障性住房项目中。由于地市级政府财政实力有限，每年财政建设保障性住房的供给远低于当地低收入群体对保障性住房的需求，导致城市生存成本的上升，从而对城镇化建设产生消极的影响。

湖南省率先在保障房建设上引进社会资本，2013年9月，湖南省保障性安居工程投资有限公司与大汉城镇建设有限公司就棚户区改造、配套基础设施建设和商业设施开发等多领域达成战略合作,将推动益阳市资阳区占地约1400亩的资阳区资江北岸棚户区改造。

(1) 财政资金的杠杆效应不显著

我国保障性住房建设的资金来源主要是中央政府的财政补贴、当地地方政府财政收入拨款、地方政府债券等,资金来源有限,对私人部门资金的引入渠道不多,导致保障性住房供给远小于实际需求。同时,我国保障性住房建设还是在走政府自建、出租的老路,缺乏应用金融杠杆或政策杠杆的能力,对社会资本的引入和引导性能力较差,导致对城镇化建设造成了一定的抑制作用。

(2) 急需建立多层次的融资结构

目前来讲,保障性住房是最需要金融支持的城镇化建设项目之一。因为保障性住房项目对资金需求量特别大,如果只通过政府的财政资金支持的话,将严重阻碍城镇化建设,只有通过金融体系建设一个多层次的保障性住房建设体系和融资体系,才能够保证保障性住房的建设跟得上需求。目前来讲,由于我国非一线城市租金水平较低,保障性住房租金水平已经接近福利性住房,导致保障性住房的资金回流速度过慢,降低了社会资金对其兴趣。通过金融创新应用金融杠杆的方式建立多种方式的融资渠道已经成为了保障性住房建设的当务之急,也是城镇化建设过程中最需要解决的问题。

2. 新型城镇化中新兴产业发展的金融支持模式

对于新兴产业来讲,最需要的金融支持是起步资金和进入成熟期后通过资本市场获取大量资金用于规模化发展。目前我国新兴产业大多处于起步阶段,需要风险承受能力较强的风险投资基金支持,随着新兴产业创业经济热潮的扩大,我国逐渐出现各类独立投资人,通过"遍地撒网,重点捞鱼"的方式在重点领域进行创业投资,随着我国经济结构的换挡,新兴产业将成为我国经济的有效支撑,届时资本市场将迎来新兴产业经济的上市热潮。但是,不可避免的是,我国目前风险投资规模与数以十万亿元的银行贷款规模相比存在数个量级上的差距,仅通过现有的风险投资机构对新兴产业的支持十分有限。

江苏省苏州市在改革开放后利用与新加坡合作的机遇,大力发展新兴产业,对新兴产业提供大量低息贷款,从而促进了新兴产业的快速发展,并通过产城融合的形式促进了经济的快速发展,目前已经发展成为了我国地级市中最发达的城市之一,下属的昆山市连续多年在全国百强县中排名第一。

(1) 金融机构与中小新兴企业很难有效对接

目前我国新兴产业发展处于初级阶段,新兴产业资源较为集中,在一些落后地区的新兴产业企业发展较为缓慢,也没有有益的信用文化,导致金融机构对当地新兴产业的支持有些迟疑。与此同时，金融机构在对实体经济提供金融支持时，更愿意提供服务给成熟期的大型企业，因为这样的企业能够给他们带来丰厚的利润，并且相关的风控成本远低于带来同样利润的中小企业。无独有偶，中小企业的主要资产是其智力财产，以专利等无形资产为主，在传统金融机构业务中，以银行为主的金融机构的风险覆盖机制是需要资产抵押的方式发放贷款，而中小企业的资产结构造成了能够接受抵押贷款的企业很少，同时，银行提供贷款给中小企业的定价也因为各项成本和风险补偿的原因要比正常贷款价格高很多，导致很多中小企业难以接受，这就造成了中小企业长期融资难的问题。

(2) 风险投资的引导功能逐渐丧失

风险投资是世界各国初创企业首选的金融支持手段，也恰恰是风险投资为世界各国创造了多个优秀的企业，每家风险投资机构都以能够投中下一个市值超过10亿美元的"独角兽"为荣。风险投资是投资人根据自己对标的企业所在行业和所在产业链位置的理解，对其未来发展进行大致评估，并通过风险投资的方式提供资金，在企业发展壮大后通过IPO、并购、MBO等方式退出。目前来讲，我国的风险投资基金基本处于发展的初期阶段，对标的企业的投资很多都通过对赌的方式进行，降低了风险投资基金对初创企业的筛选培育功能，却在另一种程度上促进了创业热潮的出现。

3. 新型城镇化中农业发展的金融支持模式

在新型城镇化过程中，农业是新兴城镇的支持产业，以农产品为核心的农产品加工业、农产品流通物流业都是新型城镇中的支持产业，同时，可以看到的是，农产品加工业和农产品物流业正在快速向机械化发展。通过农业的现代化、工业化带动新兴城镇的工业化，从而带动第三产业发展，实现新兴城镇的城镇化。但是目前作为新兴城镇农业基础的农村部门缺乏有效的金融支持，农业发展严重滞后于城市发展。随着我国城镇化率的逐步提高，农村逐渐呈现出空心化趋势，农业资源逐步集中，这也就诞生了更大的农业资金需求，同时为了应对农业劳动力的快速下降，农业机械设备成为了农村发展改革的重要一环，而购置农机需要大量的资金，这也对金融支持提出了要求。农业产业和工业不同，往往会出现不可控的系统性风险，需要通过金融手段对相关风险进行补偿，并依靠金融支持推动农业规模化、机械化，释放出更多劳动力推动城镇化建设。

浙江农业现代化进程领先全国，大量农村劳动力富余为农村经济和县域经济的发展提供了有力的保障。依托互联网的渠道优势，浙江省农村闲置劳动力成功实现农村的工业化、城镇化，为我国新型城镇化建设开辟了一条从农村衍化升级成为城镇的新途径。

（1）新兴城镇的农村金融组织体系不健全

有关这方面的情况见表5.2。

表5.2　　　　　　　　我国农村金融组织体系

性质	机构	主营业务	政策	最新动态
政策性银行	农业发展银行	主要提供粮棉油购销贷款，不面向一般农企、农户贷款		政策性功能未充分发挥
商业银行	工商银行、中国银行、中国建设银行	信贷业务重点转向城市	股份制改造	大量撤并县及县以下机构，精减从业人员
	农业银行	面向"三农"的市场定位，以城市业务为主		服务"三农"的机构维持在县一级，涉农贷款主要面向农村基础设施和农产品加工企业
	邮政储蓄	2007年在成立邮政储蓄银行之后，确立了支持"三农"的零售银行定位		处于转型发展初期，有效支持不足
农村合作金融	农村信用社、农村合作银行、农村商业银行	农村金融的主力军	自主经营、自负盈亏的发展战略	逐渐向商业化银行倾斜，脱离与农户、农企、农村的互助合作关系
	村镇银行、小额贷款公司、农村资金互助社			处于起步阶段，规模有限，无法发挥其在农业现代化中的主导作用

（2）金融支持力度不足

随着银行业的市场化改革，各大商业银行逐渐退出农村部门，而专门支持农村生产的农村信用社也迫于业绩压力逐步将业务转向城镇，导致农村金融支持力度严重不足，大量农村生产需求无法获得金融支持，只能够通过原始积累进行生产。资料显示，我国银行业金融机构（包括商业银行、农村信用社等）涉农贷款余额仅占贷款项目余额的27%，与我国城镇化率严重不符，农村部门的金融支持过低导致农村居民收入普遍低于城镇部门，而新兴城镇中的农业工业化、物流化产业也受到波及，获得金融支持的能力远低于城市工业体系。

众所周知，金融支持代表了资源和资本的聚集，而金融支持的力度越大，表示其享受的资本和资源的能力越高。城镇化的进程本身就是从农村到城市的变迁过程，如果农村享受的资源过低，那么其城镇化进程的推进速度将受到抑制，如果这成为了一个普遍的现象，那么我国城镇化进程的速度将远低于预期。

（3）新兴城镇附属乡村农业保险缺失

农业保险制度是对农村经营农业相关主体最有效的金融支持之一，通过农业保险，农村居民能够在各种年景抵抗住不可控的极端天气，保证农业生产的连续性，有利于规模化、机械化农业生产。而现实中存在农村保险的回报率偏低，依靠经验的农民能够预知第二年的大概天气，从而给农业保险机构带来了大量的理赔支出，少量的保费收入，导致农业保险机构利润率偏低。数据显示，农业保险机构5年综合赔付率高达66%，远超其他商业保险的赔付率，尤其农业保险的小额多量的形式，给保险机构带来很高的宣传、收费、理赔成本。

4. 新型城镇化中基础设施建设的金融支持模式

基础设施建设是新型城镇化过程中最基础的内容，没有基础设施就不能继续进行城镇化进程，同时，新型城镇化又为基础设施建设提供了源源不断的动力。根据其他国家经验来看，基础设施建设投资额在城镇化进程中一直保持高速增长，在城镇化率稳定后逐渐保持稳定。目前我国城镇化率刚刚突破50%，未来还有很大的上升空间，因此对基础设施建设投资的需求远远超过以往，未来在道路、环境、医疗、能源、公共服务等多个领域中的基础设施建设都需要大量金融支持，应当通过金融手段加速基础设施完成速度，提高我国城镇化进程。但是目前我国新型城镇化建设中还存在诸多问题，亟须解决。

广东省在基础设施建设领域一直领跑全国，辖区内各市间高速公路、跨海大桥在改革开放的30年内纷纷建成，这些基础设施大大降低了广东省内各市之间交流合作的成本，同时也为组团引进外资企业提供了有利的条件。依靠这些基础设施的优势，广东省逐渐由贸易大省发展成为了我国数一数二的制造业大省，在家用电器等电子行业走出了一批在世界上也有竞争力的企业，如华为、格力、美的等。

（1）基础设施投资占比相对较低

联合国开发计划署的研究表明，发展中国家城市基础设施投资最好占固定资产投资的10%~15%和GDP的3%~5%。1978—2011年，我国城市基础设施投资占固定资产投资年均比重为3.97%，占GDP的比重年均为1.54%，远低于发展中国家的平均水平，由此逐年累积形成了巨额的投资欠账，如图5.2

所示。如果除去大都市和中心城市，那么新兴城镇基础设施投资与固定资产投资和 GDP 之比会更低。

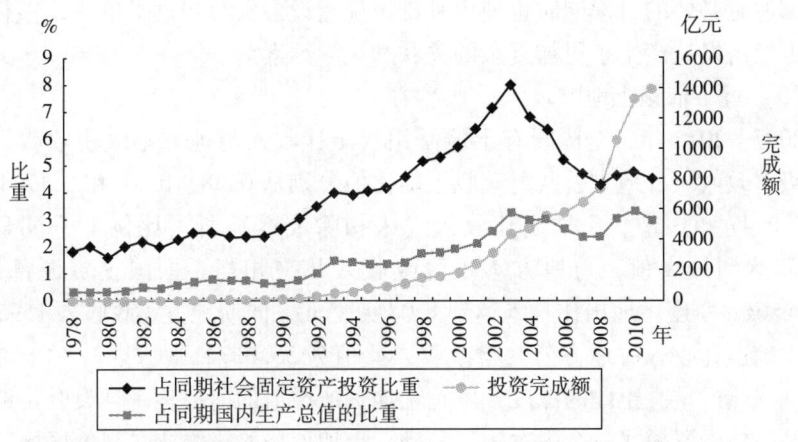

根据《中国城市建设统计年鉴 2011》整理。

图 5.2 城市基础设施投资占固定资产投资比重

（2）新兴城镇建设资金来源结构不合理

在我国城市建设融资领域，间接融资比重近 50%，直接融资比重基本不到 1%，绝大部分是债券。这还是包括大中心城市总体状况而言的，若考察一下新兴城镇状况就越发不容乐观，至少直接融资尤其靠债券融资的比率更加微乎其微，如图 5.3 所示。2001—2011 年，我国城市建设资金来源中地方财政

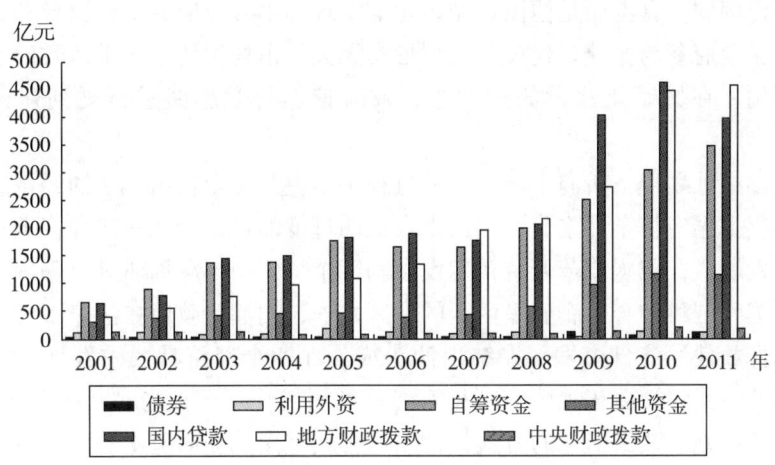

根据《中国城市建设统计年鉴 2011》整理。

图 5.3 2001—2011 年我国城市建设资金来源

拨款、国内贷款和自筹资金几乎各占30%。考虑到自筹资金中有相当一部分实际是银行贷款,在资本市场尚不发达的阶段,银行信贷成为城市建设的主要资金来源是必要的,但同时也使得基础设施建设融资结构过于单一,银行体系与地方经济发展产生了更加复杂的关联和风险因素。

(3) 过于依赖土地财政

2007—2012年,全国国有土地使用权出让收入与地方本级税收收入、地方本级财政收入、地方公共财政收入的比值分别从0.38、0.31和0.17上升到0.60、0.47和0.27,土地出让收入(未扣除成本)所占比例上升明显,在2010年达到最高值,与地方本级税收收入几乎相当。据国土资源部统计,2014年第一季度土地出让收入达到1.08万亿元,同期地方财政收入1.95万亿元,土地出让收入占地方公共财政收入比值为55.6%,地方财政对土地的依赖程度依然严重。土地的深度开发是土地资产增值的前提,一旦没有足够的土地收益,该融资模式就会失去物质基础。土地价格始终维持在高价区域,地方政府及其融资平台就能获得稳定的现金流来维持融资模式运转。假如经济增长放缓,土地价格大幅下跌甚至流拍,地方政府收入就将难以保证。地方融资平台偿债能力下降,信用无法兑现,就有可能波及银行类金融机构,甚至诱发系统性金融风险。

(二) 中国经验启示

1. 顶层制度思路设计是关键

不论韩国、日本还是德国,城镇化的实现离不开政府的正确引导和设计规划,可见政府参与城镇化建设与意识形态无关,市场经济依旧承认政府引导规划的作用,在城镇化建设的过程中,政府依据科学思路进行规划建设大有可为。

我国在计划经济转向市场经济的过程中,主张完全自由主义的经济思想曾一度牢牢占据经济学界主流,然而事实证明过度的自由会在一定程度上损害经济健康发展,在我国改革开放初期设立的四个特区中,深圳通过合理规划快速发展成为我国科技金融企业最活跃的地区之一,而汕头政府在法律不健全的条件下选择放任经济自由发展,结果汕头成为在四个经济特区中发展最慢的特区。因此,我们需要正视政府规划对经济的引导作用,提高对其的重视程度,通过政府规划、政策引导的方式设计出适合在全国范围内适用的一套可行的城镇化思路方案,推动我国城镇化建设保持高速发展,为我国的经济保持中高速发展提供不竭动力。

同样地，在顶层制度设计过程中，我们需要保证政策实施的连贯性，才能够保证政策在执行的过程中发挥出最大的作用，朝令夕改的情况出现在我国少数城市中，对当地政府的公信力造成了巨大的影响，在设计我国全局政策的时候一定要注意这样的问题，城镇化涉及广大农村居民向城镇转移的重大问题，对农村居民是影响终身的大事，只有做到政策稳定了才能够保证农村居民向城镇转移的信心，才能够实现城镇化建设的稳定发展。

在顶层思路设计的过程中另一个重要的维度是保证在城镇化进程中的社会公平问题。在城镇化建设中不可避免地要涉及老城区、郊区的拆迁，农村居民放弃耕地进城定居的补偿问题，在传统的城镇化过程中一直是困扰当地政府和开发商的难题。在拆迁和征地征收的问题中，一方面存在"钉子户"索要天价补偿的问题，另一方面存在"黑心开发商"提供低价补偿款并强拆的问题，是我国一直难以解决的城乡发展矛盾，在城镇化建设的思路设计上要对诸如此类问题设计相应的应对方案和尽量统一的市场化补偿标准，实施有效的管控，保证城镇化建设的公平公正，如有必要可以通过立法保证各方利益。

城镇化建设对资金的需求非常大，各国经验证明只依靠政府的财政是无法又好又快实现城镇化建设的，只有引入民间资本甚至国外资本才能够保证城镇化建设的速度，考虑到我国经济发展速度仍然处于中高速发展阶段，只有采取适当的金融手段才能够保证足够城镇化建设的资金供给。在市场经济中，金融系统为市场主体提供了包括直接融资和间接融资等多样化的融资方式，近年我国互联网金融的兴起也为我们提供了另一种融资思路参考。在顶层思路设计上，需要把城镇化建设与金融支持牢牢地绑在一起，承认民间资本、海外资本通过金融手段参与城镇化建设的过程，通过准入黑名单的方式排除个别高风险、高不确定性的融资方式，保障各方资本参与我国城镇化建设的利益。

2. 激活市场主体自主发展原动力是城镇化建设的有力保障

在城镇化建设的过程中，我们不仅需要着眼基础设施的建设，还需要立足城市，保证城市中的市场主体能够吸纳足够的就业和提供足够高的工资水平。这就对城镇的功能定位、各个产业市场主体的吸引提出了要求。

计划经济的没落表明了对经济的精确规划是不可能实现的，现代市场经济的兴起证明了只有发挥市场主体的主观能动性，才能够促进经济发展。这一点在城镇化建设中同样适用，政府只要提供城镇化的基础设施、相关政策和公平的法治环境即可，城镇化其余部分可以通过市场的作用实现。

如何激发市场主体的自主发展动力是政府制定城镇化进程中相关政策的重要问题。长春市南关区政府在推动服务业发展的过程中提供了商业综合体按比例退税给运营公司的相关政策，有力地推动了以商业综合体为主的服务业发展。在城镇化进程中，各级地方政府可以考虑通过按比例退税、按贡献奖励和其他优惠政策等方式推动当地城镇化建设中核心产业的发展壮大，并以此聚集人气，带动其他产业的发展，从而快速实现城镇化，并为进一步的城镇化建设提供丰富的经验和雄厚的发展基础。

适当的奖励不是唯一的引导市场主体的自主发展动力的方式。良好的经商环境和公平的法治环境是对企业健康发展最好的鼓励。地方政府部门需要加强自身的廉洁服务意识，提供公开的举报投诉通道，设立公平公正的地方管理条例，保障区域内企业在日常过程中能够享受到相同的行政服务和相关国家政策，这对企业自身来讲是最好的发展动力。

3. 结合新型城镇化与智慧城市发展要求引入全方位立体发展思想

2012年开始我国开始智慧城市试点，2014年将新型城镇化写入发展规划。智慧城市和新型城镇化是城镇化概念的延伸，对城镇化建设提出了更高的要求，提供了更全面、更科学的发展思想。

在城镇化建设的过程中，难免有各个部门之间沟通不畅，各个区域重复建设，反复开发对资源造成浪费的情况，通过全面统筹，使用新型城镇化和智慧城市的思想，在城市建设的初期就整合全部资源统一调配，兴建地下综合管廊，实现城市的智慧化、智能化，改变过去各部门缺乏沟通造成道路反复开掘，对公共交通造成不便等情况。通过在规划局设计时引入全新的发展理念，避免老城区规划不足对经济发展形成限制问题的再次出现。

随着科技的进步，人民生活水平的提高，现代科技正在快速改变人们的生活，互联网企业的蓬勃发展更是正在逐步改变人们的生活方式。传统的商业形态正在接受新兴商业形态的冲击，归根结底是社会效率提高的表现，在城镇化的过程中，需要更多地考虑新兴业态对城镇化的要求，也就是新型城镇化理念和智慧城市时代对城镇化建设的要求。

科学规划、合理设想，在规划的初期不会想到未来的生活方式会在哪些方面进行改进，但是在规划之初应当预留出改进的空间和方便改进的方式。城市地下综合管廊是一个很好的试验，当所有管线都集中在同一个空间中进行管理的时候，就给未来升级改造提供了方便之门。

4. 依靠金融创新筹划基础设施资金来源并激活地区资本市场服务实体经济

城镇化的第一步就是基础设施的建设，没有基础设施不会有企业入驻，不会有人口向新区流动，因此，在城镇化过程中的首要问题就是基础设施建设。

基础设施作为社会公共物品来说应该由政府进行建设，从而牵出了资金来源问题，政府的收入来源为税收和卖地收入，在国家引导减少新增土地出让的情况下，税收基本保持在一个与 GDP 增速相近的稳定增速上，政府推动城镇化的资金来源就只能通过发行地方债的方式进行，而当前地方债务总额已经达到了一个很高的程度，不得不通过金融创新、引入新型融资模式的方式筹措资金，推动城镇化建设。

　　日本经验表明，政府可以通过成立中央统一的城镇化建设基金进行城镇化建设，以中央政府背景成立的基金可以获得更高的信用等级和成本更低的资金，用于城镇化基础设施长期投资建设。同时，地方政府融资平台值得鼓励，目前我国各地政府纷纷成立地方政府融资平台，以公司化运营建设基础设施，通过地方财政进行兜底，不过目前来看，融资成本相对较高，优质市级平台融资成本在 6% 左右，较差一些的县级平台融资成本高达 12%。对于地方政府融资平台来说，中央政府应当设置准入门槛，财政收入在一定程度之上的地方政府才能设立地方政府融资平台引入民间资本进行基础设施建设，在准入门槛之外的地方政府辖区内基础设施建设应由当地政府财政资金和中央基础设施建设基金进行建设。

　　韩国城镇化经验更进一步，探索出 BTO、BOT、BOO、PPP、BTL 等多种引入民间资本的方式，为我国城镇化建设提供了大量有益的经验。我国新型城镇化建设正处于起步阶段，政府正在对各种建设模式进行评估分析，选择能够做到效益最大化的方式，不过由于目前参与到基础设施的资金中大多是财务投资者，他们对如何运营管理不感兴趣，因此在各个基础设施建设的过程中还是以 BT 项目为主。未来国家可以考虑选取几个建设模式作为综合试点，提供相应的政策支持，或像韩国一样通过国家强制规定要求某类基础设施建设必须通过 BTO 的方式进行，从而提高基础设施建设效率，提高民间资本参与基础设施建设的积极性。

　　德国城镇化经验更多地证明了政策性金融机构为城镇化做出了巨大的贡献。基础设施建设、政策性贷款都离不开政策性金融机构，他们对城镇化早期的引导作用十分显著。德国是以小城镇为主的高度城镇化国家，大多数人都生活在小城镇中，这与我国当前现状不同，我国目前正在严控超大城市人口，控制大型城市发展规模，未来必将新兴大量的小城镇来吸纳城镇化提升所带来的人口，政策性金融机构在未来必将拥有用武之地。在小城镇工业化、三产化的过程中，政策性金融机构能够给予低息贷款支持，为小城镇的建设添砖加瓦。目前我国共拥有三家政策性金融机构，分别是中国进出口银行、中国农业发展银行和国家开发银行,它们分别针对进出口加工制造业、农业、基础设施与区域开发提供针对性的政策金融支持,未来小城镇化和小城镇工业化都将与它们产生千丝万缕的联系。国家应当考虑未来推动城镇化建设过程中提高三大政策性金融机构的资本实力,并制定更完善的优惠政策保证政策性金融资金的使用效率。

(1) 通过互联网金融模式解决基础设施建设资金来源问题

近几年我国金融业发展迅速,以互联网金融为主的新型金融模式正在走入大家视线。P2P、众筹等多种融资模式值得借鉴,长春市高新区园区开发集团龙翔投资集团成立了互联网金融子公司"中均资本",专门通过 P2P 的方式吸纳社会资金用于园区开发投资,该平台上线 15 个月,成功融资超过 60 亿元,实现了民间资本参与城镇化建设的有益尝试。未来城镇化建设可以参考中均资本成立中央直属融资平台,各地方政府城镇化所需资金在其平台上制作成产品发售,依靠中央政府信用背景吸纳低成本资金推动城镇化建设。

该模式有效地利用了当今最火的互联网金融模式作为销售、推广渠道,将通过该模式把需要资金的基础设施建设主体政府全资企业变为融资方,依靠政府信用对其进行担保,有效地解决了传统融资过程中缺乏融资渠道的问题,同时也为社会资本投资互联网金融模式提供了一个新的方向,解决了社会资本对普通 P2P 投资的信用风险的担忧。

(2) 通过信托、资产管理计划、投资计划的方式解决基础设施建设资金来源问题

传统金融的融资渠道中,信托、资产管理计划和投资计划是通过券商、基金子公司、信托机构把需要融资的项目和固定收益等要素制作成金融产品,在券商、银行、第三方理财机构等平台上进行销售的过程。绝大多数信托、资产管理计划和投资计划都是以约定时间的固定回报作为其主要回报内容,非常适合基础设施建设项目的融资,尤其具备自动生息功能的基础社会建设项目。传统金融渠道覆盖率广,依靠银行、券商、第三方理财机构等能够覆盖到更多的人群,在保证金融产品销售速度的同时能够挖掘更多的社会资本支持基础设施建设。

(3) 试点并引入 PPP 建设模式

PPP 模式即公私合作模式,是公共基础设施中的一种项目融资模式。在该模式下,鼓励私营企业、民营资本与政府进行合作,参与公共基础设施的建设。PPP 是 Public—Private—Partnership 的英文首字母缩写,指在公共服务领域,政府采取竞争性方式选择具有投资、运营管理能力的社会资本,双方按照

平等协商原则订立合同,由社会资本提供公共服务,政府依据公共服务绩效评价结果向社会资本支付对价。

PPP模式的典型结构为:政府部门或地方政府通过政府采购形式与中标单位组成的特殊目的公司签定特许合同(特殊目的公司一般由中标的建筑公司、服务经营公司或对项目进行投资的第三方组成的股份有限公司),由特殊目的公司负责筹资、建设及经营。政府通常与提供贷款的金融机构达成一个直接协议,这个协议不是对项目进行担保的协议,而是一个向借贷机构承诺将按与特殊目的公司签定的合同支付有关费用的协议,这个协议使特殊目的公司能比较顺利地获得金融机构的贷款。采用这种融资形式的实质是:政府通过给予私营公司长期的特许经营权和收益权来换取基础设施加快建设及有效运营。

1992年英国最早应用PPP模式。英国75%的政府管理者认为PPP模式下的工程达到和超过价格与质量关系的要求,可节省17%的资金。80%的工程项目按规定工期完成,常规招标项目按期完成的只有30%;20%未按期完成的、拖延时间最长没有超过4个月。同时,80%的工程耗资均在预算之内,一般传统招标方式只能达到25%;20%超过预算的是因为政府提出调整工程方案。按照英国的经验,适于PPP模式的工程包括:交通(公路、铁路、机场、港口)、卫生(医院)、公共安全(监狱)、国防、教育(学校)、公共不动产管理。智利是国家为平衡基础设施投资和公用事业急需改善的背景下于1994年引进PPP模式的。结果是提高了基础设施现代化程度,并获得充足资金投资到社会发展计划。至今已完成36个项目,投资额60亿美元。其中,24个交通领域工程、9个机场、2个监狱、1个水库。年投资规模由模式实施以前的3亿美元增加到17亿美元。葡萄牙自1997年启动PPP模式,首先应用在公路网的建设上。至2006年,公路里程比原来增加一倍。除公路以外,正在实施的工程还包括医院的建设和运营、修建铁路和城市地铁。巴西于2004年12月通过"公私合营(PPP)模式"法案,该法案对国家管理部门执行PPP模式下的工程招投标和签订工程合同做出具体的规定。据巴西计划部称,已经列入2004—2007年四年发展规划中的23项公路、铁路、港口和灌溉工程将作为PPP模式的首批招标项目,总投资130.67亿雷亚尔。

英国、智利、葡萄牙、巴西等国的经验表明,基础设施建设项目非常适合引入PPP模式。PPP模式能够为传统公营项目直接引入社会资本,通过社会化的运作以达到最好的运营效果,同时也给金融创新提供了一个非常好的尝试,随着我国对PPP项目的试点和运作逐步运行,大量金融机构对PPP项目的关注度快速提升,通过PPP模式进行基础设施建设即将出现"中国经验"。PPP

项目最大的特色就是与传统的 BOT 模式仅引入社会资金不同,其引入的社会资本还需要参与项目实际运营的管理工作,大幅减少基础设施建设需要政府部门实际操作的人手,提高政府运营效率的同时保证项目运营的质量和项目建设数量。

(4) 通过财政贴息的方式对基础设施建设项目融资进行引导

由于基础设施项目的特殊性,大量的基础设施项目的生息能力偏弱,这就导致了其金融化能力很差,社会资本对其兴趣很低。针对这一特性,地方政府可以考虑通过财政贴息的方式提高基础设施项目的生息能力,保证基础设施项目对社会资本的吸引能力,这样,地方政府仅需每年付出基础设施建设费用的百分之几就可以保证基础设施建设顺利进行并持续运行下去,在税收较高的领域甚至可以通过针对社会资本的税收减免或特定项目的税收返还政策吸引社会资本,依靠财政杠杆撬动社会资本流入基础设施建设,实现当地城镇化建设的顺利推进。

财政贴息的方式相当于对基础设施建设项目进行了一次增信措施,保证了基础设施建设项目社会资本投入的资金回报率,提高社会资本对基础设施建设项目的兴趣,解决相应的基础设施建设项目的资金来源问题。对地方政府来说,通过必要基础设施建设带来的税收收入要高于其财政贴息的成本,这在一定程度上能够提升地方政府对于通过财政贴息的方式进行基础设施建设的积极性,又能够推动城镇化建设,可谓一举多得。

(5) 对不直接产生经济效益的基础设施建设项目可以尝试发行永续债券

部分基础设施建设项目属于纯公益项目,不直接产生经济效益,这样的基础设施建设项目可以考虑发行永续债券,通过地方政府财政支付利息。不直接产生经济效益的基础设施建设项目都会极大程度上促进当地经济发展,提高当地政府的税收水平,因此,可以通过财政兜底的方式发行永续债券,依靠税收来支付借助社会资本进行基础设施建设的利息。

纯公益基础设施项目一直是地方政府最头疼的基础设施建设项目之一,由于其不能够自动生息的属性,很难通过传统金融手段进行融资。而单个纯公益基础设施建设项目的资金需求也比较大,对地方政府来讲是一个沉重的负担。依靠发行永续债券的方式能够解决这个问题,也为地方政府节约了大量的基础设施建设资金,让地方政府把相关资金解放出来用于改善民生、推动社会发展的领域中去,有效地依靠新型金融手段支持当地城镇化建设。

5. 金融创新与金融监管并驾齐驱,施行有效的风险分割机制

金融创新必然带来监管问题,这是困扰金融监管部门的一道难题,既要推

动金融业创新发展，寻找新型业态支持经济发展，又要防控风险，防止金融风险聚集爆发向实体经济传导。

在城镇化的过程中，传统金融业更多的是对整个经济运转进行支持，只有信托和银行深度参与到城镇化建设进程中来，随着市场风险偏好的转移，以股票二级市场为主的高风险投资品越来越受欢迎，而以固收产品为主的城镇化建设产品不得不以更高的成本进行融资，而政府信用项目收益率的提高又反过来推动市场风险偏好的提高，形成一个互相促进的循环。对于金融监管机构来讲，需要引导投资者修正风险偏好，形成多层次的投资组合，在保证资金安全的前提下获得合理收益。

对于城镇化建设来讲，在引导社会资金进入基础设施建设等项目中的时候，需要做好对项目的风险评估，合理制定收益区间，保证社会资金的风险和收益相匹配。在宏观角度，监管者应当在总量上进行控制，划定融资规模和当地政府税收收入比例的红线，审慎监管，保证整体风险在合理、可控的范围内，并制作年度、月度报告，保证投资者对相关形势的知情权。推动投资者教育相关内容，避免信托业强行兜底的事件再次发生，提高投资者的风险认知，完善市场机制，对于推动城镇化建设，实现金融有效支持有非常重要的支撑作用。

6. 推动农村金融改革，充分发挥县域经济增长对城镇化的推动作用

农村金融改革是我国推动城镇化建设，提高农村居民收入水平的重要举措之一。目前来看，农村金融改革的效果尚不明显，没有形成一个完整有效的农村金融体系。原有的农村金融体系并没有促进农村居民收入水平的大幅提升，城乡二元观念下农村劳动人口持续向城镇转移，在一定程度上促进了城镇化的进程。但是城镇化的建设不是仅仅以人口转移为目的，还需要保证农村部门生产水平的同步提高。推动新一轮农村金融改革迫在眉睫，只有推动好农村部门发展才能够为城镇化建设提供源源不断的动力。

2015年我国决定在吉林省试点农村金融综合改革试验，其主要任务是通过完善工作机制、加强政策支持、加强防范金融风险、开展定期评估、营造舆论氛围的方式保证不断完善农村金融组织体系，提供多元化金融服务、发展供应链金融服务新模式，多种形式支持农业适度规模经营、开展农村资源资本化改革，扩大抵质押担保物范围、发展农村互联网信息服务，加快普惠型金融服务体系建设、加快多层次资本市场建设，提高涉农资产证券化水平、构建新型农业保险体系，优化农业风险分担机制。

不难看出，实际来讲农村金融改革不仅仅涵盖农村部门的金融支持，还涵

盖与农产品相关的各行业的金融支持,这验证了本章笔者的另一个观点,农村金融改革应当放入县域经济中来谈,这样不仅仅能够推动农村生产的发展,还能够推动农村工业化和农产品服务业的快速发展,为农村居民向城镇转移提供了一个有效的补充。事实上,在我国经济快速发展的过程中,城乡二元体制正在渐渐模糊,以浙江农村为代表的已经实现工业化的现代农村与城镇的区别已经特别模糊,仅仅是行政上的区别,我们要正视农村向城镇转变过程中出现的城乡界限模糊问题,通过以县域经济为主体的农村金融综合改革,推动农村加速向城镇转变,推动县域经济高速发展,全面加速城镇化进程。

总而言之,城镇化建设是一个非常复杂的进程,需要从人口、社会、经济等多个角度实现城镇化跨越。在城镇化建设的过程中,金融支持是加速城镇化建设进程,保持我国高速发展的重要推动力之一。如何正确利用金融支持,在促进经济发展的同时确保风险控制能力,是国内外金融学者共同研究的话题。本章通过回顾日本、韩国、德国和我国的金融支持城镇化建设的经验和教训,经过归纳和总结,提出首先在城镇化顶层设计时把握好方向,通过相应手段激活市场主体自主发展动力,结合新型城镇化和智慧城市理念发展新一代科技、智慧、宜居城市,通过金融创新解决城镇化基础设施建设资金来源问题,并加以有效的风险监督控制措施,防范金融风险对实体经济造成冲击,依靠农村金融综合改革,实现县域经济发展带动城镇化建设。

第六章 金融支持吉林省新型城镇化建设的对策建议

借鉴国外城镇化与金融支持城镇化的成功经验，结合吉林省新型城镇化与金融支持的定量与定性分析结果，本章提出促进吉林省新型城镇化与金融支持协调发展的对策建议。

一、发挥政府在金融支持新型城镇化建设中的引导作用

新型城镇化建设要充分发挥政府的引导作用，主要从以下两方面着手：第一，加强财政与政策性融资的作用；第二，找准政府金融支持的重点，主要应做到支持基础设施和公共服务建设，支持新转移人口的生活城镇化，支持工业化、农业现代化和城镇化的协调发展。

（一）加强财政与政策性、开发性融资的作用

一直以来，财政及政策性金融在我国城镇化建设中发挥着主导性的支持作用，在新型城镇化建设背景下虽然市场化的多元性融资作用不断加大，但是财政和政策性融资在城镇化建设中仍然会继续发挥难以替代的作用。不断加强财政与政策性金融的支持作用应做到以下几点：第一，根据新型城镇化建设不断增长的资金需求现状不断加大财政投入，特别是加大对城镇基础设施、公共事业等公益性项目的财政投入。第二，积极利用直接融资渠道扩大融资来源。传统城镇化融资主要依靠银行信贷等间接融资方式进行，未来为了解决新型城镇化资金不足问题要充分发挥资本市场对金融资源进行配置的作用，通过发行地方债和城投债的方式进行直接融资。第三，制定相关政策制度促进商业性金融机构及民间资本对城镇化建设的支持力度。通过税收减免、贴息、税率、利率等激励措施鼓励商业金融机构加大城镇化建设的中长期贷款力度，鼓励和支持民间资本进入城镇化建设领域。第四，充分发挥政策性、开发性金融机构的作

用,加大其对城镇化建设的资金投入。要充分利用政策性金融机构公益性、社会性和超前性等特点,加大其对新型城镇化基础设施和公共事业建设等领域的资金支持。第五,充分发挥银监局、人民银行等监督机构的信贷政策和窗口引导作用。通过帮助搭建"政银企"对接和融资服务平台,促进金融机构和企业进行城镇化建设重点项目的参与力度,并加强监督力度落实贷款协议。同时也要积极引导各类金融机构加大对农业现代化及新转移人口生活城镇化等相关方面的信贷支持力度。

(二)找准金融支持城镇化的重点

1. 支持基础设施与公共服务建设

一方面,完善城镇居民基础设施配套,保障居民基本生活需求。基础设施是为城镇居民提供公共服务,保障居民基本生活需求的物质工程设施,通常包括公路、铁路、通信、水电煤气及园林绿化等公共设施,是居民生活的硬件环境。通过公路及铁路等交通设施的完善配套,保障居民交通的通达性与便利性,为居民出行提供基本保障通信及水电煤气的配套完善是现代社区居民生活的必备条件,要充分保障这些基础设施的完备。而园林绿化对于美化城市生态环境、净化空气、提高居民生活质量具有重要作用,通过规定园林绿化面积标准对保障居民生活质量具有重要作用。

另一方面,建立健全公共服务体系,为居民生活提供便利与保障。公共服务包括教育、医疗、社会保障及就业等,是政府提供的具有共同消费性质的公共物品和服务。公共服务水平是居民选择城镇居住的基本要素,公共服务水平的高低直接反映了一个城市的经济社会水平。为居民提供较好的公共服务是保障居民生活需求和生活质量的根本性举措。虽然近年来中小城市和小城镇及城市郊区化快速发展趋势明显,但是教育、医疗及就业等公共服务长期以来集中在大城市及城市中心区域,导致中小城市和小城镇远郊区县公共服务水平没有跟上步伐。未来政府行政部门有必要向中小城市及远郊区县转移,教育、医疗和就业等公共服务同步向远郊区县分散,带动远郊区县的发展,促进居民整体生活质量的提高。

2. 支持新转移人口的生活城镇化

人口城镇化是城镇化的具体体现形式,而生活城镇化则是新型城镇化、以人为本的根本体现。因此要加强对新转移人口生活城镇化的支持力度,主要通过以下几方面体现:首先,加大对新转移人口的住房金融支持。住房是新转移人口在城镇安家立业之本,因此要加大对新转移人口的住房金融支持。对有能力购买住房的中上收入等级的新转移人口，要严格执行差别化住房信贷政策，降低首套房及中小户型住房的信贷门槛，增强首套房刚性需求者的基本住房需求。对于中低收入等级的新转移人口，要尽量将其纳入住房保障范围，在保障房建设投资审批、利率优惠及规模等方面予以政策性倾斜。其次，加大对新转移人口的就业和创业的金融支持。就业和创业是继住房之后新转移人口在城镇面临的第二大问题，通过加大金融对中小企业的支持促进其对新转移人口的吸纳能力，并通过加大对新转移人口自我创业的支持，促进其就业面的扩展。最后，加大对新转移人口教育和医疗等公共服务方面的金融支持力度。对新转移人口及其子女在教育和医疗等方面予以金融支持，促进生活城镇化水平的提高。

3. 支持工业化和农业现代化的发展

城镇化与工业化和农业现代化的协调发展是城镇化可持续发展的动力和源泉，因此促进城镇化的持续发展必须加强对工业化和农业现代化的支持力度。

一方面，促进产业结构调整和升级，支持城镇工业化。随着我国从工业化起步阶段向中后期阶段的转变，主导产业也随之从传统产业向战略型新兴产业转变，产业驱动从技术模仿和简单加工向自主创新转变，产业分布也从沿海发达区域向中西部内陆区域转移（张瑞怀，2012）。针对这一发展趋势要积极支持战略型新兴产业的成长，加大对东部地区产业升级及中西部地区产业承接的支持力度，同时积极扶持高科技及成长型企业，加大对特色产业基地和产业集群的支持力度，通过金融支持促进产业结构调整和升级。

另一方面，要加大对农业现代化的支持力度。农业现代化是释放农村剩余劳动力的根本动力，因此加大对农业现代化的支持力度是促进新型城镇化可持续发展的重要途径。而农业现代化各环节对金融的依赖性较强，因此加大金融对农业现代化的支持力度势在必行。首先，完善农村金融体系为农业提供全面服务。建立完善的农村金融结构，通过成立多种形式的农村金融机构保障农业现代化资金需求。同时建立完善农村金融体系，不断完善农村金融支持制度。其次，不断完善基层财政与金融支持制度，不断创新金融产品，支持农业现代化发展。农业现代化的金融支持不应以短期的盈利为目的，应着眼于农业现代化及其与工业化和城镇化的相互作用、相互影响机制，通过完善基层财政与金融支持力度，加大对劳动密集型农业向资本密集型农业转型的财政与金融支持。最后，通过完善农业保险制度促进农业风险化解机制的有效实施。因为农业具有受自然因素影响大的特点，致使农业是一个高风险的产业，为了保证农业金融支持资金的持续增长和安全回收，必须通过互保和再保险的方式分散和转移风险，充分发挥农业保险在农业发展中的重要作用。

二、基于经营城市理念的城镇化融资路径选择

（一）善用经营城市的理念

随着城市建设资金需求与供给的矛盾日趋突出，经营城市理念逐渐在西方发达国家兴起。经营城市理念的特征主要有：充分运用市场经济价值规律，依靠市场机制来经营城市资源。可经营的城市资源为泛城市资源的概念，所有权与经营权、管理权有效分离社会的多方参与。经营城市理念在城镇化建设存量资产和增量资产中均有广泛应用，将城镇化建设存量资产所有权和经营权进行有效剥离，获取城镇化建设的后续资金，城镇化建设增量资产要跳出以城建城扩充城市建设资金来源的道路。

1. 经营城市理念的产生及发展

经营城市理念缘于西方国家。城市发展中城市建设资金需求与供给的矛盾日趋突出，西方管理者在这一背景下提出了要按照市场规划运作将城市资源作为资本实行产业化经营及多元化融资，即城市建设和发展应从基本经济规律出发，要充分尊重价值规律运用市场机制整合配置城市资源。基于这一基本原理，20世纪90年代后，西方国家的一些城市管理者又进一步提出了经营城市的概念。随着中国城镇化的不断发展，资金供需矛盾问题也日益突出，21世纪初经营城市理念也开始在我国发展。主旨为按照市场经济价值规律，综合运用城市土地资本、地域空间和其他经济要素，通过市场化运作和高效的城市管理盘活城市资源，实现城市资源在规模和结构上整合配置的高效运行，从整体上运用城市经济促进城市经济社会持续快速健康发展。

2. 经营城市理念的特征及城市经营资源的类型

经营城市理念主要有以下几方面的特征：第一，充分运用市场经济价值规律，依靠市场机制来经营城市资源，通过市场经济价值规律将城市资源进行整合配置，而不是通过过去的计划经济方式来配置资源；第二，可经营的城市资源包括多方面的资源，为泛城市资源的概念，既包括城市基础设施、公共服务资源及相关延伸资源，也包括历史文化资源等城市人文资源，还包括土地矿产等城市自然资源；第三，所有权与经营权和管理权的有效分离，改变以往政府以拨款方式直接投资的行政模式，通过组建城市开发公司改革投资经营体制，有效分离政府投资与项目管理的职能，促进城镇化建设项目特别是公共基础设

第六章 金融支持吉林省新型城镇化建设的对策建议

施及公用事业的政事、政资和政企分开。基于以上三个特征，城市经营理念需要社会的广泛参与，不仅包括政府的积极参与引导，企业的积极参与经营管理，社会个人还可参与投资与管理监督，通过城市居民的主动参与来搞好城市的发展。

城市经营资源的内涵和外延随着科技进步和城市现代化的发展在不断丰富和扩大，新的资源和经营城市的内容在不断开拓。综合起来，现阶段城市经营资源可分为以下几种：第一，城市基础设施、公共服务资源及相关延伸资源等，包括城市道路、桥梁、建筑物（体育场馆）及电力、通信、网络和市政公用设施。延伸资源主要包括品牌资源、形象资源、信息资源，以及公益事业的管理权、经营权及使用权等。第二，城市人文资源。这些资源不仅包括城市历史文化，还包括城市人文、科技及政府资源等。第三，城市自然资源。主要包括土地、山川、河流、湖泊、矿产及空间等。

3. 经营城市理念在金融支持城镇化中的应用

经营城市理念实际强调市场价值规律在城市资源中的运用，将城市多种资源作为可经营资源获取收益以支持城市的长期发展建设，这一理念对于金融支持城镇化具有重要的启发作用。一方面，城镇化建设存量资产是政府长期巨额资金投入的结果，为政府重要的国有资产。将这些存量资产作为城市可经营资源，有效剥离所有权和经营权，通过转让经营权、收益权和股权将这些存量资产盘活整合推向市场，从而获取城镇化建设的后续资金；另一方面，城镇化建设增量资产需要政府不断的资金投入，新型城镇化背景下随着生活城镇化、资源环境城镇化及城乡一体化的重要性越来越突出，资金需求也越来越大，因此以城建城不断扩充城市建设的资金来源成为新型城镇化的必然要求。具体来讲，要根据城市建设项目的公益性、准公益性和经营性进行分类，将可以运用市场价值规律投入市场运营的城镇化建设项目推向市场，通过市场价值规律实现城镇化建设资金的增量。对经营性和准公益性的城镇化建设项目，以政府投资为引导，允许各种类型的企业、社会个人进行项目投资，形成多元化融资主体和多元化融资渠道。

（二）非经营类、准经营类和经营类城镇化项目的融资路径

按照经营城市理念及经营城市理念在城镇化建设中的运用，可根据项目未来是否有资金流入，将城镇化建设项目分为非经营类、准经营类和经营类三项分别探讨各自的融资路径。

1. 非经营类项目的融资路径

带有限公共产品性质的非经营类项目（包括基本养老、基本医疗和公共

卫生、开放式广场及公共绿地等），由于缺乏收费机制，未来没有现金流的流入，从而由私人部门投资必然会带来社会效率损失和社会福利损失。因此鉴于这类项目具有非营利性的特点，不能通过向企业及个人融资获取项目建设资金，其前期投资及后期运营维护和管理只能通过政府财政资金（政府预算内支出、政策性收费和经营资源收入），及以政府财政信用为基础的融资方式（城投债、政府补偿费质押贷款、基金融资、PFI 等）。

在此笔者仅对以财政信用为基础的融资方式进行概括性的介绍。其一，城投债融资方式，通过成立城市建设投融资平台的方式，将污水处理、垃圾处理及排水管网等多个城镇建设项目集合进行发债，项目建成后运营产生的收益作为专项偿债基金进行后续基金的补充（岳文海，2013）。其二，政府补偿费质押贷款。该种融资方式下政府通过新建或授权事业机构或政策性公司作为项目建设单位为第一责任人，而非政府作为第一责任人和借款人。新建或授权的事业机构或政策性公司在获得政府在一定时期内以项目补偿费形式拨付财政性资金的承诺后，以政府的项目补偿费作为质押担保向银行（包括政策性和商业性银行）申请贷款。其三，服务型 PFI 融资模式。这是一种通过政府与私人部门相互合作的方式提供基础设施服务，私营部门对基础设施进行运营，政府则根据城镇化建设项目的影子价格或使用情况向私营部门支付费用，而非私营部门直接向使用者收费以回收成本和获得利润。其四，基金融资方式、设立城市基础设施投资基金和基础设施债券基金，以社会资本、保险资金、政策性资金为主要募集渠道。

2. 准经营类项目的融资路径

带有限公共产品性质的准经营类项目（自来水、电力、供暖等项目）具有公益性和商业性双重属性，有一定的现金流收入，但是收益不能完全弥补成本，不能要求它完全按市场化运作，因此需采取多元的融资主体，通过政府补助、私人投资的方式完成项目建设，因此鉴于这类项目政府补贴（税收返还、财政补贴或其他的补偿方式等）和市场机制的补偿和收费方式特征，宜采取公私合营的 PPP 模式和私人部门主动融资的 PFI 融资模式。其一，公私合营的 PPP 融资模式的选择，在选择与准公益性城镇化建设项目合作的私营企业后，政府与其合作成立特别目的公司，项目建成后特别目的公司拥有一定期限内的经营权，经营期满后政府收回经营权。其二，私人部门主动融资的 PFI 融资模式的选择，私营部门根据政府公布的城镇化建设项目招标信息中标后，获取进行该项目一定期限内的建设与运营权利，私营部门从政府部门或接受服务方收取费用以回收成本，特许期满后将所经营的项目完好地、无债务地归还给政府。

3. 经营类项目的融资路径

带有营利性质特征的经营类项目（收费道路、桥梁等）具有一定的收费机制和稳定的现金流量，应通过建立公平的竞争机制实行市场化运作，对于该类城镇化建设项目，政府不应该采取直接融资的方式，而应该由私人部门进行融资，将项目建设和经营的特许权通过特许权合约的方式转让给私人部门。新型城镇化建设经营性项目应在继续发挥银行贷款融资模式的基础上，积极采取BOT、项目收益权质押、融资租赁及信托融资等方式。第一，BOT融资模式。国内外相关企业在与政府融资平台签订项目特许经营权协议后，开始对经营类项目融资并进行建设，在特定年限内对该项目进行维护和经营。通过在规定年限内向使用者收取费用获取收益，协议期满后将项目转让给政府平台公司。第二，项目收益权质押融资模式的选择。该融资模式是一种创新的金融产品，为我国《担保法》明确规定的一种权利质押，是以未来收益权质押担保还贷本息的贷款模式。这类融资模式主要适用于道路、铁路、电厂、机场、桥梁等收益较为稳定的大规模基础设施建设项目。第三，融资租赁模式的选择。对于未来有可预见稳定收益的城镇化建设项目（城市轨道交通、水力发电厂及大规模的火电厂等）可采用售后回租方式的融资模式；对于城镇化建设项目建设运营中设备购置成本在30%左右的项目，可采用直接融资租赁的融资模式；对于建设运营中设备购置成本占比特别高的项目，杠杆租赁的模式优于直接融资租赁模式。

（三）五个分类城镇化的融资路径选择

按照经营城市理念和三大类项目融资路径的指导，对新型城镇化五个分类城镇化（人口、产业、空间、资源环境和城乡一体城镇化）的融资路径进行分别探讨，可对城镇化的具体融资路径有更为深入的了解。

1. 人口及生活城镇化的融资路径

新型城镇化不仅仅强调人口城镇化的进一步推进，更进一步重视转移人口生活的市民化，针对目前金融支持规模不足的现状，未来金融对人口和生活城镇化的支持要集中在加大支持规模方面。其一，加大对新转移城镇人口住房的金融支持。可通过住房信贷门槛和差别化住房信贷政策等措施，满足中等及以上收入群体的住房刚性需求，同时通过给予其在审批、规模及利率优惠等方面予以优惠政策的倾斜，加大保障性住房建设的金融支持力度，满足中低收入及低收入城镇转移人口的住房需求。其二，加大对新转移人口就业创业的金融支持。可通过加大产业和企业的扶持力度促进其对城镇新转移人口的吸纳能力，特别是加大对与城镇新转移人口就业与创业休戚相关的中小（微）企业和服务业的财政支持与金融机构贷款支持，同时通过给予新转移人口就业创业、小额担保、扶贫贴息贷款及灵活运用联保贷款等模式，扶持城镇失业和就业困难人员创业就业，支持城镇居民就业创业（张瑞怀，2012）。

此外，在促进金融支持服务水平方面，要依据城区新转移人口数量和分布情况，合理布局金融网点和服务机构。同时不断增加城镇 ATM、银行卡受理设备数量，加大支付渠道建设。同时加大银行卡在农民工等城镇新转移人群中的推广力度，积极推广网上支付、电话支付、移动支付等支付创新业务，使城镇新转移人口真正享受到城镇化带给普通百姓的金融便利。

2. 产业城镇化的融资路径

金融支持对新型城镇化下的产业转型和产业升级至关重要，但是从前文中提到的金融支持产业城镇化现状及问题可以得知，目前中国金融支持水平远远落后于产业城镇化水平，因此有必要深化以建立和完善产权多样化体制和市场竞争机制为目标的金融体系改革，促进产业转型升级和技术创新。首先，优化金融体系结构，加大金融体制改革力度。一方面，通过积极发展中小金融中介机构，加大对创新型中小企业的支持力度；另一方面，要充分发挥直接融资在资金配置中的重要功能，推进多层次资本市场体系建设及扩大直接融资规模比重等措施提高直接融资比重（钱水土、刘芸，2010）。其次，积极支持技术进步和产业创新能力，提高对科技含量高和创新程度高的中小企业的金融相关政策支持，积极引导金融中介资金向高技术含量高附加值及创新程度高的产业流动。再次，重视对不同地区产业金融支持的区分，高度关注地区间产业发展与金融支持之间差距并深入分析其深层次的影响因素，据此制定相应金融支持政策，缩小地区间产业发展差距。最后，鼓励银行间的竞争和金融创新，提高金融服务及金融深化水平。加大银行等金融中介机构对产业发展的主动渗透能力，促进其对产业升级和产业结构调整的支持作用，满足不同地区、不同产业的不同发展需求。

此外，基于产业的整合与创新需要大量金融工具的支持，所以应积极发展金融支持产业结构转型升级的产品、工具和手段。在金融产品方面，结合城乡统筹发展综合配套改革，力争在信贷额度、贷款期限及抵押担保方式等方面具有突破。可借鉴浙江及江苏地区对小微企业金融产品创新的改革经验，综合运用"互助基金""抱团增信"、小企业债券集合信托、供应链融资及"信贷工厂"等创新产品和服务模式。在金融工具方面，以推进产业创新和整合为目

第六章 金融支持吉林省新型城镇化建设的对策建议

标,应大胆创新债券、信托、保险、私募、风险投资及理财等金融工具。

3. 空间城镇化的融资路径

基于目前我国空间城镇化发展速度快于人口城镇化发展速度的现状,未来空间城镇化发展应改变目前过多追求城镇规模空间扩展的现状,更加注重城镇发展的土地集约和城镇结构的调整方面,从而金融也应从金融支持结构、金融支持规模和金融支持效率三方面加强对空间城镇化优化的配套性支持。

首先,优化金融支持结构,促进城镇土地集约化发展。目前金融对空间城镇化的发展主要是通过银行为主导的金融体现,在这一体系下银行运用自身在资金及信息等方面的优势进行信息处理、资源配置、企业监管及企业控制等全面广泛参与空间城镇化活动,通过这种金融中介机构的融资活动容易导致资本配置的低效率和低收益,从而影响空间城镇化的效率与效益,一定程度上导致城镇空间的盲目扩展,缺乏有效规划,未来空间城镇化的集约型发展模式需要借助发行各种有价证券在市场上直接融资,提高空间城镇化发展的效率效益,提高土地集约化程度。

其次,要充分利用金融规模及金融效率,促进大中小城市的协调发展。新型城镇化背景下的空间城镇化发展强调城镇空间结构的优化,因此金融体系要发挥金融功能,优化城镇空间结构。新型城镇化是强调大中小城市协调发展的城镇化,因此金融支持城镇化也需加大对大中小城市发展一体化的支持程度。一方面,加大金融支持对大城市和城市群发展的促进作用,通过完善大城市及城市群金融体系结构,加大对城市群之间道路干线、运输管道等的金融支持力度,实现金融资源在城镇之间共享,提升城市群的集聚作用和辐射能力;另一方面,加大对中小城市及城镇的金融支持力度,加大对中小城市和城镇基础设施和公共服务的金融支持力度,提高其对人口转移的吸引力,促进其对大城市人口疏散的有效承接作用。

4. 资源环境城镇化的融资路径

新型城镇化集约、高效和内涵式的发展,要求现有基础设施的改造升级和公共服务的完善,加大绿色信贷投入,创新金融产品,支持生态化城镇发展。

一方面,建立完善资源环境城镇化的金融支持体系。首先,强化银行类金融机构对资源环境城镇化的支持作用。为提高资源环境城镇化的有效推进,必须转变银行类金融机构的经营理念,加快其资源环境相关产品的创新力度,提高资源环境金融服务种类和质量。尤其是作为支持循环经济发展的金融主力军的商业银行,要根据新型城镇化发展战略,建立有利于资源环境城镇化融资的政策机制,如给予资源集约环境优化相关城镇化建设利率优惠,引导和调控市场主体行为等，充分发挥商业银行在资源环境城镇化中的作用。其次，进一步强化非银行类金融机构对资源环境城镇化的支持作用。包括小额贷款公司和风险投资基金在内的非银行金融机构对中小科技企业发展支持作用较强，他们对资源环境城镇化的参与是推动资源环境金融市场发展多元化的重要渠道，可以更好地满足资源环境城镇化发展的资金需求。

另一方面，出台相关政策措施降低资源环境城镇化成本，提高经济收益率。第一，给予税收优惠政策。对于城镇化建设中的资源集约和环境优化项目收益可考虑税收优惠直至免除，提高项目收益率，从而提高相关主体参与资源环境城镇化的积极性。第二，给予资源环境项目优先上市权，对于同等条件的上市企业，给予资源再生类企业和环境优化类相关企业优先上市权，提高企业资金收益。第三，设立资源环境引导基金，对商业银行资源节约和环境优化的信贷业务进行贷款贴息，提升其支持资源环境城镇化的动力。

5. 城乡一体城镇化的融资路径

城市与农村二元化的金融发展状况严重阻碍了农村地区经济社会发展，新型城镇化强调城乡统筹的城镇化，因此金融也需加强对城乡统筹城镇化的支持，主要体现在强化政府在城乡一体城镇化金融支持方面的作用，加强新型城镇化背景下的农村金融机构体系建设和建立有效的城乡金融联动机制三个方面。

首先，要强化政府在城乡一体城镇化金融支持方面的作用。促进城乡一体的金融支持体系建设，政府充分发挥政策引导性的作用不可或缺。其一，降低金融机构开展农村金融业务的成本，加强农村金融基础设施建设（金融机构、技术支持服务、信息管理服务及支付体系等）；其二，放宽市场准入门槛，鼓励民间资本进入，同时加强金融监管，防范金融风险。应积极引导和鼓励民间资本参与农村地区金融机构的组建和运营管理，促进新型城镇化建设中农村地区金融服务和金融需求的有效对接。同时尽快出台相关政策法规，加强金融监管，防范金融风险。其三，人民银行应发挥好金融机构支农的窗口指导作用，引导金融机构特别是涉农金融机构对农业产业化、农村基础设施建设和农村小城镇建设的信贷支持，充分发挥农业产业化和小城镇建设的联动作用，通过支持农业产业化促进小城镇建设。

其次，加强新型城镇化背景下的农村金融机构体系建设。其一，建立多元化的农村金融体系。建立包括农村信用社、商业银行、政策性银行、保险公司及民间金融机构在内的多层次金融机构。其二，科学界定各金融机构职能。农村信用社应充分发挥好其"三农"服务功能。农村信用社资金来源于农村，因此也应该主要定位于农村市场，通过拓展金融服务种类，提高金融服务水平，强化其对"三农"的金融支持功能；农业银行应重点支持农业生产经营、农村水利、电力等基础设施建设和小城镇建设，重点支持农业生产经营，同时增加中长期贷款比重，加强对农业的服务；农业发展银行则应发挥好其支农扶贫工作、农业综合开发等政策性融资职责。其三，建立健全农村金融保障体系，农村金融机构在缺乏保障支持体系的前提下难以抵御和分散由农业风险引致的借贷风险，所以必须通过不断建立完善农业保险、担保基金、信用评级等农村保障支持体系，强化金融机构抵御金融风险的能力。

最后，建立有效的城乡金融联动机制。要想把农村资金留在农村并将城市资金引入农村，就必须建立新型城镇化背景下的城乡金融联动机制，实现城市金融与农村金融的统筹发展。其一，城市金融机构可借鉴发达国家成功经验，采取连锁店形式，将其独立和专业的经营模式及规范化和标准化的流程引入农村地区，通过品牌效应提高金融机构在农村地区的金融服务水平和效率。其二，城市金融机构可以通过参股、控股、资金拆借等多种手段实现对农村地区的反哺，促进金融资源从城市地区向农村地区的流动。其三，城市金融机构还可通过宣传、信息服务及人才培训等多种方式加强其对农村金融机构的辐射带动作用。

三、提高吉林省金融发展水平与质量

吉林省金融业自身发展的完善与进步是提高金融支持吉林省新型城镇化水平的前提和基础，针对吉林省金融发展自身存在的金融机构对新型城镇化的资金支持不足、金融产品及金融服务单一、金融网点区域分布不均衡及金融市场结构不完善等诸多问题，未来金融发展水平与质量的提高可从以下几个方面进行完善。①

（一）金融机构

吉林省各金融机构应根据自身性质与特点，找准自身支持新型城镇化的切入点加大支持力度。

1. 政策性银行要发挥好对城镇化建设的引导作用

目前政策性业务范围非常有限，国家开发银行主要支持基础设施、基础产

---

① 杨慧，倪鹏飞. 金融支持新型城镇化研究——基于协调发展的视角［J］. 山西财经大学学报，2014（12）.

业和支柱产业,农业发展银行则主要提供粮棉油收购贷款,进出口银行对城镇化建设的支持业务也非常有限。未来政策性银行应充分发挥其政策性优势,积极引导金融机构资金对城镇化建设的支持。国开行可在支持"两基一支"领域的基础上加大对产业城镇化、生活城镇化和生态环境城镇化的支持作用,农业发展银行应加强对农业现代化和农村人口转移的金融支持作用,进出口银行则应积极借鉴西方国家成功的城镇化模式建设,我国的专业化城镇。三大政策性银行均应发挥各自优势,加大自身并引导商业银行对交通和水利水电等城镇化建设项目的支持。

2. 继续发展、壮大大型商业银行

中国银行、交通银行、中国工商银行、中国农业银行、中国建设银行这五个大型银行的网点在吉林省内分布广泛,在吉林省新型城镇化建设中起到重要的作用。为了适应吉林省新型城镇化发展的需求,吉林省应该将省内国有银行的业务进行扩展,加大资金供给,继续提高市场竞争力,满足城镇化建设中大型基础设施建设的资金需求以及促进城镇中经营性产业的发展。结合吉林省的具体情况,可以做到以下几点。

(1) 设立多种理财产品。加大对消费领域的资金支持,满足不同性质、不同规模企业的资金需求。目前金融产品多集中在负债业务领域,对于资产业务、中间业务领域的理财产品相对较少,吉林省的大型商业银行应该扩展资产类和中间业务理财产品。同时,个人理财应该突出"个人"两个字,针对不同的投资者,应该为其量身定制理财产品,投资者的性别、年龄、收入水平、风险偏好等都会影响到他们对于理财产品的需求,针对这些差异,设计差异化理财产品,满足投资者的不同需求,有利于吸收社会闲散资金,用于吉林省新型城镇化建设。理财产品透明度不高现象普遍存在,为了更好地推进吉林省新型城镇化发展,吉林省的国有银行应该提高理财产品透明度,让投资者了解金融产品的风险、收益情况,避免当投资者出现亏损的时候,银行的信用形象受到影响,从而避免未来一段期限内理财产品的发放受到不利影响。

(2) 打破网点布局的束缚,发展网上银行业务。由于国有银行的网点布局是由国家决定的,吉林省不能将其改变,为了适应市场的发展,吉林省大型国有银行应当改变原有的业务流程,打破固定的营业网点的地域限制,将线下业务升级为线上业务,为资金需求者提供便利。

3. 发展中、小商业银行

城镇化建设需要产业的支撑,而不同规模、不同性质的企业对资金的需求是有差异的,中小银行的发展能够满足这种差异性需求。可以鼓励发展城市商业银行、村镇银行，促进当地企业发展。在大力发展中、小商业银行的同时，要注意以下几点：一是网点布局要着重向县域地区扩展。二是要扩展业务种类，针对吉林省的具体情况，降低贷款门槛，为信誉良好的民营企业，中、小企业优先发放贷款；增设中间业务种类，降低银行经营风险；根据投资者对风险、收益的不同需求，为其量身订制理财产品，从而充分吸收社会闲散资金，促进吉林省新型城镇化发展。三是要完善管理体制。切实实现产权明晰、政企分开，明确各个岗位的权利和责任，对员工进行规范化管理，提高服务水平，努力做到微笑服务，变被动服务顾客转向主动咨询顾客需求，提高工作效率和工作质量。

4. 鼓励发展民营银行

2014年在第十二届全国人大二次会议的政府工作报告中首次提到了互联网金融一词，从互联网金融出现到被写入政府工作报告不过几个月的时间，它的发展速度令人震惊，互联网金融是网络和金融发展到一定程度的必然产物，是网络和金融机构的结合体。它的出现，挤占了传统银行业的市场份额，传统金融机构的存、贷款量下降，业绩大不如从前。央行行长周小川表示不排斥互联网金融的出现，相反要鼓励其发展。互联网金融是市场经济的产物，顺应了历史潮流，是未来金融业发展的方向。2014年3月，中央公布了首批试点民营银行，包括五家银行。民营银行目前竞争机制不规范，风险大，为避免金融市场有大的波动，对于建立民营银行的政策放开力度很小。但是民营银行的产权清晰，政企分家，经营的灵活度高，受政府的干预很少，能够在金融市场中得到充分发展；民营银行不同于国有银行，它与顾客的沟通充分，能够及时了解不同投资者的差异化需求，基本不存在由于信息不对称而出现亏损的情况；同时民营银行切实贯彻商业化服务理念，主动为顾客提供服务，对员工的工资实行绩效制，激发员工工作积极性，营业时间灵活，为顾客提供服务的时间长。考虑到民营银行的这些优势，吉林省也应该鼓励当地民营银行的建立，以服务当地经济。现阶段发展民营银行最主要的是要放开政策，放宽对于建立民营银行资格的限制，同时为了防范风险，要完善风险防范机制、信用评级体系，促进民营银行支持且能够持续支持吉林省新型城镇化发展。

5. 促进非银行性金融机构可持续发展

面对金融市场中资金多元化需求，吉林省的非银行性金融机构正如火如荼地发展，其发展势头如雨后春笋。基金公司、证券公司、保险公司等这些机构能够很好地吸纳社会闲散资金，应当将这些小资金集聚起来投入到需要的领域，能解决中小企业融资难问题。但是与发达省市相比，吉林省的非银行金融机构数量不多，发展程度不高，监管不力，应该鼓励其创办。

（二）金融产品

应当增强金融产品的创新能力，体现金融产品差异化原则，满足金融支持吉林省城镇化建设的需求。金融市场是伴随着金融产品的创新而发展的，金融产品的创新历程代表了金融市场的发展历程，纵观吉林省金融产品的发展历程，金融创新产品数量、种类都不断增加，但是总体来看，在金融机构的创新过程中，存在技术、人才匮乏，市场定位偏离最初目的，创新层面单一，创新主体有限制等一系列问题，可以通过相应的措施解决上述问题。

1. 提高自主研发水平

金融产品的研发是一项高技术活动，提高自主研发水平是进行金融产品创新的重要举措。技术、人才对于研发水平的提高起着重要作用。

（1）引进高素质人才。金融产品的创新需要具备高素质的人才参与其中，多年来"孔雀东南飞"现象导致吉林省人才匮乏，未来吉林省应利用东北老工业基地再次振兴及长吉图开发开放先导区建设优势来引进高素质、高技术人才，或者高薪聘请技术人员，虽然短期来看增加了企业成本，但从长远来看，有利于金融机构的可持续发展，从而促进区域经济的可持续发展，进而促进吉林省新型城镇化的发展。

（2）引进先进技术与吉林省具体情况相结合。鼓励吉林省金融机构进行自主研发新产品，根据市场需求量身定制金融产品。同时，在引进国外的先进技术时，要考虑到这些创新产品是否能够融合到吉林省特殊的市场环境中。吉林省范围内民营经济占据大部分市场份额，这些民营经济中，以中、小型企业居多，带动它们的发展将有利于实现以产兴城，产城融合，最终促进吉林省新型城镇化发展，民营企业对融资的要求是时间短、见效快，而且融资很频繁，对融资规模要求不高，面对这样的实际情况，吉林省在引进外来技术时要与当地的实际情况相结合，找到适合民营经济尤其是民营经济中的中、小型企业需求的金融产品。

2. 完善营销机制

金融产品最终要销售到市场中去，完善的营销机制是金融产品有效销售的前提。

（1）制定合理的营销策略并适时做出调整。完善营销机制首先要制定合理的营销策略，建立专门的技术研发部门，由专职人员进行技术研发，产品创新要以市场为导向，为吉林省的大、中、小企业以及市政建设量身定制金融产品，解决其资金周转问题；以市场为中心适时做出调整，在金融市场不景气的时候，加大保守型金融产品的营销，金融市场繁荣的时候推出风险型金融产品，满足投资者在不同时期对不同风险金融产品的需求。

（2）加强对销售人员的业务培训。金融产品的最终销售由基层人员完成，要对销售人员进行培训，提高销售人员素质，让其充分了解金融产品的性能和优势，在销售过程中，让投资者充分了解产品的风险以及收益情况，同时要实事求是，不能夸大产品功能，使消费者能够购买到合适的产品。这可以有效避免金融产品供与需的错位现象，能够使金融机构有效规避风险，扩大市场份额，从市场中吸收资金运用于吉林省的城镇化建设当中去。

3. 完善金融产品创新管理体制

吉林省金融产品的研发主要集中在总部，分支机构只能服从总部的要求，没有开发新产品的权力，这种制度阻碍了新产品的研发，但是技术人才不只集中于总部，分支机构也不乏有高素质人才，我们应该扩展金融产品的研发层面，提高工作人员创新的积极性，对产品研发做出贡献的基层工作人员应该给予特殊奖励，这样有利于金融产品种类的多样化，可以满足不同消费群体的差异性需求。具体来说应该做到以下几点。

（1）处理好总部决策权与分支机构参与权的关系。金融机构应该设立专门的研发机构，而参与者不仅仅局限于总部，分支机构的员工同样可以参与研发，而最终的决策权是在总部，由总部在众多金融产品中进行挑选，最终选定适吉林省城镇化建设需求的金融产品，进而在市场中进行销售，这种制度可以集思广益，有利于促进金融产品类别的多样化。

（2）完善金融产品创新的激励机制。将金融产品创新与工资挂钩，采取"基本工资+绩效工资+奖金"的工资制度，基本工资是指扣除税费后的基本工资，绩效工资与金融机构的总体绩效挂钩，效益好则工资高，奖金是对有特殊贡献的员工的额外奖励，对金融产品创新做出贡献的员工，应给予奖励，这有利于激发员工参与金融产品创新的积极性。

（三）金融服务

要为新型城镇化建设各方面提供全方位的金融服务。紧紧围绕人口、产业、空间、生活、资源环境及城乡一体城镇化的重点领域，为城镇化提供全方位金融服务。人口城镇化方面，以个人贷款等为抓手，为新转移人口就业创业提供金融支持。产业城镇化方面，重点支持产业结构调整和产业升级，强化城镇化发展的产业支撑。空间城镇化方面，支持城镇土地空间的集约利用。生活城镇化方面,重点支持经营性和准经营性基础设施项目、普通商品房开发及保障性住房以及新型农村集中社区建设项目。生态城镇化方面,则要加大对绿色经济和循环经济的金融支持力度,促进城镇资源节约和环境优化。城乡一体城镇化方面,加强对农业现代化的支持,提高农民生活水平,缩小城乡经济社会各方面的差距。

目前吉林省金融网点主要布局在城市特别是大中城市,在小城市、小城镇特别是农村地区布局不足,不利于村镇经济特别是城乡一体城镇化的发展。未来金融网点的布局要增加乡镇及县域等基层地区金融机构的数量。通过相应政策制度保障基层区域单位金融机构合理布局,为县镇和县域经济社会发展提供金融支持基础。在金融机构进入这些区域初期,可以适当给予一定财政补贴等政策支持,为这些金融机构在这些区域长期发展奠定基础。同时,提高这些区域金融机构存款的就地转化,鉴于目前农村地区存款量远远大于贷款量,当地存款没有有效转化为资金带动当地经济发展,未来要鼓励这些地区存款的转化,提高金融机构对落后地区的支持作用。

具体来讲,金融机构要不断完善传统金融服务并创新金融业务,这样才能不断满足新型城镇化对金融服务的新需求,增加城镇金融分支机构和 ATM 网点,改进以取现汇兑为主的城镇基础金融服务体系,加大城镇支付渠道建设力度,同时推广网络支付及电话等电子金融创新业务,加大对新转移人口创业教育及技能培训等方面的金融支持。出台针对失地农民就业创业的优惠贷款政策,创新个人创业贷款品种,积极调动其自谋职业和自主创业的积极性。完善新转移人口在教育、医疗和社会保障等方面金融服务的前提下,为其与原有城镇居民享受同等的生活提供金融支持。探索新转移人口住房信贷支持政策,提高新转移人口居住的金融支持水平。

(四) 金融市场

以银行为主的金融市场体系对城镇化建设起到了良好的金融支撑作用,未来要进一步发挥金融市场对新型城镇化建设的支持作用,但同时要形成积极发展资本市场并做好保险、担保等金融配套。在发展资本市场方面,要鼓励优质企业通过上市和发行债券的方式拓宽融资渠道,为城镇化发展吸收更多的社会分散资金,释放出更多的信贷资源。同时积极发展创业板和产权交易中心,拓宽资本退出渠道,为新兴产业、中小企业和创新型企业引入战略投资者营造良好的外部环境。在做好保险、担保等金融配套方面,要完善银行贷款风险补偿机制,壮大地方担保公司实力,扩大城镇化建设保险覆盖面。通过增强担保能力，扩大还款来源，实现金融支持新型城镇化建设的常态化。

四、促进融资主体及融资渠道的多元化

将传统城镇化中"政府主导、市场辅助"的金融支持模式转变为新型城镇化进程中"政府引导型的多元化融资模式"，须转变融资方式，借助于市场机制逐渐发挥市场机制在融资方面的作用。在加大财政投入的同时，充分发挥各类投资者及经营者共同建设城市的积极性，促进城市建设融资的多元化、市场化和规范化。从短期来看，应充分发挥财政融资及政策性金融机构融资的信贷支持；从中期来看，应全面深化以证券化为核心的金融支持模式，通过发行各种适应新型城镇化融资需要的金融工具和产品，深化直接融资的范围和手段；从长期来看，则应积极推进地方债的发展。从世界各国城镇化发展融资的一般规律来看，地方债是解决城镇化融资问题的根本途径，因此发展地方债是新型城镇化发展的重要融资渠道，具体来看，促进融资主体和融资渠道多元化主要包括以下几方面的内容。

（一）财政融资

1. 加大财政投入

虽然城镇化进程中我国财政投入绝对量在不断增加，但是相对投入及占国民经济的比重仍显不足。城镇化建设财政投入的不足，一方面导致其引导作用有限，多元化融资格局难以最终形成，另一方面也影响政府城市管理职能的正常发挥。随着国家财政体制向公共财政体制的方向发展，政府职能转变的背景下必然会提高城市建设投资力度及加大公益事业的投资力度，以确保新型城镇化背景下城市快速发展所需要的巨额资金，政府加大财政投入必然需要持续性的财政收入予以供给，可考虑从以下几个方面来扩大财政支持城镇化建设的资金来源，其一，根据具体情况增设城市道路使用税。可考虑将今后可能实施的燃油税规定一定比例用于城市交通建设等基础设施建设领域。其二，适当开征与城市公共设施建设相关的税种。根据不同城市经济发展情况有针对性地开征与城市公共建设相关的税种，主要包括宽带信息网络建设税（费）、电网建设税（费）及污染税等。其三，提高城市维护建设税税率。根据经济发展状况和城镇化推进状况，可适当提高城市维护建设税税率。其四，提高城市水资源收费标准。提高城市特别是水资源利用成本较高城市的收费标准，且在技术可行情况下实施阶梯水价。其五，城市土地出让收入及国有资产出售收入可规定

一定比例用于城镇化建设项目。城市土地出让收入为地方政府重要的财政收入来源，未来随着城镇化的持续推进，土地收入还存在一定程度的增长空间，在土地收入持续增加的背景下提取一定比例用于城镇化项目建设。另外，可将国有企业结构调整中出售的部分国有资产出售收入规定一定比例收入专项用于城镇化建设投资。

2. 盘活存量增加财政来源

我国国有资产数额巨大，是非常可观的财源。随着产业结构调整和产业升级的持续深入，可在适当条件下出售部分竞争性较强的国有资产，一方面可将其收入用于新型城镇化建设项目的资金投入，另一方面也可将国有企业从竞争性领域逐步退出，推动市场经济的深入发展。此外，在国债负担率和居民应债率允许的范围内，综合考虑 GDP 平均增长率和财政收入增长率可承受力，适当增加国债发行量，增强财政对新型城镇化建设的支持能力。新增加国债可主要用于大型水利、水电、公路和铁路项目建设，一方面能有效促进储蓄资金向投资资金的转化，拉动国民经济增长，另一方面也能有效缓解新型城镇化建设资金供给不足的问题。

3. 充分发挥政策性金融作用

政策性金融机构具有公益性、社会性及超前性等特征，应增强其对城镇基础设施、公共事业等领域的资金支持力度，促使其进入新型城镇化领域的薄弱环节。特别是增强其在以政府投资为主的公益性和准公益性公共设施领域的资金支持力度，充分发挥政策性金融的作用。国家开发银行担负政府"两基一支"金融支持的责任，即建设基础产业、基础设施和支柱产业政策性融资任务，因此有必要随着国家新型城镇化战略的实施，相应地增大政策性银行的筹资量。为保持基础设施融资在全社会融资中的比重维持在相对稳定的水平，应保证国家开发银行的网内筹资量年增长率不低于企业和居民存款的年增长率。

4. 对部分项目提供财政担保

为调动商业金融机构对新型城镇化建设项目信贷投放的积极性，促进其更好地发挥金融支持新型城镇化建设和经济增长的作用，政府通过完善配套政策措施和创新体制机制对城镇化建设相关项目提供财政担保具有重要意义。基础设施建设中的骨干项目通过财政担保能够较为顺利地向社会发债集资，同时商业金融机构以收费抵押等方式加大对新型城镇化建设项目的投入具有重要的经济效益和社会效益，对拉动经济增长和扩大就业起到了较为积极的作用。同时为了保障财政担保的无风险，可通过"保本微利"的定价原则保障财政担保作用的充分发挥和可持续发展。

（二）土地融资

针对目前地方政府将土地财政作为重要融资来源的现状，从前文分析得知该种融资模式可能会导致较大的财政风险和金融风险，具有不可持续性。根据中国城镇化发展阶段现状，未来相当长时期内中国仍处于城镇化快速发展阶段，因此土地财政仍将是地方政府的重要收入来源和城镇化建设的重要融资渠道，但是有必要改善现有的严重土地依赖，增强土地融资的可持续性。

1. 降低地方政府土地财政依赖度

其一，完善土地财政相关税制。合理划分中央与地方政府财权与事权，要适当减轻地方政府财政负担，适当增加中央政府事权，协调好政府间财权与事权的匹配同时完善土地相关税制，增设及提高部分土地税率。通过提高城镇土地使用税税率、完善土地增值税、增设空地税及提高耕地占用税税率等措施，起到土地节约利用和增加财政收入的双重作用。其二，改变当前唯GDP和财政收入至上的政绩考核体系，结合国家"以人为本"理念和经济结构产业升级，将经济增长率、资源消耗强度、居民收入增长率、社会保障率、社会治安破案率及人口自然增长率等诸多指标纳入政绩考核体系，实现政绩考核的"以人为本"。其三，建立多元化的公共融资体制。将地方政府视为地方公共产品和服务的提供者，改变当前地方政府作为城镇化建设主导者的功能角色，实现多元化的融资主体和渠道，降低地方政府城镇化融资压力。

2. 提高土地集约利用度

一方面，优化土地管理提高土地集约利用程度。严格执行土地规划和城市建设规划，防止地方政府为了追求土地收益最大化随意修改规划，对于有违规行为的地方政府要追究行政责任乃至法律责任。同时提高规划及执行的透明度，提高公众参与力度，加强对政府执行力监督的同时合理利用土地资源，减少土地资源浪费现象，严格控制城市工业用地比例及适当提高工业用地价格，防止部分城市工业用地特别是大量工业园区用地的荒置拓展土地利用空间，提高可利用土地量。通过促进城市立体化交通及地方高层化和地下兴建商场及停车场等方式，增强土地的集约化利用。另一方面，建立国有土地收益基金制度，促进土地利用及城镇化建设的可持续性。政府土地出让收入的实质是未来50~70年地租的资本化形态，是对未来若干年土地使用权收益的提前支取。为了保障代际之间的公平及未来城镇化建设资金的需求，应该通过建立国有土地收益基金制度的方式，将当期土地收入预留一定比例用于未来城镇化建设，这样既保证了未来城镇化建设的融资来源又避免了当期地方政府过度追求土地收益的短期行为。

（三）地方融资平台

1. 探索地方政府融资平台建设

从发达国家的经验看，完善地方政府融资平台建设具有重要意义。一方面，需要强化地方政府融资能力，组建城投公司。构建兼并、收购、注资控股、合资、债权转移及联合经营等多种方式进行的资产重组是企业经营规模扩张的有效方式。通过注入优质资产组建城投公司，按照市场经济规律让其真正面向市场，实现融资—建设—资产经营＋政府补偿—偿债的良性循环，建立起切实有效的负债控制和投资回收机制，增强城投公司融资能力的可持续性，达到提高城建资产整体经济效益和减轻政府城镇化融资压力的作用。另一方面，逐步建立起地方政府发行地方债的相关政策制度体系。发行地方债是西方国家城市建设中基础设施和公共服务融资的重要渠道，也是诸如英国、美国、德同和日本等实行分税分级财政体制国家的普遍经验，这些国家的地方债在其债券市场和财政收入体系中均占有重要地位。在借鉴西方国家地方债融资的基础上，结合我国具体国情，在坚持政府引导型的多元化融资目标模式下采取试点突破和逐步拓宽区域的方式，逐步建立起一套适合我国经济发展阶段和经济结构特点的地方债融资模式。

2. 加强对地方政府的负债管理

一方面，增强地方政府负债的透明度，通过建立起强制性的政府财政信息披露制度促进地方政府隐形债务透明化，通过地方政府隐形债务透明化加强对地方政府财政收支的有效约束（李娟娟，2011），地方政府融资平台作为地方政府债务的有效变通方式，长期以来不仅存在显性的直接债务，还存在诸多游离于现行财政体系外的各种隐性债务，由此引起资金使用与管理信息的严重不对称，在这种情况下中央政府和金融机构等无法很好地掌握地方政府的负债、信用及偿债能力等准确信息，容易造成地方政府的财政风险及其可能导致的金融风险，因此将地方政府的负债置于可控范围之内是规避财政风险和金融风险的有效方式之一，要实现地方政府隐性债务的显性化，强化地方政府的预算约束。中央政府、各级政府及政府各个部门间要明晰风险责任，促进地方政府建立起与其固定资产投资、财政收入和经济发展水平相协调的债务规模。

完善金融机构对融资平台新增贷款的授信，完善地方政府债务风险管理体制，防范财政风险和金融风险。通过有效评估体系，金融机构要加强对地方政府融资平台新增贷款的评级与管理，根据地方政府融资平台的贷款项目和业务特点性质，审慎客观地完成新增贷款信用评级工作，对城镇化重点建设项目、产业升级、产业结构调整和促进就业的中小微企业积极给予融资支持，提高城镇化建设资金支持效率，同时完善地方政府债务风险管理体制，制定合理的政府负债率警戒线，对将要达到或已经超过负债率警戒线的城市，要制定出相应的防范与应对政策措施。通过建立综合全面的政府债务风险预警指标体系，对地方政府债务风险可能导致的财政风险和金融风险加强监督、预警、防范及化解。

3. 推进融资平台的清理规范

规范融资平台发展，应从以下三方面着手。首先，整顿规范融资平台公司。在坚持分类管理和区别对待的原则下对违规担保的融资平台进行限期整顿，取缔不符合条件的融资平台，妥善处理融资平台的存量债务，推动融资平台的健康发展。整顿规范融资平台公司的目标可以是在保留省本级（每省一家）、市本级（每个地级市一家）融资平台的基础上，出台相应的法律法规对地方政府融资平台进行统一管理，使其朝着规范化的方向发展。其次，建立健全相关体制机制。通过完善相关体制机制建设推动融资平台的建设，规范完善融资平台系统建设。规范包括资产负债、项目管理、治理结构、经营能力及资金"借用管还"等多方面的体制机制，提高融资平台自身的还款能力，做实做强融资平台。最后，在坚持市场化和多元化融资方式的原则下，推动融资平台公司企业化经营，提升其经营能力、管理水平与整体实力，通过重组、上市、改制和资产证券化等方式引进民间资本，提高平台融资能力。同时增加诸如经营性、易变现的优质资产增强企业自身实力，降低融资平台的负债率，降低对财政还款过度依赖的现有状况。

（四）银行贷款

新型城镇化建设不断增加的资金需求对我国银行业为主体的金融业提出了挑战，但同时也为其未来发展提供了机遇。新型城镇化以人为本的核心指导思想和以协调发展为重点的特征，对银行业转型和发展方式的转变带来了机遇与挑战。银行业要做好以下几个方面。

1. 加强银行支持作用

一方面，建立与新型城镇化建设相协调的金融支持结构体系。强化新型城镇化建设中银行社会责任，通过政府引导监督和公众评价等方式逐步建立和完善普惠制银行，促进人口城镇化特别是生活城镇化的突进。具体要做到不断建立完善与新型城镇化建设协调发展的银行支持结构体系。一是构建与新型城镇化发展相协调的金融结构。在对新型城镇化进程中的金融支持需求进行系统研究的基础上，构建以银行体系为主的金融组织体系，强化银行在金融支持城镇化发展中的主导作用。二是建立完善与新型城镇化发展相协调的政策性银行与商业性银行协动的融资体系。针对新型城镇化融资中的城镇化建设重点项目等融资问题，要逐步建立完善"政策性银行先期介入—商业性银行积极跟进—政策性银行适时退出"的联动式的银行融资体系（尹程，2013）。

另一方面，找准银行支持新型城镇化的重点。一是要进一步加强对城镇基础设施和公共服务建设的支持力度。对于包括交通、邮电、供水供电及教育医疗等基础设施和公共基础设施服务建设，及与市民切身利益息息相关的棚户区改造、保障房建设、公共教育和医疗等公共支出建设，政策性银行要加强对这些领域的引导性支持，促使商业银行对这些领域的金融支持，提供包括信贷支持、市政融资咨询及评估等相关业务在内的金融支持服务。二是加强对中小企业和个人信贷业务的支持，促进新转移人口的生活城镇化。通过加大对中小企业的金融支持，促进城镇新转移人口的就业，通过积极发展个人消费信贷业务，促进城镇人口及新转移人口消费目的、消费行为、消费结构及消费方式的不断转变。最后，适应新型城镇化融资需求加大银行业务创新力度。随着新型城镇化的推进，市民日益多元的金融资产配置需要逐渐彰显，银行应根据市民需求不断发掘居民多元化的资产配置需求，积极推出特色个人金融服务，通过开展如开发城建信贷理财产品等以中间业务的形式为城镇建设项目融资，对于拓宽城镇化融资渠道和带动银行资产、负债和中间业务的整体发展起到重要作用，同时结合城乡一体城镇化发展中土地流转、林权改革、农村基础设施建设等新问题可在抵押担保方式、贷款定价、贷款期限及信贷额度上进行突破，改变当前单一以抵押为主的支农贷款方式。

2. 增加金融供给总量，把握金融供给力度

一般而言，金融机构为市政建设提供的资金支持的数额在低于最优量时，增加一单位的市政建设投资所带来的经济效益与社会效益呈正比的，此时，金融机构应该加大对其基础设施、科、教、文、卫等有关城镇建设的信贷支持力度，促进产业结构优化升级，鼓励经济效益、社会效益低的第二产业转型为第三产业。随着投资的增加，每增加一单位的投资为城镇化建设带来的贡献逐渐下降，当超过最优量时，边际效益会下降，最终下降为零，如果此时金融机构继续提供信贷支持，说明资金供给过度，有可能增加通货膨胀程度。如果金融支持的方向不符合经济发展潮流，过度的资金供给不但不会促进城镇化发展，还可能起到反作用。

第六章　金融支持吉林省新型城镇化建设的对策建议

经过前面分析我们已经得知，在吉林省的新型城镇化建设过程中，不管是基础设施领域还是产业领域都存在很大的投资空间。针对吉林省新型城镇化建设和发展中存在的金融供给总量不足问题，在加大金融供给力度，扩大金融供给规模，实现适度的金融总量供给方面，必须针对制约吉林省金融供给的原因，采取相应的对策。增加吉林省金融机构贷款供给的措施主要有以下两个方面。

一是提高放贷比率。多年来，在金融机构提供的贷款供给方面，由于受贷款指标限制，造成了吉林省金融机构的存贷比较低，导致了金融机构对吉林省城镇化建设过程中贷款总量不足现象。2015年9月22日，银监会对《商业银行流动性风险管理办法（试行）》进行了相应修改，删除了原来"商业银行存贷比应不高于75%"的条款，将存贷比由法定监管指标转为流动性监测指标，即央行取消了存贷比上限，逐步淡出对贷款的数量限制。因此，为了加快吉林省城镇化建设速度，应该适当放宽对吉林省城镇化建设过程中的金融机构贷款指标限制，提高吉林省金融机构存贷比，减少吉林省城镇化发展中的资金溢出效应，通过缩小吉林省金融机构存贷比与全国平均水平差距，使吉林省金融机构存贷比能够达到全国金融机构存贷比的平均水平，满足城镇化建设中的资金需求。

二是提高企业吸收资金的能力。吉林省的企业以中、小型为主，以民营企业为主，这些企业的特点是资产规模小，抵御市场风险的能力差，经营水平不高，还贷意识薄弱，因此企业信誉度低，还贷能力差，金融机构不愿意给这些企业发放贷款，资金短缺加剧了企业的经营风险，从而形成恶性循环。为了增加对中、小企业，民营企业的资金支持，使之发挥对吉林省新型城镇化的推动作用，提高企业自身吸收资金的能力很有必要。

3. 完善风险的防范控制

银行信贷在支持新型城镇化发展过程中具有重要作用，但是新型城镇化建设中诸多公益性和准公益性项目盈利性有限，因此容易引致金融风险。新型城镇化背景下银行等金融机构需要加大对风险的防范控制，具体应做到如下几点。

其一，要加大重点支持项目的风险防范工作，同时推动金融体系改革。要加强对基础设施建设类项目贷款的风险防范工作，由于这类项目融资具有公益性强及建设周期长等特点，要适时对项目的发展情况进行评估，同时要加强对中小企业和个人消费信贷方面的风险防范工作。通过加强对企业发展状况和信贷政策的分析，研究防止盲目信贷支持带来的风险，通过积极建立健全消费贷款的风险防范机制完善消费信贷风险管理制度。做好重点支持项目风险防范工作的同时，通过推进利率汇率市场化和降低金融行业准入门槛为重点推动金融体系改革。建立完善与产业转型升级和城镇化建设需要相协调的金融市场体系，通过市场导向和富有弹性的金融体系化解银行金融风险，支持产业转型升级和城镇化进程。

其二，完善风险控制方式，防控城镇化项目面临的特殊风险。在做好金融体系改革和加大重点支持项目风险防范工作的基础上，银行应着力防控城镇化项目面临的特殊风险。一是通过采取创新的担保方式加强与第三方（保险和担保公司等）的合作，加强贷前、贷中、贷后全程信贷监管分散风险。或者通过培育一批低风险和信用度高的优质客户，审慎调整行业准入门槛，防范金融支持城镇化建设项目中的相关风险。二是监管好创新业务风险。新型城镇化背景下创新产品和创新业务的发展是必然趋势，但是新型产品的创设和发行中往往是信用风险、合规风险与操作风险同时并存，而创新业务多是风险的发生源，因此银行需要在创新中防控风险。

（五）直接融资

吉林省城镇化和产业发展过程中存在的市场化直接融资数量少、市场化直接融资规模小，制约了吉林省城镇化融资支持，拓展直接融资规模有助于化解中、小企业融资难问题。

相对于以产兴城、以城兴业、产城融合的吉林省新型城镇化发展的融资需求而言，一方面在城镇化的政府投融资方面，需要按照"关后门""开前门"规范政府融资行为的要求，通过在金融市场发行地方政府债券方式，解决政府投融资过于依赖金融机构贷款问题，使金融机构贷款能够腾挪出来用于增加实体产业贷款。

在产城融合的实体产业发展融资方面，必须借助于债券市场、股票市场、产权交易市场等各种类型的金融市场发展，积极推进产业自主性债券融资、股权融资、企业上市融资，使产城融合的实体产业发展能够获得更多的市场化直接融资。尤其对于产城融合，产业和城镇化共同发展的要求，应该积极鼓励和支持企业借助于新三板市场融资，借助创业板市场融资。通过拓展政府性市场化直接融资和企业市场化直接融资，增加吉林省新型城镇化发展的融资规模。

在吉林省的资本市场中主要以间接融资方式为主，股票市场和债券市场发展非常缓慢且内部结构失衡，这种现象导致资源不能得到优化配置，资金不能运用于最有效的领域，使不同规模、不同性质的企业发展不均衡，阻碍了吉林省的城镇化进程。为了解决吉林省资本市场的结构性问题，可以从以下几个方面入手。

1. 调整资本市场结构，积极发展产业直接融资

现阶段吉林省企业的融资方式主要是间接融资，但是由于民营企业众多，大多数企业资信条件差，融资难问题突出，因而要发展直接融资方式，使两种融资市场均衡发展，使得不同规模、不同性质的企业能够较为顺利地获得资金支持，从而促进吉林省产业发展，进而推动吉林省的城镇化进程。

2. 继续发展股票市场，完善股票市场结构

吉林省的股票市场发展缓慢且不稳定，与发达地区相比发展水平不高，因此要继续发展股票市场，同时要注意改善股票市场结构，发展创业板市场。积极鼓励中、小企业上市融资，实施上市后备企业培育工程。支持各类城建、投资企业上市融资，稳步扩大IPO融资规模。支持已上市公司通过增发、配股等方式实现再融资。加快吉林省场外交易市场建设，完善管理制度和运作机制，拓展吉林省非上市公司股权融资渠道。

3. 发展债券市场，改进债券市场结构

发展债券市场，首先，考虑制度问题，制定债券市场法律规范，对违法行为进行严厉打击，维护债券市场的稳定性。其次，创新债券品种，根据不同融资主体的需求设计新品种，满足多样化需求。再次，强化资本市场分散风险的作用，继续实行信息披露制度，提高投资者和融资者的信息透明度，降低投融资风险。最后，对于规模小、信誉度低、经营风险大的企业可以考虑通过公司债融资，收益率与其经营风险是匹配的；对于规模大、信誉度高的企业可考虑通过政府债进行融资。发达国家城镇化经验显示，市政债是成熟且有效的地方政府融资手段，应借鉴国外经验，引入市政债管理经验，完善地方政府融资平台运行，作为吉林省长期直接融资工具逐渐发展成熟过程中的重要补充。在发行债券筹集城镇化建设资金方面，吉林省可以借鉴河南省的做法，通过定期召开企业债券推进工作会议、对基层发改部门和城投公司进行培训、协调券商等中介机构方式对发债企业进行业务指导，帮助发债企业整合资源、优化财务条件、落实外部担保，结合新型城镇化项目特点设计发债方案。

4. 推行吉林省资产证券化

大型铁路建设，高速公路建设，粪便处理厂和污水处理厂的建立都需要大量资金的支持，而且这些项目建成以后会形成巨额固定资产，流动性不高，但是这些资产能够产生现金流，有很高的收入，可以考虑将这些资产变成高流动性的证券，由某些特定的机构购买这些证券，再在金融市场上发行这些证券，

从而达到融资的目的,最后用这些固定资产产生的现金流偿还证券。

统计局数据显示,2012年吉林省全社会的固定资产投资总额为9511.59亿元,2013年为9979.26亿元,2014年为11486.52亿元,吉林省的基础设施投资额巨大,且数额逐年增加,这说明吉林省的基础设施领域投资空间还很大,但是以政府融资为主导的融资模式存在风险,不是长久之计,而且资金供给有限,鉴于基础设施等资产流动性差且能产生固定的现金流,可考虑资产证券化。

以高速公路为例,可以将这些流动性差的资产组成一个资产池,以证券的形式出售给特殊目的机构,或者由特殊目的机构主动购买,再由特殊目的机构将这些证券在市场上出售给投资者,这样便筹集到了资金,筹资简便且成本低,最后用高速公路的费用收入来偿还本金和利息。资产证券化这种市场导向型的融资方式能够缓解吉林省新型城镇化建设过程中的资金短缺压力。

(六)其他融资方式

1. 公私合营(PPP融资模式)

公私合营模式是促进新型城镇化走市场多元化融资路径的重要选择,公私合作管理模式在城镇化融资方面应根据城镇化建设项目的不同形态来具体确定。目前,吉林省部分城市面临基础设施发展水平不高、政府财力有限、政府负债高、国有资产比重过高、行业垄断严重、效益低下等局面。在这种背景下,吉林省基础设施建设领域应大力引进和应用PPP融资模式,灵活运用BOT、BTO、BOO、BOOT等多种投融资模式,积极吸引民间资本参与基础设施的建设,并将其按市场化模式运作,既能有效减轻政府财政支出的压力,又可以提高基础设施投资和运营的效率。采用PPP融资建设应按照"规划先行、资源整合、多元投资"的要求,以城市总体发展规划为指导,帮助企业做好发展规划,并将规划的核心思想体现在项目建设方案和融资方案内;整合政府财政资金、土地资源和民营资本,实现政府、企业、土地与金融要素的有机结合,为做强投融资主体、确保投资者收益提供有力保障;积极吸引高端战略投资者参股,在拓宽融资渠道的同时,提升项目公司的管理水平,提高城市运作水平和运营能力。为加快推广运用PPP模式,积极发挥财政资金的导向作用,充分利用金融机构、社会资本的资金和管理优势,推动基础设施和公共服务领域投融资机制创新,吉林省可以借鉴河南省的做法,设立吉林省PPP开发性基金。对于不同项目,主要有以下几种合作方式。

其一,对于存量城镇化建设项目,政府可以通过出售、租赁、运营和维护

第六章 金融支持吉林省新型城镇化建设的对策建议

合同承包等形式与民营企业合作,民营企业获得政府部门颁发的特许经营权证后进行城镇化建设项目的经营管理,对于出售和租赁的方式,一般由民营部门按照与政府的特许经营合约向用户收费回笼资金。对于运营和维护合同承包的形式,民营企业可通过从政府获得一定的回笼资金。以上出售、租赁、运营和维护合同承包等与民营企业合作的形式对提高城镇化建设项目使用和运营效率具有重要作用。

其二,对于扩建和改造的存量城镇化建设项目,政府可通过购买—建设—经营(BBO)、租赁—建设—经营(LBO)及外围建设等形式与民营企业合作。这种模式下民营企业从政府部门获取特许经营权证,向政府缴纳一定的特许费。在对原有的城镇化建设项目进行升级改造后,对该项目进行经营管理,通过按照特许权合约规定向使用者收费的方式进行资金回笼。这种购买—建设—经营(BBO)、租赁—建设—经营(LBO)及外围建设等公私合作模式对加快基础设施升级改造,提升城镇化建设项目的功能具有重要作用,是城镇化建设项目改造升级融资的重要渠道。

其三,对于新建的城镇化建设项目,政府可以采取建设—经营—转让(BOT)、建设—转让—经营(BTO)和建设—拥有—经营(BOO)等方式。BOT是建设运营管理由民营企业负责,特许经营的合约时间到期后将城镇化建设项目转交给政府,BTO模式则是建设由民营企业负责,然后将城镇化建设项目转交给政府,之后再由民营部门进行经营管理,BOO模式是民营企业负责城镇化项目的建设,并获得所有权和永久性经营权。以上公私合营模式在积极引入民间资本参与城镇化项目建设的同时,对提高城镇化项目建设质量和资金使用效率也具有重要意义。

2. 地方债

地方债是国外城市建设的重要融资来源,但是受我国现行法律的约束,地方政府不允许进行直接或者间接融资,目前地方政府土地融资模式是快速城镇化这一特殊时期的产物,在运作过程中存在诸多问题,同时也不具备可持续性,因此,未来地方政府有必要借鉴西方发达国家经验在地方债方面做出尝试。

首先,建立健全相关法律法规制度,创造良好法律制度基础。通过修改《证券法》及预算法等相关法律法规,明确地方政府发债主体的法律地位。通过出台《地方公债法》,保证地方债在发债体资格、发债方式、发债规模、偿债机制、发债申请、审批及适债范围等方面的规范性。其次,采取试点突破的方式逐步发行地方债、应采取在一些城市先行试点而后在全国范围内推广的方式，防止城市债务规模出现失控情况。同时鉴于当前相关政策制度不够完善，可以先行推广类似于"准地方债"的收益债券，待政策制度等条件逐步成熟之后开始发行一般责任债券。再次，发展地方债中介机构，配套保障地方债的顺利发行。应加强对保险机构和信用评级机构等金融中介机构的培育，在地方债的发行中引入债券保险机制，提高地方债清偿，保障维护投资者合法权益，同时增强信用评级机构对地方债真实客观的评价机制，加强评级机构的独立性，防范地方债务风险及其可能导致的财政风险与金融风险。最后，建立有效的约束与监督机制，加强第三方机构和公众对地方债的监督作用。通过提高信息透明度和定期公开制度提高以上三方机构和公众对地方债的监督力度，防范地方政府超越偿债能力大规模举债行为等道德风险。

3. 新型城镇化建设发展基金

新型城镇化建设发展基金是专门用于支持城市建设的投资基金。这种基金不同于债券等债务融资方式，在项目进行中不必集中偿付大量本息，同时降低项目的债务率，减轻债务负担，起到降低项目融资成本的目的，有利于分散和降低投资风险。

在这方面，吉林省可以借鉴山东省、河南省、北京通州地区的做法，以长吉新区等城市新区的建设为契机，联合政策性金融机构、商业银行、市场化的投资管理公司等，以有限合伙形式设立基金管理中心，并以基金管理中心作为普通合伙人发起募集新区城市化建设发展基金，广泛发掘民间私有资本、寿险资金、企业资金和政府资金等多种资金来源，吸引社会资金进入城市建设领域，弥补城市建设投资的资金缺口。每只基金均采用母子基金（1+N）模式，母基金按照子基金10%的规模设计，金融机构与省财政分别按一定比例出资，省财政出资部分由省融资平台公司代为履行出资人职责。通过设立子基金（项目公司）的方式投到具体的项目。母基金采取承诺制出资，按照子基金（项目公司）投资项目的进度分批分次到位。子基金（项目公司）分为功能类（城镇基础设施、公共服务设施和土地一级开发等）和产业类，功能类子基金包括置换债务类、平台融资类和PPP合作类。功能类子基金由母基金出资占比10%，地方政府（政府投资公司）出资占比20%，金融机构募集资金比例为70%。产业类子基金由母基金出资10%，其余资金通过市场化募集，按照市场规则遴选项目和选择退出机制，省财政出资部分与金融机构资金同股同利；省政府重大招商产业项目参照功能类运作。

4. 利用外资

充分利用外资对我国城镇化建设的支持作用，是城镇化建设走市场多元化

第六章 金融支持吉林省新型城镇化建设的对策建议

融资路径的重要选择。利用外资对我国城镇化建设的支持要从以下三方面着手：首先，充分利用官方援助，加强城镇化建设规划与管理，虽然世界银行贷款、亚洲开发银行贷款和双边政府贷款等官方援助形式不是利用外资的主要渠道，但是其提供长期外汇资金和先进管理技巧等方面的援助形式对我国城镇化建设资金缓解等各方面具有重要作用。其次，利用外商直接投资，制定相应政策制度促进外资对城镇化建设领域的投资。为弥补官方援助资金的有限性，要加强对外商直接投资的充分利用。通过制定相关优惠政策制度吸引外资进入城镇化建设项目，改革外汇管理体制，放松对外资进入城镇化建设项目的控制，制定规范标准允许已经在我国从事城镇化建设项目的跨国公司成立投资性公司。最后，积极推进项目融资方式，提高外资参与城镇化建设的积极性。BOT等项目融资模式因其高效的模式和稳定的收入来源具有吸引外资进入的优势条件，未来随着城镇化的持续推进要采用更为灵活的方式鼓励更多外资参与新型城镇化建设。

5. 新兴的融资模式

在诸多城镇化建设项目融资的体制机制障碍短期内难以消除的情况下，创新、引入和推广城镇化建设融资的新模式，对于缓解当前地方政府城镇化建设融资压力大的问题具有重大的现实意义。城市开发基金模式、信托融资模式、融资租赁模式及基础设施收费证券化模式是当前在国际上已经普遍运用而且在我国也有成功运作经验的城镇化建设融资模式，值得尝试和推广（封北麟，2013）。

其一，加大信托产品和规模，充分吸收社会分散资金。信托融资方式是一种灵活、多样、适用性广的融资方式，具有风险小、收益稳及长期性的特点，更易于吸收分散的社会资金，这种融资方式往往显见于城镇化大型基础设施项目，信托公司发行信托计划采用股权投资合作开发及信托贷款等方式募集社会资金，投资于道路交通、公共设施、市政工程、水务系统及能源通信等基础设施项目。未来要充分利用信托融资特点，扩大信托产品的种类和规模，通过打包一些收益稳定且发展前景较好的城镇基础设施项目向市场出售，募集分散的社会资金用于大型城镇化建设项目。

其二，发展融资租赁模式，盘活政府存量基础设施。融资租赁模式是金融租赁公司将政府所需项目从所有者处取得后，将项目按合同约定出租给政府占有和使用，通过向政府收取租金获取收益，该种方式对盘活固定资产扩大融资来源提供了新途径。政府可采取两种方式与融资租赁公司合作：第一种为普通方式。政府要求金融租赁公司委托项目建设机构进行基础设施项目开发，之后以定期提供租金的方式从融资租赁公司租赁建成的基础设施，并可在租赁到期后以少量资金购买该基础设施项目。第二种为售后回租方式。政府通过将建成后的基础设施出售给融资租赁公司获取出售价款，之后再以定期提供租金的方式向租赁公司回租使用，并可在租赁到期后回购基础设施。

其三，尝试基础设施收费证券化融资模式，通过未来收益提高基础设施现阶段融资能力，基础设施收费证券化融资模式是通过发行证券进行融资的方式，以其未来服务收费所产生的现金流收入作为支持。未来在电力、水务、通信等能产生可预测稳定现金流的基础设施领域可以尝试基础设施收费证券化融资模式。

五、完善相关的政策制度

金融支持吉林省新型城镇化水平的提高不仅受到金融发展自身政策制度的影响，还受诸多相关政策制度的影响，鉴于当前中央与地方政府间财权与事权的不平衡影响了地方政府城镇化建设融资，土地融资和土地财政依赖较为严重，易引发财政风险和金融风险，及政绩考核体制制约地方政府城市建设投资等问题突出，本书提出需完善以下相关政策制度，促进金融支持城镇化水平的提升。

（一）财权与事权相匹配的政府间财税体制

当前中央与地方财权与事权不相匹配的财税政策严重制约了地方城镇化建设的投融资能力，未来要构建与城镇化建设事权相对应的地方财政体系，形成中央政府与地方政府之间财权与事权相匹配的财政分权，进一步加大中央预算内基本建设投资和财政转移支付支持力度，改革现行政府间财政体制重点是理顺省以下财政体制，特别是要缓解区县财政的压力，加强基层政府财政能力，缓解基层政府城镇化建设融资压力。可通过征收城镇化进程中不断增值的土地和房地产财产税等方式培育地方政府相对稳定的税源，也可考虑将原属营业税范围的增值税改为地方税扩大地方税源，确保地方政府提供基本公共服务的财政融资能力。

（二）构建城乡一体的土地市场制度

土地管理制度改革能直接降低城镇化建设成本，保障城镇化发展中各市场主体的权益，对推动新型城镇化、改变现有土地融资和土地财政依赖具有重要

第六章　金融支持吉林省新型城镇化建设的对策建议

意义。在土地市场改革中要做到对政府土地收益进行公平的横向均衡分配。公平的横向均衡分配能保障土地出让中各个主体的利益不受损害，特别是保障农民的利益诉求。在国有土地与集体土地同地同权同价的原则指导下，允许农村非农建设用地在土地利用规划等限定的范围内进入市场，充分保障农民土地收益权益。要建立健全农村土地流转法律体系，完善农村土地产权管理制度，规范农村土地流转用途管制。基于城乡一体的土地红利共享目标，从土地征收、土地流转、土地置换、生态保护、土地出让管理等各方面改革现有土地制度。

（三）改革政绩考核机制推动新型城镇化发展

当前我国地方政府在保证区域经济发展的同时，还承担日益繁重的公共服务职责，其对竞争性领域的过多参与挤占了大量本应用于城镇化建设领域的公共资源。因此必须要加快政府职能转变，确保公共基础设施建设得到最大的财力保障，将有限的公共资源用于社会公益性和基础性领域的事业发展。要实现这一目标，就要调整当前唯GDP及财政收入等至上的行政考核体制，引导地方政府将有限的公共资源更多投入到城镇化建设上。要将偏重经济建设的考核向注重经济、社会、文化等全面考核转变，向注重坚持以人为本、强化民生指标考核转变，从偏重短期效应的考核向注重长期效应的考核转变。随着地方政府官员政绩考核机制向民生和社会的转变，其对基础设施和公共服务建设的重视必然会随之增强，从而推动新型城镇化的顺利进行。

（四）完善金融产权制度

吉林省金融机构的产权制度存在很多缺陷，政企不分，政府对金融机构的行政干预依然存在，限制了金融机构自身的发展能力，在金融机构内部管制方面，金融机构经营者的权利和责任不对等，过多地强调权利而忽视了责任的存在，影响了金融生态环境。

因此我们有必要完善金融产权制度，建立一套适应市场经济的产权制度。

第一，切实实行政企分开。实行政企分开最根本的是法律法规约束，而就吉林省的权限范围来说，解除政府与企业间的隶属关系有利于实现政府与企业分开，尤其是对于吉林省的工业企业，它们资产规模大，利润率高，政府干预其经营活动，但创新能力差，污染严重，破坏生态环境，不利于吉林省新型城镇化的发展，已经不能适应市场发展的需求。解除各级政府与这些企业的隶属关系，使之适应市场经济的需求。

第二，推进股份制改革。国有银行已经纷纷进行了股份制改造，但是现实情况是，国有控股比例超过50%，实际控股权仍在国家手里，个人股份形同虚设，加大个人控股比例，降低国家控股比例，使国有银行真正变成股份制银行，增强金融机构竞争力，营造良好的市场竞争秩序，有利于优化金融生态环境。

（五）健全金融制度环境

金融制度环境从根本上影响着吉林省整个金融市场的生态环境，但是目前吉林省的金融制度环境不健全，在法律的设立和执行方面都存在问题，为了从根本上优化吉林省的金融生态环境，可以从以下几个方面入手。

首先，从国家的角度来看，要摒弃计划经济时代的思想，从债权人的利益出发立法，打破"人情"的束缚，建立适应市场经济的法律规范。

其次，从吉林省的角度来看：第一，在法律执行期间，削弱或者废除政府的行政干预职能，简化法律执行程序，降低执行时间，在最短时间内解决问题，不要错过最佳的执行时机。第二，在法律的维护方面，地方金融办要切实贯彻落实金融法律法规，制定切实可行的吉林省经济发展规划。

完善相关金融制度，解决目前金融支持城镇化存在的问题，具体应从以下几个方面着手。

其一，利率市场化改革与贴息政策并举，支持新型城镇化战略的顺利推进。利率市场化可以矫正金融的市场功能，但是对于欠发达的城镇地区及农村地区则会在竞争中处于劣势地位，易导致经济社会发展差距的进一步扩大。有必要在合理的利率水平下对城镇经济实施贴息政策，做到对欠发达城镇地区和农村地区的"反哺"，发挥利率市场化改革的最大效益。

其二，实施差别化的金融监管政策。针对基层金融融资难的问题，可在信贷规模、贷款期限、利率等方面的标准予以适度放开，对资本占用应放松要求，提高风险容忍度，以更为灵活的监管政策应对市场失灵，同时取消国有大型商业银行县域支行信贷审批权"一刀切"的方式，区别对待不同城镇的具体发展状况。

其三，加强政策性银行的城镇化融资引导作用。通过加大政策性金融机构对重点支持产业及企业的税收减免或返还，建立科技型企业、农业示范型企业发展基金等形式引导商业性金融机构对这些领域的资金投入，扩大城镇化建设重点领域资金来源。

（六）优化金融信用环境

诚信是支撑金融市场发展的条件，丧失了诚信，金融市场不可能得到发展。因此优化金融信用环境有利于改善吉林省金融生态环境。针对吉林省金融信用环境中的特殊情况，我们可以提出以下相应的对策：

1. 放宽金融机构贷款发放标准

适当放宽金融机构贷款发放标准，重点搞好企业信用级别评价，可以考虑把企业照章纳税情况、企业合同履行情况等，纳入综合性的企业信用考核体系，坚持按照综合性的企业信用发放贷款，使资产规模小，信誉度相对较高的中、小企业，正处于成长阶段的民营企业，能够获得金融机构的资金支持。

2. 建立、完善信用征集平台

建立详细的客户信息数据库，全面了解客户信息，对于有骗贷记录的企业或者个人不再给予贷款。对于没有信用记录的企业可以通过查看其缴税记录来确定其信誉情况，从而决定是否给予资金支持，使其能够可持续发展。

3. 健全激励约束机制

对于出现逾期还款或不还款现象的机构或者个人加大惩罚力度，并不再给予信贷支持，对守信行为应予以物质奖励，并实行贷款优惠政策，对这类企业实行优先贷款政策，在最大程度上培养投资者维护个人信用的意识，从而优化金融生态信用环境。

4. 构建和谐、共赢、合作的政银企合作关系

为进一步深化政府引导下的多元化融资目标模式，需要按照市场经济和法制建设的要求加强政银企之间相互信任及相互合作的关系，政府部门要加强与银行和企业的信息沟通，及时发布政策与法规信息，支持和引导金融机构及相关企业在城镇化建设项目方面的建设与运营（袁晓初，2013）。

5. 设立风险基金，防范和化解金融风险

应通过建立并完善政策性保险体系及担保组织，不断完善征信系统，形成政府支持引导、市场运作及多方参与的信用担保体系，有效防范和化解金融风险。

参 考 文 献

[1] 王振坡，游斌，王丽艳．论新型城镇化进程中的金融支持与创新［J］．中央财经大学学报，2014（12）．

[2] 胡天禄，栗华田，朱延永，何志雄，陆露．德国模式：政策性银行支持城镇化建设的有效借鉴［J］．农业发展与金融，2014（12）．

[3] 顾宁，关山晓．新型城镇化进程中的金融创新与金融风险［J］．求是学刊，2015（1）．

[4] 陈雨露．中国新型城镇化建设中的金融支持［J］．经济研究，2013（2）．

[5] 杨慧，倪鹏飞．金融支持新型城镇化发展的对策研究［J］．经济纵横，2015（2）．

[6] 李清政，刘绪祚．金融支持与我国新型城镇化互动发展的理论与实证研究［J］．宏观经济研究，2015（4）．

[7] 熊湘辉，徐璋勇．中国新型城镇化进程中的金融支持影响研究［J］．数量经济技术经济研究，2015（6）．

[8] 庞博，崔宁波．绥化市家庭农场发展现状及问题研究［J］．黑龙江粮食，2015（5）．

[9] 齐贵权．加强上下联动贴近实际调研，努力为央行履职和地方发展提供智力支撑——对基层央行金融研究工作的思考［J］．吉林金融研究，2015（6）．

[10] 杜洋．日本城镇化及其融资模式对我国的经验借鉴［J］．工业经济论坛，2015（5）．

[11] 武妍．重庆市金融发展对城镇化作用的实证研究［D］．重庆工商大学，2012．

[12] 乔瑞．农村金融服务的新突破在于去城市化［J］．中国金融，2009（23）．

[13] 李新星．我国城市化进程中的金融支持研究［D］．湖南大学，2009．

[14] 陈宇．农业现代化进程中金融支持存在的问题及建议［J］．现代农业科技，2014（5）．

[15] 范燕．金融支持城镇化建设的互动关联分析与路径选择——以山东省东营市为样本［J］．经济师，2014（4）．

[16] 张子宸，李宾．城镇化、金融发展与城乡统筹关系研究［J］．经济问题探索，2014（6）．

［17］胡海峰，陈世金．创新融资模式，化解新型城镇化融资困境［J］．经济学动态，2014（7）．

［18］王曙光，王东宾，慈锋．城镇化的目标定位与金融支撑体系［J］．农村金融研究，2010（7）．

［19］何静，戎爱萍．城镇化进程中的金融创新研究［J］．经济问题，2012（1）．

［20］李喆，吴淑景．城镇化进程中农村金融服务需求分析［J］．经济研究导刊，2012（6）．

［21］王建威，何国钦．城镇化发展与财政金融支持机制协同创新的效率分析［J］．上海金融，2012（6）．

［22］曹君丽．金融支持城镇化建设模式研究——基于公私合营（PPP/PFI）项目融资的视角［J］．技术经济与管理研究，2013（1）．

［23］陶艳艳，段虹．新型城镇化的金融支持体系：成绩与问题［J］．银行家，2013（3）．

［24］陈文新，张玉霞．试论城镇化进程中的金融支持［J］．商业时代，2013（5）．

［25］黄国平．促进城镇化发展的金融支持体系改革和完善［J］．经济社会体制比较，2013（4）．

［26］蒲红刚．金融中介发展与城镇化的互动关系研究［D］．中南大学，2014．

［27］张建文．地方政府融资平台推动城镇化建设研究［D］．内蒙古大学，2014．

［28］俞佳晖．韩国城镇化：完备的政策性金融体系作支撑［N］．中国信息报，2013-12-04008．

［29］吕可，赵杨．新型城镇化进程中的商业银行集团金融产品创新研究［J］．中南财经政法大学学报，2013（6）．

［30］韦福雷，胡彩梅，鞠耀绩．省域城镇化金融支持效率及影响因素［J］．金融论坛，2013（10）．

［31］中国人民银行长春中心支行课题组，连飞．金融城镇偏向对城镇化的影响——基于城乡二元框架的分析［J］．金融论坛，2013（10）．

［32］杜春玲．我国城镇化的金融支持研究［D］．东北财经大学，2013．

［33］尚思薇．开发性金融对陕西省新型城镇化的支持研究［D］．西北大学，2014．

［34］伍艳．中国城镇化进程中的金融抑制问题研究［J］．理论与改革，2005（2）．

［35］胡海峰，贾宪军．中原经济区建设的金融支持政策研究［J］．中州学刊，2011（3）．

［36］岳文海．我国城镇化基础设施融资模式研究［J］．中州学刊，2013（10）．

［37］朱丽飞．关于金融支持河北省新型城镇化发展的研究［D］．河北大学硕士论文，2014（6）．

［38］邱兆祥，安世友．新型城镇化建设的金融支持路径［N］．金融时报，2013-02-04．

［39］沙龙云金融支持城镇化建设，有效解决"三农"问题的观察与思考——以吉林

省为例［J］．吉林金融研究，2013（6）．

［40］李喆．城镇化进程中我国农村金融服务发展研究［D］．武汉理工大学，2012．

［41］王素斋．科学发展观视域下中国新型城镇化发展模式研究［D］．南开大学，2014．

［42］胡际权．中国新型城镇化发展研究［D］．西南农业大学，2005．

［43］丁长发．农村金融三大流派理论述评［J］．时代金融，2010（3）．

［44］王晓远．新生产力条件下工业区位论述评及探讨［D］．武汉大学，2005．

［45］李海峰．城镇化金融——金融格局与发展形态的新视角［M］．北京：中国金融出版社，2015．

［46］宗杰．孤立与协调——黑龙江省农村城镇化的金融支持［M］．哈尔滨：黑龙江大学出版社，2014．

［47］杨兴全，张杰，吴春贤，王江．疆生产建设兵团城镇化建设中的资金需求与金融支持研究［M］．北京：经济管理出版社，2015．

［48］赵峥．中国城市化与金融支持［M］．北京：商务印书馆，2011．

［49］刘降斌．新农村建设的金融支持研究［M］．北京：中国农业出版社，2009．

［50］郭濂．中国新型城镇化的路径选择与金融支持［M］．北京：中国金融出版社，2014．

［51］王松奇．新农村建设中的金融支持［M］．北京：社会科学文献出版社，2014．

［52］罗伯塔·卡佩罗．区域经济学［M］．北京：经济管理出版社，2014．

［53］胡庆康．现代货币银行学教程［M］．上海：复旦大学出版社，2014．

［54］易纲．货币银行学［M］．上海：格致出版社，2013．

［55］黄达．货币银行学［M］．北京：中国人民大学出版社，2012．

［56］黄勇，谢朝华．城镇化建设中的金融支持效应分析［J］．经济研究，2008（3）．

［57］姚耀军．金融发展、城市化与城乡收入差距——协整分析及其Granger因果检验［J］．中国农村观察，2005（2）．

［58］雷蒙德·W·戈德史密斯．金融结构与金融发展［M］．上海：上海人民出版社，1996．

［59］罗纳德·麦金农．经济发展中的货币与资本［M］．上海：上海人民出版社，1997．

［60］爱德华·肖．经济发展中的金融深化［M］．上海：格致出版社、上海三联书店、上海人民出版社，2015．

［61］杨慧．新型城镇化与金融支持［M］．广州：广东经济出版社，2014．

［62］蒙荫莉．金融深化、经济增长与城市化的效应分析［J］．数量经济技术经济研究，2003（4）．

［63］伍艳．中国城镇化进程中的金融深化研究［A］．当代中国经济问题探索（下册）［C］．2004．

［64］张宗益，许丽英．金融发展与城市化进程［J］．中国软科学，2006（10）．

［65］郑长德．中国的金融中介发展与城镇化关系的实证研究［J］．广东社会科学，2007（3）．

［66］邓德胜．中国城市化与金融发展关系研究［J］．江西社会科学，2008（9）．

［67］谷小菁，王定祥．中国金融发展与城市化进程［J］．金融理论与实践，2011（9）．

［68］高友才，曹东坡．我国城市化与金融支持的灰色关联分析：理论与实证——兼论"4万亿元投资"［J］．经济管理，2012（3）．

［69］吴超，钟辉．金融支持我国城镇化建设的重点在哪里［J］．财经科学．2013（2）．

［70］贾洪文，胡殿萍．中国金融发展与城镇化相关性——基于1991—2011年数据的实证分析［J］．首都经济贸易大学学报．2013（4）．

［71］中国人民银行荆州市中心支行课题组．中国金融发展与城镇化进程动态互动关系——基于面板VEC模型分析［J］．武汉金融，2013（10）．

［72］李新光，胡日东，张彧泽．我国土地财政、金融发展对城镇化支持效应的实证研究——基于面板平滑转换模型［J］．宏观经济研究，2015（4）．

［73］陈志刚，吴腾，桂立．金融发展是城市化的动力吗——1997—2013年中国省级面板数据的实证证据［J］．经济学家，2015（8）．

［74］荣晨，葛蓉．我国新型城镇化的金融支持——基于政府和市场关系的经验证据［J］．财经科学，2015（3）．

［75］陈志伟．金融发展对城镇化影响的实证研究——以河南省为例［J］．经济经纬，2014（6）．

［76］孙浦阳，武力超．金融发展与城市化：基于政府治理差异的视角［J］．当代经济科学，2011（2）．

［77］范川．金融创新是解决城市化发展资金瓶颈的关键［J］．商业研究，2003（21）．

［78］中国人民银行南宁中心支行课题组，白鹤祥．城市化与三农问题研究（上）——基于金融支持农村城镇化视角［J］．广西金融研究，2007（7）．

［79］中国人民银行南宁中心支行课题组，白鹤祥．城市化与三农问题研究（下）——基于金融支持农村城镇化视角［J］．广西金融研究，2007（8）．

［80］刘莉亚．金融支持农村城镇化建设的探讨［J］．河北金融，2007（1）．

［81］廖凤华．对绵阳城镇化建设中金融支持问题的探讨［J］．西南金融，2010（9）．

［82］陆岷峰，马艳．以金融支持推进中国城镇化进程的新思考［J］．苏州教育学院学报，2009（1）．

［83］范立夫．金融支持农村城镇化问题的思考［J］．城市发展研究，2010（7）．

［84］中国人民银行天津分行课题组．城镇化、经济增长与金融支持问题研究［J］．

天津经济，2013（1）．

[85] 陶艳艳，段虹．新型城镇化的金融支持体系：成绩与问题[J]．银行家，2013(3)．

[86] 胡斌．政策性金融与我国城镇化发展战略[J]．中国金融，2012（10）．

[87] 郭新明．金融支持我国城镇化战略的政策思考[J]．西安金融，2014（9）．

[88] 陈元．开发性金融与中国城市化发展[J]．经济研究，2010（7）．

[89] 杨志勇．我国城镇化融资方式分析[J]．中国金融，2011（19）．

[90] 余晨阳，邓敏婕．市政债券：城镇化融资的新渠道[J]．学术论坛．2013(3)．

[91] 罗云开．我国新型城镇化过程中政策性金融作用探讨[J]．上海经济研究，2015（4）．

[92] 陈爱莉．论城市化建设与商业银行发展[J]．金融理论与实践，2004（7）．

[93] 中国工商银行四川省分行课题组．城镇化建设中工商银行面临的商机和经营对策[J]．金融论坛，2004（1）．

[94] 粟勤，王少国，邱俊杰．新型城镇化背景下的我国社区银行创新发展研究[J]．西南金融．2013（12）．

[95] 李超．新型城镇化背景下的零售银行发展研究[J]．新金融，2015（2）．

[96] 王少波，陶玲琴，魏修建．关于我国农村城市化路径的选择与金融支持[J]．中国人口资源与环境，2007（4）．

[97] 丁俊峰．城市化进程中的中国农村金融结构转型分析[J]．经济学家．2009(5)．

[98] 王曼怡，李勇．城镇化发展与金融支持研究——以北京远郊区县城镇化为例[J]．人民论坛，2010（29）．

[99] 方少勇．小城镇城市化金融支持与政府干预[J]．金融理论与实践，2005（4）．

[100] Peter R. Stopher. Financing urban rail projects：The case of Los Angeles [J]．Transportation，1993（3）．

[101] 朱建华，周彦伶，刘卫柏．欠发达地区农村城镇化建设的金融支持研究[J]．城市发展研究，2010（4）．

[102] 杨小玲．城市化进程中农村征信体系建设困境[J]．西南金融，2011（7）．

[103] 左晓慧．城镇化的金融支持研究[J]．福建论坛·人文社会科学版，2012（3）．

[104] 白钦先．论金融功能演进与金融发展[J]．金融研究，2006（7）．

[105] 黄海峰．论中国金融风险管理的主要方法[J]．经济理论与经济管理，2005（9）．

[106] 白钦先．金融结构、金融功能演进与金融发展理论的研究历程[J]．经济评论，2005（3）．

[107] 沈军．金融结构、金融功能与金融效率[J]．财贸经济，2006（1）．

[108] 林毅夫．经济发展中的最优金融结构理论初探[J]．经济研究，2009（8）．

[109] 劳平．金融结构变迁的理论分析[J]．厦门大学学报，2005（3）．

[110] 李健．金融结构的评价标准与分析指标研究[J]．金融研究，2005（4）．

［111］吴腾华．我国金融市场结构：特征、问题及其成因［J］．学术研究，2008（11）．

［112］易纲．中国金融资产结构演进：1991—2007［J］．经济研究，2008（8）．

［113］宗良．金融助力新型城镇化进程［J］．中国金融，2013（4）．

［114］邱俊杰．新型城镇化建设中的金融困境及其突破［J］．理论探索，2013（4）．

［115］Kyung – Hwan Kim. Housing Finance and Urban Infrastructure Finance［J］. Urban Studies．1997．

［116］Measuring Interactions among Urbanization, Land Use Regulations, and Public Finance［J］. American Jnl of Agricultural Economics，2003．

参考网站：

［1］吉林省县域网 http：//www.jlxy.gov.cn/news.aspx？id＝84817

［2］四平市人民政府网站 http：//www.siping.gov.cn/2015/1202/44004.html

［3］白城市人民政府网站 http：//www.bc.jl.gov.cn/content.aspx？id＝16299

［4］吉林省发展和改革委员会网站 http：//www.jldrc.gov.cn/jgcs/czc/gzdt/

相关政策文件：

［1］吉林省新型城镇化规划（2014—2020 年）

［2］长春市国家新型城镇化综合试点工作方案要点

［3］吉林省吉林市国家新型城镇化综合试点工作方案要点

［4］吉林省延吉市国家新型城镇化综合试点工作方案要点

［5］吉林省安图县二道白河镇国家新型城镇化综合试点工作方案要点

［6］深入推进吉林特色城镇化示范城镇建设工作方案

统计数据：

［1］吉林省国民经济和社会发展统计公报

［2］《2007 年吉林省金融运行报告》

［3］《2008 年吉林省金融运行报告》

［4］《2009 年吉林省金融运行报告》

［5］《2010 年吉林省金融运行报告》

［6］《2011 年吉林省金融运行报告》

［7］《2012 年吉林省金融运行报告》

［8］《2013 年吉林省金融运行报告》

［9］《2014 年吉林省金融运行报告》

其他参考：

［1］吉林日报